ACCESO GRATIS *a la Lectura en la Nube*

Para visualizar el libro electrónico en la nube de lectura envíe junto a su nombre y apellidos una fotografía del código de barras situado en la contraportada del libro y otra del ticket de compra a la dirección:

ebooktirant@tirant.com

En un máximo de 72 horas laborables le enviaremos el código de acceso con sus instrucciones.

LA TEORÍA DEL RIESGO EN LOS CONTRATOS DE SERVICIO

LA TEORÍA DEL RIESGO EN LOS CONTRATOS DE SERVICIO

Amanda Kalil

tirant lo blanch
Valencia, 2025

En caso de erratas y actualizaciones, la Editorial Tirant lo Blanch publicará la pertinente corrección en la página web www.tirant.com.

La aceptación de la presente obra ha tenido en consideración la evaluación y calificación otorgada por los expertos componentes del tribunal calificador de la tesis doctoral en la que se basa, cumpliendo con el criterio correspondiente de los revisores externos y ofreciendo la calidad debida a la presente edición.

© TIRANT LO BLANCH
EDITA: TIRANT LO BLANCH
C/ Artes Gráficas, 14 - 46010 - Valencia
TELFS.: 96/361 00 48 - 50
FAX: 96/369 41 51
Email: tlb@tirant.com
www.tirant.com
Librería virtual: www.tirant.es
DEPÓSITO LEGAL: V-5131-2025
ISBN: 979-13-7040-018-7

Si tiene alguna queja o sugerencia, envíenos un mail a: *atencioncliente@tirant.com*. En caso de no ser atendida su sugerencia, por favor, lea en *www.tirant.net/index.php/empresa/politicas-de-empresa* nuestro procedimiento de quejas.

Responsabilidad Social Corporativa: *http://www.tirant.net/Docs/RSCTirant.pdf*

Índice

Abreviaturas y acrónimos

AP	Audiencia Provincial
APDC	Asociación de Profesores de Derecho Civil
BGB	Código Civil alemán (Bürgerliches Gesetzbuch)
BOE	Boletín Oficial del Estado
CC	Código Civil español
CCCat	Código Civil de Cataluña
CCom	Código de Comercio
CESL	Normativa común europea de compraventa
cit.	Citado
Coord.	Coordinador/coordinadores
DA	Disposición Adicional
DCFR	Draft Common Frame of Reference
Dir.	Director/directores
ECLI	Identificador europeo de jurisprudencia
ed.	Edición
eds.	Editores
et al.	*et alii* (y otros)
fasc.	Fascículo

Ibid.	*Ibidem* (en la misma obra)
CISG	International Sale of Goods (Vienna Convention)
Op. cit.	Obra citada
p.	página
pár.	párrafo/s
pp.	páginas
PECL	Principios de Derecho Europeo de Contratos (Comisión Lando)
PEL SC	Principles of European Law: Service Contract
PEL MC	Principles of European Law: Mandate Contracts
PICC	Principios UNIDROIT sobre los contratos comerciales internacionales
PMCC	Propuesta de Modernización del Código Civil-2009
RD	Real Decreto
RDL	Real Decreto-Ley
S.	Sentencia
SAP	Sentencia de Audiencia Provincial
SJPI	Sentencia de Juzgado de Primera Instancia
ss.	siguientes
SSTS	Sentencias del Tribunal Supremo
STS	Sentencia del Tribunal Supremo

STSJ	Sentencia del Tribunal Superior de Justicia
TRLGDCU	Texto Refundido de la Ley General para la Defensa de los Consumidores y Usuarios
TS	Tribunal Supremo
TSJ	Tribunal Superior de Justicia
TWT	Tilburg Working Team
UE	Unión Europea
UNCITRAL	United Nations Commission of International Trade Law (Comisión de Naciones Unidas para el Derecho Mercantil Internacional)
UNIDROIT	Instituto Internacional para la Unificación del Derecho Privado
Vol.	Volumen

Introducción

El tema central de este estudio es la teoría del riesgo contractual en el contrato de servicios. Tanto la elección del tema, como la delimitación del objeto particular de estudio, han estado marcados por un dato y por una constatación fundamental: el dato es la innegable importancia de los servicios en la economía moderna; la constatación es que, pese a su importancia económica, los servicios no han recibido la suficiente atención desde la perspectiva del Derecho civil.

Antes de hacer un análisis de la disciplina del riesgo contractual es necesario analizar la construcción del contrato de servicio como categoría, una acepción que no está explícita en la legislación española. No se pueden extraer conceptos a partir de la definición de «obras o servicios» ofrecida en el Código Civil español, en adelante CC, por lo que, en el primer capítulo, se defenderá la posición adoptada por esta investigación respecto a la generalidad de los contratos de servicios.

Otro punto importante para destacar preliminarmente es que el Código Civil utiliza la nomenclatura «arrendamiento» para los contratos de servicio, pero este vocablo histórico, ampliamente conocido, no responde a las modernas prestaciones de servicios. Por ello, aunque parezca un problema de nomenclatura sin trascendencia, ajustar la denominación es el primer paso para reconocer que la realidad de la contratación de servicios actual se aparta completamente de la regulada en el CC.

Se constata que la insuficiencia regulatoria del Código Civil español responde a dos motivos: Primero, la influencia del Derecho romano y, segundo, la antigüedad del Código español. Para fundamentar esta opinión, resulta necesario introducir en el presente trabajo un breve recorrido histórico sobre la construcción de la categoría «contrato de servicios» en el CC. El objetivo de este primer análisis no es profundizar en el Derecho romano, ni tampoco realizar un estudio histórico del Derecho sino, más bien, contextualizar en el tiempo para lograr sistematizar la actual situación normativa de los contratos de servicios en España y, de este modo, justificar la importancia de su modernización.

En otro orden de cosas, es fundamental dialogar sobre dos aspectos destacados en el estudio de dichos contratos: por un lado, la delimitación entre el contrato de servicios y el contrato de obra recorriendo, lógicamente, la dicotomía entre las obligaciones de medios y de resultado; principalmente en lo que se refiere a la aparente exclusión de la categoría de las obligaciones entre «obligación de medios» y «obligación de resultado» por parte del Marco Común de Referencia (DCFR).

Por otro lado, se registran algunos comentarios respecto a otras figuras contractuales que comparten características similares con el contrato de servicios. En tal sentido, se abordan las principales diferencias entre el contrato objeto de este estudio y los contratos de trabajo y de mandato.

A partir del análisis procedente de la primera parte de este capítulo, se avanzará para ofrecer una conceptualización moderna del contrato de servicios, tomando como punto de partida los nuevos instrumentos de modernización del Derecho contractual y cómo se ha construido la categoría «contratos de servicios» en la actualidad.

En relación con la problemática expuesta, se detallarán las principales consideraciones sobre el contrato de servicios en el marco del Derecho comparado, específicamente en Derecho alemán, francés, italiano e inglés. A continuación, se traerá a colación la regulación en materia de servicios de tres instrumentos de modernización del Derecho de contratos: los Principios de Derecho Europeo sobre contratos de servicios (PEL SC), el Marco Común de Referencia (DCFR) y el Anteproyecto de Código europeo de contratos (Grupo de Pavía). Finalizará este primer capítulo con algunos comentarios sobre el proceso de modernización de los contratos de servicios en el Derecho español, desde la transposición de la Directiva 2006/123/CE, conocida como la Directiva de servicios, hasta las propuestas fallidas de reforma del Código.

Hechas las necesarias consideraciones acerca del contrato de servicios en España y en la UE, al igual que la aplicabilidad de los instrumentos de modernización del Derecho contractual, se dedicará el siguiente capítulo a realizar una aproximación a la teoría del riesgo contractual. En el capítulo II se tratará de ubicar el concepto de «riesgo contractual» utilizado en este estudio. Se parte de la idea de que para entender la esencia de la teoría del riesgo es primordial acotar el propio concepto de riesgo; a raíz de su conceptualización, se remarcará la necesaria distinción entre riesgo contractual e incumplimiento.

Se establecerán los límites de aplicación de la teoría del riesgo, su evolución y se determinarán cuáles son las diferentes soluciones presentadas para resolver la cuestión. Al mismo tiempo que se indicará cómo el Código Civil español (no) regula la materia. Por otro lado, y a modo de comparación, se prefiere presentar el tratamiento de la materia del riesgo en el contrato de compraventa, por considerar que se trata del contrato sinalagmático por excelencia; sin embargo, se advierte desde ya que la compraventa no es objeto de este estudio.

Finalmente, aunque no se trate de la teoría del riesgo, es improbable considerar el riesgo contractual y no abordar las cuestiones pertinentes a la asignación del riesgo y la alteración sobrevenida de las circunstancias. Especialmente, porque en el contexto de crisis económica, los debates sobre la cláusula *rebus sic stantibus* se intensifican.

Después de haber explicado la evolución de la teoría del riesgo, su correcta ubicación y su naturaleza jurídica, así como la diferencia entre la cláusula *rebus* y la teoría del riesgo, en el tercer capítulo se examinará el problema del riesgo dentro de los contratos de servicios. Antes de centrar el estudio en esta materia, es sumamente importante reiterar que, en este trabajo, se intentará responder a las cuestiones que conciernen al contrato civil de servicios, es decir, un acuerdo en el marco de las relaciones entre particulares, que se encuentra regulado por el Código Civil español. La razón a que obedece este recorte es que el contrato de servicios públicos se halla regulado por la normativa administrativa mientras que, a los contratos celebrados con consumidores, debe aplicarse el TRLGDCU, a fin de responder a los principios de protección de consumidores y usuarios marcados por la UE.

El análisis sobre la imposibilidad sobrevenida conlleva afirmar que en el contrato de servicio dicha imposibilidad casi siempre recae sobre la prestación debida por el prestador del servicio. La frustración significa la no realización del servicio y esto convierte en imprescindible la tarea de determinar quién debe soportar el *periculum obligationis* generado por la «interrupción» definitiva de la obligación.

En el cuarto capítulo de este trabajo se procederá a enumerar la regulación de los riesgos contractuales en los ordenamientos jurídicos más destacados del entorno español y en el Marco Común de Referencia. En este punto, la perspectiva comparada se hace más que indispensable, puesto que la materia no está regulada en el Código Civil y tampoco existe una vasta literatura jurídica al respecto.

En este sentido, se ha procedido en este estudio a exponer el Derecho inglés como máxima referencia del tratamiento de la cuestión en el *common law*. El motivo de esta elección, entre otras razones, se halla en que el *common law* siempre fue ajeno a las excusas contractuales basadas en la ausencia de culpa. La imposibilidad sobrevenida por causa no imputable a las partes, en regla, no libera al deudor y por lo tanto no genera el problema del riesgo contractual. Pese a ello, la doctrina de la *frustration* matiza la fuerza obligatoria de los contratos y abre el espacio a la resolución del contrato por imposibilidad.

A continuación, se tratará en esta disertación la regulación del Derecho francés, el cual antes mismo de la reforma del 2016, que modificó completamente el contenido de la imposibilidad sobrevenida, ya trataba de manera muy asertiva el problema del riesgo. Se analizará también el Derecho italiano como pionero en la referida cuestión, tras haber implementado la solución en el Código de 1942, el cual detalla con precisión diferentes supuestos de imposibilidad. Por último, se estudiará el Derecho alemán, dada su importancia en la doctrina española. El BGB, además de dar respuesta al problema del riesgo contractual, presenta un concepto de *inexigibilidad* de la prestación, introducido en la reforma del año 2002, que abre el camino a la liberación del deudor en los casos de imposibilidad fáctica

Se dedica el final del capítulo IV a analizar el riesgo contractual en el marco de la modernización del Derecho de contratos a través del estudio del Marco Común de Referencia y de la propuesta de modernización del Código Civil español en materia de Obligaciones y Contratos de la Comisión General de Codificación.

Por último, el capítulo V cierra con una perspectiva de futuro del riesgo contractual en el contrato de servicios y se concluye con la opinión fundamentada de la autora al respecto de la solución ofrecida por los textos analizados a lo largo del trabajo y con lo que, se prevé, puede ser una interesante solución para discutir en la doctrina científica. Se presentan pues, en el capítulo V, las conclusiones propias de esta disertación en una breve recopilación cuyo objeto es presentar, reformuladas y de forma sintética, las conclusiones contenidas en los diferentes capítulos.

Capítulo I

La categoría «contrato de servicios»

1. CONSIDERACIONES INICIALES

Antes de hacer un análisis de la disciplina y su construcción como categoría, es necesario hacer un inciso sobre lo que, a efectos de esta investigación, se entiende por contratos de servicios, esto es: todos aquellos contratos, en virtud de los cuales, una parte se obliga a prestar algún servicio a otra parte, y que engloba un grupo de diferentes tipos contractuales, donde también se encuentra el contrato de servicio propiamente dicho y otros tipos especiales de servicios[1].

No obstante, hay que considerar que esta acepción no está explícita en la legislación española, no se puede extraer simplemente de la definición de «obras o servicios» ofrecida por el artículo 1544 del Código Civil español (CC). El citado artículo define el arrendamiento de obras o servicios como aquel contrato por el que «una de las partes se obliga a ejecutar una obra o a prestar a la otra un servicio por precio cierto». Una definición tan amplia deja margen a diversas interpretaciones por lo que es conveniente, en este punto, defender la posición de esta investigadora respecto a la generalidad de los contratos de servicios.

---

1 Solé Resina, J. (1997a), *Los contratos de servicios y de ejecución de obras: delimitación jurisprudencial y conceptual de su objeto.* Marcial Pons. p. 99. Véase epígrafe 3.4.

Resulta importante destacar también que el CC utiliza la nomenclatura «arrendamiento» para los contratos de servicio, pero este término histórico, ampliamente conocido, no refleja las prestaciones modernas de servicios. No es una cuestión baladí, por lo que, aunque parezca un problema de nomenclatura sin mayores trascendencias, a efectos de esta investigación resulta necesario ajustar con exactitud la denominación, para reconocer que la realidad de la contratación de servicios actual se aparta completamente de la regulada en el Código Civil.

Esta investigación defiende que la insuficiencia regulatoria del CC responde a dos razones: en primer lugar, se debe a la influencia en el mismo del Derecho romano[2] y, en segundo, obedece a la propia vejez del Código español. Para fundamentar esta aserción es necesario introducir en el presente trabajo un breve recorrido histórico sobre la construcción de la categoría «contratos de servicios» en el CC. No es objetivo de este primer análisis el profundizar en el Derecho romano, así como tampoco un estudio histórico de la disciplina del Derecho sino, más bien, ubicar la misma en el tiempo para lograr entender la actual situación normativa de los contratos de servicios en España para, de este modo, justificar la importancia de su modernización.

En otro orden de cosas, es necesario añadir dos aspectos más destacados en el estudio de los mencionados contratos; por un lado, se tratará la delimitación entre el contrato de servicios y el contrato de obra recorriendo, lógicamente, la dicotomía entre las obligaciones de medio y de resultado. Esto se realizará, principalmente, en lo que se refiere a la aparente prescindencia de categorizar las obligaciones en «medios y resultado» por parte del Marco Común de Referencia (DCFR). Por otro lado, se expondrán algunos comentarios respecto a

---

[2] «Es indiscutible que el contrato de servicios es procedente del Derecho romano». TRIGO GARCÍA, Mª, B. (1999), *Contrato de prestación de servicios. perspectiva jurídica actual.* Comares, p. 5.

otras figuras contractuales que comparten características similares con los contratos de servicios. En tal sentido, se abordan el contrato de trabajo y el mandato.

A partir del análisis procedente de la primera parte de este capítulo, se ofrece una conceptualización moderna de los contratos de servicios, tomando como punto de partida los nuevos instrumentos de modernización del Derecho contractual y cómo se ha construido la categoría «contratos de servicios» en la actualidad.

En relación con la problemática expuesta, se presentan las principales consideraciones sobre los contratos de servicios en el marco del Derecho comparado, precisamente en Derecho inglés, francés, italiano y alemán. Continúa el análisis con la regulación en materia de servicios en tres instrumentos de modernización del Derecho de contratos, como son: los Principios de Derecho Europeo sobre contratos de servicios (PEL SC), el Marco Común de Referencia (DCFR) y el Anteproyecto de Código europeo de contratos (Grupo de Pavía). Culmina este primer capítulo con algunos comentarios sobre el proceso de modernización de los contratos de servicios en el Derecho español, incluyendo la transposición de la Directiva 2006/123/CE, conocida como la Directiva de servicios, y las propuestas fallidas de reforma del presente Código Civil.

2. LOS CONTRATOS DE SERVICIO EN EL CÓDIGO CIVIL ESPAÑOL

2.1 Introducción

Aunque resulte redundante, el Código Civil español es arcaico, antiguo, en muchos aspectos ineficaz y en la materia que nos ocupa, la de contratos de servicios, su regulación es casi inexistente. RUIZ VADILLO matiza que el texto era bueno en su época y ha seguido siendo durante algunos años, sin embargo, ha perdido «actualidad y utilidad». Además, el autor ya aseguraba en el año 1979, que en muchas partes el Código es «absolutamente inservible»[3]. Aunque en otras materias el CC fue actualizado, en lo que concierne a los servicios no hubo ninguna alteración desde su promulgación, en julio de 1889.

De modo general, el proceso codificador en España ha sido tardío y, por extraño que parezca, fue culminado con el Código Civil[4]. Específicamente, el Proyecto de Código Civil de 1821 fue el primer intento realizado en este sentido en nuestro país[5], al que le siguieron los proyectos de 1836 y de 1851. Finalmente, fue el Código Civil de 1888-1889 el que consiguió ser aprobado, un proyecto que se encontraba asentado sobre las bases del vencido de 1851[6]. Si bien no es este el lugar para estudiar las etapas codificadoras[7], sí resulta preciso hacer algunas consideraciones

---

3 RUIZ VADILLO, E. (1979), «Esquema sobre una posible revisión del código civil», *Anuario de Derecho civil,* Tomo XXXII, fasc. 1, p. 25.

4 FERNÁNDEZ ÁLVAREZ dice que resulta incluso paradigmático que en España llegara a codificarse primero el Derecho procesal civil que el Derecho civil sustantivo, al que aquel debiera adaptarse. FERNÁNDEZ ÁLVAREZ, A. L. (2012), «El mandato de unificación jurídica y la constitución española» *Revista de Estudios Histórico-Jurídicos.* XXXIV, p. 175

5 Véase el reciente trabajo de PETIT CALVO, C. (2019), *Un Código civil perfecto y bien calculado: el proyecto de 1821 en la historia de la codificación.* Dykinson.

6 FERNÁNDEZ ÁLVAREZ (2012), *Op. cit.,* p. 184.

7 Ya nos advirtió RODRÍGUEZ ENNES que, «la codificación es, sin duda, uno de los fenómenos históricos más complejos de la evolución jurídica» y por ello su análisis merece un estudio singular. RODRÍGUEZ ENNES, L. (2012), «La permanencia del Derecho romano en los Códigos europeos e iberoamericanos», *Anuario da Facultade de Dereito da Universidade da Coruña,* 16, pp. 742.

para, de este modo, entender por qué un Código promulgado en 1889 ya no responde a las necesidades del siglo[8].

El Código Civil de 1889 no contó con una gran aceptación por parte de la doctrina científica de aquel momento y las posturas críticas con el texto eran notablemente superiores a las voces que se posicionaban a favor del mismo[9]; en las doctrinas más modernas, sin embargo, estas críticas han sido menos vehementes. De Castro y Bravo ya mencionaba en 1942 que, aunque no sea la obra que se merecía la «gloriosa tradición jurídica» española, el Código «ha sido y sigue siendo útil»[10]. Es su carácter moderado, en opinión de Hernández Gil, el principal valor de este texto para que en los días actuales siga en vigor.

A pesar de las diferentes ponderaciones que se puedan hacer sobre la codificación, lo que interesa a efectos de este trabajo es precisar la razón por la que, en materia de contratación de servicios, el Código está obsoleto. Partiendo de la base de que los principios generales en materia de contratación permanecen casi intactos, no se puede olvidar que la sociedad ha cambiado drásticamente en el último siglo, una realidad que obligó al legislador a reformar, por ejemplo, muchísimos artículos en materia de familia y sucesiones. Esta adaptación a las nuevas relaciones sociales fue y debe ser un criterio para reformar las normas[11]. Sin embargo, en materia

---

8 Con maestría, Solé Resina resume la situación normativa del «arrendamiento de obras o servicios» en las diferentes propuestas de Código hasta el actual. Solé Resina, J. (1997b), *Arrendamiento de obras o servicios (Perfil evolutivo y jurisprudencial)*, Tirant lo Blanch, pp. 71-81.

9 Baró Pazos, J. (1993), *La Codificación del Derecho civil en España (1808-1889)*, Universidad de Cantabria, p. 297.

10 De Castro y Bravo, F. (1984), *Derecho Civil de España.* (reproducción de la 1° edición en 1942). Civitas. p. 210.

11 Diéguez Méndez, Y. (2011), «El Derecho y su correlación con los cambios de la sociedad» *Derecho y Cambio Social*, año 8, n. 23, p. 21.

de servicios el Código Civil español aún tiene resquicios de una sociedad romana que, evidentemente, ya no se corresponde con la actual.

Es importante recordar que el presente Código sigue un modelo romano-francés[12]. El Código francés de 1804 (napoleónico) fue, por excelencia, el prototipo de la codificación civil[13]. A lo largo del siglo XIX diferentes países tomaron como base el *Code* de Napoleón que, a su vez, recogía la tradición romanística anterior[14]. Tal y como asegura CANNATA, el Derecho romano expandió su influjo por todo el mundo mediante la actitud científica del *mos italicus*[15]. Esta realidad es perfectamente perceptible en el texto del CC cuando se analiza la regulación de los contratos de servicios, como se verá acto seguido.

2.2 La locatio conductio y su repercusión en los contratos de servicio

Prácticamente todo el Código Civil es digno de modernización; no en vano ya desde 1979 el profesor MARÍN PÉREZ abogaba por la derogación del vigente texto[16]. Si bien esto es así en lo que se refiere al conjunto del código, en lo relativo

---

12 Este carácter híbrido fue una de las mayores críticas que SÁNCHEZ ROMÁN desplegó hacia el Código de 1889. El jurista dedicó, en la publicación original en 1891, duras palabras al texto legal. SÁNCHEZ ROMÁN, F. (2002), *La Codificación civil en España*: en sus dos períodos de preparación y consumación: Estado del Derecho civil en España, común y foral, antes y después de la promulgación del Código civil. [reimpresión] Analecta.

13 RODRÍGUEZ ENNES (2012), *Op. cit.*, p. 738.

14 FERNÁNDEZ BARREIRO, A. (1992), *La tradición romanística en la cultura jurídica europea.* Centro de Estudios Ramón Areces, p. 84.

15 CANNATA, C. A. (1996), *Historia de la Ciencia Jurídica Europea.* Tecnos, p. 162.

16 MARÍN PÉREZ, P. (1952), *Introducción a la ciencia del Derecho,* p. 222

al contrato de servicios el problema de la antigüedad del CC es más que evidente y afecta directamente a su aplicabilidad[17].

Como es bien sabido, el Derecho civil español recoge un modelo romano[18] y es esta realidad la que hace que la codificación civil, en materia de *servicios,* continúe con la tradición romana de que el trabajo y las cosas hacen parte de una concepción unitaria. Esto quiere decir que el concepto de *locatio conductio* conduce diferentes categorías contractuales a la misma acepción de «arrendamiento»[19].

De este modo, el concepto de *locatio conductio* en el Derecho romano era utilizado indiscriminadamente para el arrendamiento de cosas, arrendamiento de obras y arrendamiento de servicios[20], lo que se puede ver reflejado en el artículo 1542 del vigente Código Civil.

---

17 Tal y como señala Capilla Roncero, «en esta materia se acusa de manera exagerada de la vejez del Código Civil en exceso tributario de una economía agraria, que lleva a regular de manera incompleta y en ocasiones confusa los tipos contractuales básicos del intercambio de servicios, cuya regulación real, a menudo escapa a los preceptos del Código Civil». Capilla Roncero, F. (2001), «Contratos de servicios (I): prestación de servicios y ejecución de obra», En Valpuesta Fernández y Verdera Server (coord.) *Derecho civil. Obligaciones y contratos,* 4ª ed. Tirant lo Blanch, p. 661.

18 Serna Vallejo, M. (2012), «La codificación civil española y las fuentes del Derecho», *Anuario de historia del Derecho español,* n. 82, pp. 11-36.

19 Gran parte de los autores afirman que la tripartición del contrato de arrendamiento de servicio en «*locatio conductio rei*», «*locatio conductio operis*» y «*locatio conductio operarum*» es fruto de la doctrina moderna. Pina Parpaglia, P. (1983), *Vita ex ipsa re: Aspetti della locazione in diritto romano,* Milano, pp.187 y *ss.* Arangio-Ruiz, V. (1984), *Istituzioni di diritto romano,* 14.ed. Jovene, p.346. Schulz, F. (1960), *Derecho romano clásico.* Santa Cruz Teijeiro (trad.), Editor Bosch Editor, p. 542

20 Kaser, M. (1982) *Derecho Romano privado,* (Trad. Santa Cruz Teijeiro). Reus. p. 197.

La utilización de un concepto unitario por parte de los juristas romanos se conecta y se justifica con la historia de los esclavos y de los *libertus*[21] a partir del siglo VI. Hasta aquel entonces, la sociedad romana no precisaba contratar profesionales para desarrollar obras y servicios, pues estas tareas eran desempeñadas por esclavos, que no necesitaban de una regulación específica para dichas relaciones de «servicio». A partir del siglo VI, los *libertus* pasaron a prestar un tipo de arriendo que se estipulaba sobre su misma persona; en definitiva, se arriendaba a sí mismo y no a su trabajo/servicio.

Por ello, la *locatio conductio,* que estaba pensada y estructurada para las relaciones de «arrendar una cosa», pasó a ser utilizada también para regular el arrendamiento de obra o servicio de los esclavos y *libertus,* ya que estos también podrían ser descritos como «cosa»[22].

Ahora bien, está claro que esta concepción unitaria carecía de previsiones más concretas para cada uno de los tres tipos de «arrendamiento» que pretendía regular, y que la evolución de los vínculos contractuales reclamaban especificidades para cada tipo de *locatio.*

No fue hasta el siglo XIX[23] cuando la configuración romana de *locatio conductio* pasó a ser distinguida entre las tres variedades, a saber: *«locatio conductio rei», «locatio conductio operis»* y *«locatio conductio operarum».* Según esta distinción, la primera se definía como un contrato en el que se entrega una cosa a otro para usar y disfrutar a cambio de una *merces.* La segunda era el contrato por el que una persona se obligaba a realizar cierta

---

21 En la Antigua Roma, se llamaba *libertus* al esclavo liberado que se encontraba ligado a su antiguo amo, al que llamaba *patronus.*

22 SCHULZ (1960) *Op. cit.* p. 519.

23 Como ya está más que demostrado, los pandectistas fueron los responsables por introducir la tripartición. SOLÉ RESINA (1997b) *Op. cit,* p. 29.

obra encargada, una cosa construida o reformada. La tercera, la obligación de realizar un trabajo a cambio de una *merces*, independiente del uso efectivo de sus servicios[24].

Esta última se configuró para los servicios prestados por los *libertus*. De la propia definición descrita anteriormente se verifica que trataba de una relación doméstica de dependencia con el *patronus*[25]. Esto es, servicios basados en un «vínculo laboral» establecido entre el *libertus* (esclavo libre) y su patronato. OERTMANN afirma que la preponderancia de la esclavitud en estas relaciones hizo que la sociedad romana creara, en relación a las prestaciones de servicios, un sentimiento de desprecio e indignidad, sobre todo, hacia los servicios remunerados[26].

Por otra parte, los servicios prestados por profesionales considerados dignos, ciudadanos de prestigio, no tenían la consideración de *locatio conductio*, lo que quiere decir que no eran arrendamiento de servicios, ni tampoco existía remuneración[27]. Entre los profesionales considerados de «estima social» estarían médicos, abogados, contables, filósofos y todo profesional de las «artes liberales». En definitiva, en la concepción romana solo era posible prestar un servicio bajo *locatio conductio* si era pasible de arriendo «*si tale factum, quod locari solet*» y tales profesiones no lo eran[28].

---

24 SOLÉ RESINA (1997b) *Op. cit.*, pp. 14 y 15.

25 ALEMÁN MONTERREAL (1996) *Op. cit.* p.18.

26 OERTMANN, P. (2018) *Die Volkswirtschaftslehre des corpus juris civilis* (Classic Reprint) Forgotten Books, pp. 75 y *ss.*

27 ALEMÁN MONTERREAL afirma que incluso parecía que el propio concepto de profesión liberal impedía la remuneración: la dignidad y el honor del ciudadano romano de buena posición le impedía hacer de su trabajo un medio de vida. ALEMÁN MONTERREAL, A. (1996), *El arrendamiento de servicios en Derecho romano*. Universidad de Almería. p.57.

28 *Ídem.*

A continuación, se procede a analizar cómo ha influido notablemente el esquema romano en el régimen legal del contrato de servicio en el Código Civil español, que incluso sigue la sistematización unitaria de la *locatio conductio* hasta los días actuales.

2.3 La regulación actual en el Código Civil

El principal ejemplo de cómo la tradición romana trajo consecuencias directas en la regulación de los «contratos de servicios» del CC es, como ya se ha advertido, el uso de la concepción unitaria en actual Código. Bajo el epígrafe de «Del contrato de arrendamiento», el título VI regula las relaciones de arrendamiento que, según el artículo 1542, podrá ser de cosas, de obra o de servicios.

El uso estructural de las relaciones de servicios bajo el concepto de *locatio conductio* demuestra, no solo la influencia del Derecho romano, sino también la poca importancia que tales contratos tenían para el legislador. Esto se percibe especialmente en la ausencia de una parte general para los contratos de servicios. El concepto general del artículo 1544, que explicita que en «el arrendamiento de obras o servicios, una de las partes se obliga a ejecutar una obra o a prestar a la otra un servicio por precio cierto», no encuentra desarrollo legal. A pesar de los amplios términos que caben en esta acepción, absolutamente ninguna disposición general trata de los «servicios» posteriormente.

También se puede identificar la influencia del concepto romano cuando se estudia la parte especial dedicada al «arrendamiento de obras y servicios», en el Capítulo III del Código. En relación con este tema, los artículos 1583 a 1603 solo regulan tres modalidades de contratos de «obras y servicios». En primer lugar, única y exclusivamente las relaciones entre «amo» y «criado», resquicio histórico más que evidente de la *locatio conductio operarum*. En segundo lugar, el contrato de obra por ajuste o precio alzado, la *locatio conductio operis*. Y, finalmente, el transporte por agua y tierra de personas y/o cosas[29].

Utilizar, por tanto, las previsiones del CC para regular la amplia variedad de contratos de servicios que existe en la actualidad es una labor imposible. Esta realidad exige de los tribunales la tarea de desarrollar las reglas aplicables en las diversas modalidades de servicios. Esta ausencia de una parte general, sumada a la nula regulación de demás tipos de contratos de servicios, convirtió a los tribunales en los protagonistas a la hora de resolver los posibles conflictos derivados de los mencionados contratos. De la misma manera, también fue «delegado» al Poder judicial la tarea de desarrollar criterios aplicables a los contratos de servicios profesionales.

Este «arcaísmo» en la regulación de los contratos de servicio no es exclusivo del CC español. De hecho, la Unión Europea está al corriente de la necesidad de modernizar todas las normas relativas a estos contratos, motivo por el que impulsa dichos trabajos de modernización desde hace más de dos décadas[30]. En otros países del entorno europeo, la modernización

---

29 Por razones de objeto de estudio no se abordarán los contratos de transporte, principalmente porque tales contratos poseen regulación especial y no son, obviamente, contratos de servicios.

30 Resoluciones del Parlamento Europeo sobre el Derecho contractual europeo: Resolución del 26 de mayo de 1989 sobre un esfuerzo para armonizar el Derecho privado de los Estados miembros; Resolución del 6 de mayo de 1994 sobre la armonización de determinados sectores del Derecho privado de los Estados miembros; Resolución del 15 de noviembre de 2001 sobre la aproximación del Derecho civil y mercantil de los Estados miembros; Resolución del 2 de septiembre de 2003 sobre la Comunicación de la Comisión al Parlamento Europeo y al Consejo titulada «Un Derecho contractual europeo más coherente–Plan de acción». Textos disponibles en la web oficial: https://www.europarl.europa.eu/sides/getDoc.do?pubRef=-//EP//TEXT+TA+P6-TA-2006-0352+0+DOC+XML+V0//ES#def_1_4 (última visita: 4 de mayo de 2021).

del Código Civil se ha llevado a cabo en los últimos años[31]; sin embargo en España, aunque tal modernización sea objeto de iniciativas, estas no se han traducido en un avance real en la reforma del CC en materia de obligaciones y contratos[32].

Especialmente en el ámbito nacional, y respecto al contrato de servicios, se puede destacar el fallido proyecto de Ley 121/000043 de 1994, la proposición de Ley de Reforma del Código Civil en materia de arrendamiento de servicios de 2009 y, por último, la más reciente propuesta de regulación de los contratos de servicios de la Sección Civil de la Comisión General de Codificación de 2012. Con objeto de mantener un orden cronológico, se procederá a realizar el correspondiente análisis en el epígrafe 6 de este capítulo, sobre el proceso de modernización en el Derecho español.

---

31 El mejor ejemplo es la reforma del Derecho de obligaciones del *Code Civil* francés: Ordenanza 2016-131 de 10 de febrero de 2016 por la que se reforma la ley de contratos, el régimen general y prueba de obligaciones (JORF núm. 0035, du 11 février 2016) y el Informe al Presidente de la República que acompaña a la ordenanza. Ley 2018-287 de 20 de abril de 2018 que ratifica la Ordenanza 2016-131 de 10 de febrero de 2016 que reforma la ley de contratos, el régimen general y prueba de obligaciones (JORF núm. 93, du 21 avril 2018). Pero también se puede destacar la Ley de modernización del Derecho de obligaciones en Alemania (*Gesetz zur Modernisierung des Schuldrechts*), que entró en vigor el 1 de enero de 2002 y la última modificación del año 2017 que introduce cuestiones sobre el contrato de construcción y de viajes en el marco de los contratos de servicios. Todo ello se analizará en el epígrafe 4 del presente capítulo.

32 La postura mantenida por esta investigadora sostiene que sería prudente una revisión y modernización completísima y uniformizada del Código civil español, con fines de la promulgación de un Código civil nuevo, contemporáneo, sin reformas a medias y sin «parches de modernización».

2.4 La estructura legal del Código Civil en materia de servicios

En el Código Civil los contratos que tienen por objeto prestaciones de servicios, aunque estén dotados de su propia sustantividad, carecen de la necesaria regulación y, sobre todo, de modernización, como ya se ha visto. Históricamente han sido las obligaciones de dar las que han sido objeto de más atención por parte del legislador, principalmente por constituir un mayor tráfico económico jurídico. Esta es, tal vez, la principal razón por la cual el Código Civil ni siquiera establece una sección dedicada a las disposiciones generales del arrendamiento de obras o servicios, así como tampoco ofrece, siquiera, una definición de lo que se entiende por «obras» y «servicios».

Como se ha destacado en el anterior epígrafe, en la sociedad romana la idea de «servicios» está íntimamente relacionada con el trabajo servil, ya sea proveniente de una situación de esclavitud, ya sea como *libertus*; es esta misma concepción de subordinación la que ha sido traspasada al vigente código español. Evidentemente, se trata de una connotación «servil» de la prestación de servicio que no concuerda en absoluto con la realidad de este contrato en los días actuales.

Si se analizan los artículos 1583 a 1603 (localizados en el Capítulo III), se percibe que mientras la Sección Primera hace un esfuerzo por regular los «arrendamientos de servicios», entretanto no ofrece respuestas adecuadas a las relaciones obligatorias de servicios. La Sección segunda, donde están localizados los principales preceptos, está pensada fundamentalmente para el contrato de construcción. Por ello, en conclusión, se puede afirmar que el Capítulo III no contiene ninguna norma sobre los contratos de servicios.

Los cinco escuetos artículos de la Sección primera (artículos 1583 a 1587) establecen solamente una regulación de servicios de los criados, menestrales, artesanos y demás trabajadores asalariados. Por un lado, no hace falta decir que, desde el surgimiento de la legislación laboral, el contrato de trabajadores asalariados está regulado por una normativa especial. Además, resulta notorio que una legislación de estas características no pueda regular de forma adecuada las relaciones modernas de servicios profesionales[33]. Por otro lado, resulta también necesario resaltar que la enorme desconexión con la actualidad que presentan las expresiones utilizadas en estos artículos: en el mencionado texto se hallan fácilmente expresiones en desuso, aisladas de la dinámica contractual actual. Se pueden citar como ejemplo: «el criado doméstico destinado al servicio personal de su amo, o de la familia de éste», «amos y sirvientes», «criados de labranza»[34], locuciones absolutamente obsoletas. Aunque estos artículos sigan «vigentes» en el CC, resulta evidente que no se aplican, mucho menos a los contratos de servicios, quedando a cargo de la jurisprudencia la labor de crear un marco conceptual que contenga las mencionadas relaciones contractuales.

A modo de conclusión, se constata que la única regulación sobre «servicios» allí comprendida está ampliamente superada por la legislación laboral. Además, como resultado de una simple lectura del CC se puede verificar que hay muchas formas de contrato de servicios que carecen por completo de normativa[35]. Finalmente, aunque muchos de estos contratos puedan quedar incluidos en la definición amplia del artículo 1544, la falta de desarrollo de una parte general genera incertidumbre en cuanto al objeto de los mismos.

---

33 RODRÍGUEZ GUITIÁN defiende que el hecho de no tratar las prestaciones intelectuales en el capítulo III del Título VI no es un mero olvido del legislador, y la razón de esta afirmación es que en el artículo 1967 CC sí contempla expresamente la prescripción extintiva trienal para reclamar la retribución de estos profesionales. RODRÍGUEZ GUITIÁN, A. M. (2011) «El desistimiento del contrato de servicios de los profesionales liberales», *Anuario de Derecho Civil*, tomo LIV, fasc. 2. p. 690.

34 Artículos, 1584, 1585 y 1586 CC español, respectivamente.

35 Más notablemente los servicios prestados por profesionales intelectuales.

De esto se extrae como conclusión la notable necesidad de actualizar el vigente Código, así como también la conveniencia de armonizar el Derecho de obligaciones y contratos, necesidades ambas que se han sentido de forma especial en aquellos países que, como en el caso de España, pertenecen a la primera generación de Códigos Civiles[36].

En la medida en que no se produce un avance legislativo en la urgente reforma y modernización del CC en materia de contratos de servicios, la doctrina ha tratado de superar algunos conceptos arraigados y discutir los aspectos más destacables en materia de la contratación de servicios. Principalmente en lo que se refiere a la tesis unitaria de la *locatio conductio* y a la distinción existente entre los contratos de obras y los de servicios. A continuación, se procede a elucidar algunas ideas al respecto.

2.5 Superación del esquema tradicional del Código Civil

La mayor parte de la doctrina española afirma que la concepción unitaria del arrendamiento es anacrónica[37] y, por lo tanto, su abandono es inevitable. Es esta la razón por la cual, desde Europa[38] a Latinoamérica[39] se observa la tendencia de

---

36 García Pérez, C.L. (2017), «El contenido del contrato y la determinación del precio en la Propuesta de Código Civil de la Asociación de Profesores de Derecho Civil (APDC)», *de Derecho Civil*, tomo LXX, fasc. III, p. 1076.

37 Por todos, Díez-Picazo (2010), *Op. cit.*, p. 375.

38 En Europa, los Códigos civiles de España, Bélgica y Luxemburgo son los únicos que todavía adoptan una visión unitaria de arrendamiento. Severin Fuster, G.F. (2014), *Los contratos de servicio: su construcción como categoría contractual, y el Derecho del cliente al cumplimiento específico.* [Tesis doctoral, Universidad Autónoma de Madrid] p. 104.

39 Código civil boliviano, peruano, paraguayo, brasileño y argentino, en vigor desde 1976, 1984, 1985, 2003 y 2015, respectivamente, abandonaron la visión decimonónica del concepto unitario que aún persiste en el Código civil de Uruguay.

no utilizar la expresión «arrendamiento» para designar los contratos de servicios.

SOLÉ RESINA destaca que el contrato de servicio no pertenece a la tipología de contrato de arrendamiento[40] y que utilizar aún tal nomenclatura no es sino otro indicativo de que el Código Civil español es de siglos pasados.

Antes de continuar, es necesario destacar que este fenómeno, consistente en la unificación de diferentes contratos bajo el prisma del «arrendamiento» y/o la falta de regulación específica para los contratos de servicios, acontecía en la mayoría de los ordenamientos jurídicos del entorno europeo[41], no solo se produce en el caso español; sin embargo, otros ordenamientos se han ido actualizando en las últimas décadas para ofrecer una normativa más coherente y efectiva.

Ahora bien, la superación del modelo legal del Código Civil no atañe únicamente a la nomenclatura utilizada –en el sentido de evitar la denominación «arrendamiento» para designar a los contratos que tienen por objeto la prestación de «obras y servicios»– sino que representa la superación de la estructura o del esquema de regulación que contempla el Código civil[42],

---

40 SOLÉ RESINA advierte que, las pocas características comunes que se dan entre el arrendamiento de cosas y el de obras o servicios, y la importancia de las diferencias que actualmente presentan estos tipos contractuales es lo que justifica que se critique la consideración de la prestación de servicio como especie de arrendamiento. SOLÉ RESINA, J. (1997b), *Op. cit.*, p 90.

41 Una buena excepción de tal panorama es el Código Civil portugués de 1867 que ya contenía normas diferentes para el contrato de «locação» (arrendamiento) y para el contrato de «prestação de serviços» con distintas secciones destinadas al servicio doméstico, el servicio asalariado, los profesionales liberales, etc. Disponible en: https://www.fd.ulisboa.pt/wp-content/uploads/2014/12/Codigo-Civil-Portugues-de-1867.pdf (última visita: 3 enero de 2021).

42 SEVERIN FUSTER (2014), *Op. cit.*, p. 116.

para atribuir autonomía a los contratos de servicios como una nueva categoría contractual.

Esto es así porque resulta imposible el tratamiento unitario de la prestación de «servicios y obras» y el «arrendamiento de cosas», puesto que ambas se configuran como prestaciones manifiestamente diferenciadas: mientras que la primera, la prestación de «servicios», recae sobre actos, sobre la actividad desarrollada, por contra la segunda, la prestación en el arrendamiento de cosas, recae sobre objetos corporales que se ceden para su uso o goce.

Escudando la citada distinción entre ambos conceptos, SOLÉ RESINA añade que, en el caso del arrendamiento de cosas, el arrendador que no quiere cumplir su obligación podrá ser obligado a cumplirla, mientras que en el «arrendamiento de servicios y obras» la negativa del «arrendador» se resolverá en la obligación de indemnizar por daños y perjuicio[43]. En este sentido, LACRUZ BERDEJO advierte que las normas de uno y otro son «diferentes e intransferibles»[44] y por ello no deberían recibir tratamiento unitario.

Afortunadamente, tanto los instrumentos de modernización citados como la Propuesta de la Comisión General de Codificación en España, han abandonado la nomenclatura «arrendamiento de servicio», en beneficio de «contrato de servicio». En todos los textos también se identifica la superación estructural, es decir, dotan a los contratos de servicio de una categoría autónoma, completamente diferenciada del contrato de arrendamiento de cosas.

Si bien la concepción unitaria de arrendamiento ha sido prácticamente desacreditada por la doctrina actual, la discusión

---

43 SOLÉ RESINA (1997a), p. 90.

44 LACRUZ BERDEJO, J. L. (2013), *Elementos de Derecho civil II.* Derecho de obligaciones, v. II, 5ª ed., Dikynson. p. 114.

sobre las diferencias entre el «contrato de servicios» y la «ejecución de obras» nunca ha salido de escena y progresivamente se ha dotado de nuevos matices que se pasan a dilucidar a continuación.

2.6 La delimitación del contrato de servicios y el de obra

Muchos autores sostienen que la diferencia entre un contrato «de obra» y otro «de servicio» pasa por la característica de la prestación asumida, si esta es de medios o de resultado, respectivamente. Sin embargo, en la práctica determinar si un contrato es de obra o de servicio no resulta tarea simple, «puesto que toda prestación tiende, por esencia, la satisfacción de un interés, a un resultado que el acreedor juzga útil»[45].

Además, como asevera VILLANUEVA LUPIÓN, en un mismo contrato, distintas obligaciones del prestador pueden ser calificadas y exigidas individualmente como «de medios» y «de resultado». Por ello, la distinción entre obligaciones de medios u obligaciones de resultado, según la misma autora, es «un modo de calificar las obligaciones, no un criterio para calificar los contratos».[46]

Por otro lado, SCAEVOLA, uno de los primeros intérpretes del Código civil, sostiene que la nota distintiva entre el contrato de obra y el contrato de servicio es que, en la ejecución de una obra, la obligación de hacer se complementa con una obligación de dar «una cosa», compromiso que no existe en los contratos de servicio. Para el autor, es la existencia de «una cosa» en el contrato de obra lo que irá a representar, no solo la diferencia

---

45 DIEZ-PICAZO, L. Y GULLÓN BALLESTEROS, A. (2018), Sistema de Derecho Civil, Tomo. II. 12ª ed. Tecnos. p. 165.

46 VILLANUEVA LUPIÓN, C. (2009), *Los contratos de servicios.* La Ley. p. 103.

de resultado entre ambos contratos, sino también una distinta distribución de los riesgos en ambas modalidades[47].

De acuerdo con esta interpretación, el rasgo distintivo entre ambas modalidades de contratación es que, en el contrato de obra, es el prestador quien soporta el riesgo de la pérdida de la cosa, porque no percibe la remuneración si la cosa se destruye antes de la entrega del resultado[48]; en cambio, en el caso de los contratos de servicio, al tratarse de una obligación de medios, el prestador tiene derecho a la prestación, independientemente del resultado. De modo que la distinción entre obligación de medios y de resultado serviría para determinar la asunción del riesgo ante la entrega del resultado.

Entretanto, utilizar el riesgo de la pérdida de la obra para justificar la distinción no es plausible, ya que las reglas contenidas en los artículos 1589 y 1590 CC, relativas al contrato de obra, son dispositivas[49] y, por lo tanto, no pueden representar un rasgo distintivo entre los contratos de obra y los de servicios[50]. Asimismo, VILLANUEVA LUPIÓN asegura que utilizar el criterio del riesgo para distinguir las obligaciones de medio y resultado no tiene sentido, en la medida en que,

---

47 SCAEVOLA, Q. (1952), *Código Civil concordado y comentado extensamente con arreglo a la edición oficial,* T. XXIV, 1° parte, 2ª ed. p. 134.

48 Para la imputación de riesgos en el contrato de obra, véase CADARSO PALAU, J. (1996) «Riesgo y responsabilidad en el contrato de obra (según el Proyecto de Ley 121/000043, 1994, de modificación del Código Civil», en GONZÁLEZ GARCÍA (COORD.), *Contrato de servicios y de obra. Proyectos de Ley y Ponencias sobre la reforma del Código Civil en materia de contratos de servicio y de obra,* Adhara, p. 58.

49 Los artículos 1589 y 1590 CC son normas dispositivas de las que no puede deducirse que la no entrega de la obra implique por sí misma el incumplimiento de la obligación, ni, por tanto, la responsabilidad del deudor.

50 Por todos, YZQUIERDO TOLSADA, M. (1989), *La responsabilidad civil del profesional liberal.* Reus. p. 40.

en los contratos de servicios–obligación de medio–el prestador no está obligado a la consecución de un resultado y, por lo tanto, no hay riesgo si este no se lo entrega[51].

Aunque se realizará un análisis más profundo sobre la distribución del riesgo en capítulo II, es importante anticipar que la acepción de la distinta distribución de los riesgos defendida por SCAEVOLA provoca una tesis dualista de la responsabilidad, que no se comparte en esta disertación. En la sentencia del Tribunal Supremo de 19 de octubre de 1995, el magistrado ORTEGA TORRES da una lección sobre la obligación de obtener un resultado por parte de un contratista, alertando de que el aspecto definitorio del contrato no está relacionado con la distribución contractual de los riesgos[52]. Además, como acertadamente advierte CARRASCO PERERA, el artículo 1589 CC no versa sobre el riesgo contractual[53], aspecto que se tratará específicamente en el capítulo 3, dedicado al riesgo en los contratos de servicios.

Sin ahondar más en otras tesis minoritarias, la realidad es que, de manera casi unánime, se entiende que la diferencia reside en que en el contrato de servicio se promete una actividad en cuanto tal, mientras que en el contrato de obra se asume la obligación de producir un resultado material[54]. En otras palabras, en los contratos de servicio, el prestador se obliga a realizar determinada actividad en sí misma considerada y no por su resultado. En el contrato de obra, el prestador se obliga a ejecutar determinada obra y a entregar un resultado material.

---

51 VILLANUEVA LUPIÓN (2009), *Op. cit.*, p. 81.

52 STS (Sala de lo Civil) de 19 octubre 1995.

53 CARRASCO PERERA, A. (2021), *Derecho de contratos*, 3ª ed., Aranzadi, p. 1060.

54 BUSTO LAGO, J. M. (2020), «El contrato de arrendamiento de servicios», BERCOVITZ RODRÍGUEZ-CANO (DIR.), *Tratado de contratos*, tomo III, 3ª ed. p. 3715.

Se entiende tradicionalmente por «contrato de obra» el realizado para la construcción, reparación o transformación de una cosa, así como la obtención de cualquier otro resultado convenido por las partes[55]; en el caso del «contrato de servicio» se aplica a las actividades de médicos[56], abogados, arquitectos, etc. En síntesis, se ha entendido generalmente que la diferenciación se basa en si existe el deber de alcanzarse un resultado, en cuyo caso el contrato es de obra, o si el prestador se compromete únicamente a realizar una actividad[57].

El Tribunal Supremo (TS) también ha tratado de corroborar la construcción doctrinaria de que en el contrato de obra la prestación va dirigida a un resultado[58] y, en el contrato de servicios, a una actividad independiente del resultado[59]. De este modo, según el entendimiento del TS, la diferencia entre ambos contratos reside en el objeto inmediato de la prestación[60].

---

55 Como, por ejemplo, el contrato de cirugía estética. MARTÍNEZ-PEREDA RODRÍGUEZ, J. M. (1997), *La cirugía estética y su responsabilidad.* Comares, p. 346.

56 Aunque el Tribunal Supremo por muchos años ha considerado el contrato de cirugía estética como un contrato de obra. Entendimiento que, afortunadamente, desde 2007 ha sido superado, como veremos en el epígrafe siguiente.

57 JORDANO FRAGA, F. (1991), «Obligaciones de medios y de resultado» (A propósito de alguna jurisprudencia reciente)", *Anuario de Derecho Civil,* tomo XLIV, fasc. 1, pp. 5-96. / LOBATO GÓMEZ, M. (1992) «Contribución al estudio de la distinción entre las obligaciones de medios y las obligaciones de resultado», *Anuario de Derecho civil,* tomo XLV, fasc. 2. pp. 651-734 / CABANILLAS SÁNCHEZ, A. (1993), *Las obligaciones de actividad y de resultado,* Bosch Editor. / ALONSO PÉREZ, Mª.T. (2009), «El paralelismo entre obligaciones de medios/resultado y contratos de servicios/obra en las propuestas oficiales de modernización del Derecho español», *Revista de Derecho Civil,* vol. VI, nº. 2.

58 STS (Sala de lo Civil) de 13 de marzo de 1997.

59 STS (Sala de lo Civil) de 3 noviembre de 1983.

60 STS (Sala de lo Civil) de 4 febrero 1950.

Por consiguiente, resulta de interés realizar a continuación un análisis sobre las obligaciones de medio y las obligaciones de resultado.

2.6.1 El tipo de prestación como criterio de distinción

a) Fundamento

Como se ha mencionado con anterioridad, el principal criterio de distinción entre los contratos de obras y de servicios ha sido el tipo de obligación que asumía el profesional, según esta se configurara de medios o de resultado. Este ha sido uno de los argumentos empleados de forma más constante para diferenciar ambas formas de contratación.

En relación con este tema, ALONSO PÉREZ afirma que diferenciar tipos de contratos sobre la base de la distinción entre obligación de medios y de resultado favorece un funcionamiento correcto del sistema, al permitir adscribir los supuestos de contratos que articulan prestaciones de hacer a un tipo u otro[61].

De manera resumida, en las obligaciones de medios el deudor cumple la obligación si actúa diligentemente, con independencia de la obtención o no del resultado pretendido por el cliente. El deudor se obliga únicamente a actuar con diligencia y pericia, no vinculándose su contraprestación al resultado.

Es necesario destacar que, cuando la obligación es de medios, también conocida como de actividad, el deudor está obligado a desarrollar, a favor del acreedor, una determinada conducta encaminada a satisfacer el resultado esperado por el acreedor. No obstante, no se garantiza la obtención de dicho resultado, considerándose cumplida la obligación en el caso

---

61 ALONSO PÉREZ, Mª.T. (1997), *Los contratos de servicios de abogados, médicos y arquitectos*, Bosch Editor. pp. 105-106.

de que el deudor actúe con la diligencia debida; es decir, se considera suficiente la actuación diligente para suponer la obligación debidamente concluida, aunque no se produzca la satisfacción del acreedor. Por otro lado, cuando la obligación es de resultado, el deudor sí garantiza la obtención del resultado que constituye el interés primario del acreedor[62].

Considerando el cambio de doctrina del Tribunal Supremo, esta discusión respecto de la clasificación de obligaciones entre las de medios o de resultado puede tener mayor relevancia en los servicios médicos, especialmente si se tiene en cuenta que la responsabilidad del prestador del servicio es diferente en cada prestación. Por ello, atendiendo a las peculiaridades de los servicios médicos, se cuestionará en las líneas que siguen si esta distinción es un recurso eficaz en el caso de las prestaciones médicas.

b) La importancia de la clasificación de la obligación como «de medios» o «de resultado» en los servicios médicos

ROZO SORDINI refiere que la mencionada clasificación adquiere importancia, sobre todo para determinar la responsabilidad civil del médico[63]. Asimismo, BLANCO PÉREZ-RUBIO pone de relieve la importancia de la distinción respecto a la manera de repartir la carga de la prueba del incumplimiento de la obligación de información del médico[64].

---

62 CABANILLAS SÁNCHEZ, A. (1993), *Las obligaciones de actividad y de resultado.* Bosch Editor. pp. 49 y 50.

63 ROZO SORDINI, P. (1998), «Las obligaciones de medio y de resultado y la responsabilidad de los médicos y abogados en el Derecho italiano». *Revista de Derecho Privado de la Universidad. Externado de Colombia,* n. 4. p. 143.

64 BLANCO PÉREZ-RUBIO, L. (2014), «Obligaciones de medios y obligaciones de resultado: ¿tiene relevancia jurídica su distinción?», *Cuadernos de Derecho Transnacional,* Vol. 6, N° 2, p. 63.

Históricamente, en concreto hasta la conocida sentencia de 23 mayo 2007, el TS consideró la medicina curativa como obligación de medios y la medicina estética como obligación de resultado[65]. En las obligaciones de resultado incumbía al paciente únicamente demostrar la existencia de una obligación y la ausencia del resultado esperado. De esto modo, el prestador del servicio médico tenía el deber de probar que la obligación había sido cumplida o que su incumplimiento no era imputable a él (probando la existencia de fuerza mayor o de caso fortuito)[66]. En cambio, en las obligaciones de medios, para que el paciente (acreedor) pudiera aludir al incumplimiento, debería probar que la obligación no había sido ejecutada conforme la diligencia debida y la carga de la prueba recaería sobre él.

Si consideramos que, en medicina curativa, la obligación es de medios para configurar el incumplimiento, el paciente es el encargado de demostrar que la actuación del médico no ha sido conforme a la *lex artis ad hoc*[67], mientras que en la medicina estética, la obligación de probar el correcto cumplimiento es del médico. En este punto resulta importante destacar que algunos autores como JORDANO FRAGA siempre estuvieron en contra de la distinción entre obligaciones de medios y obligaciones de resultado para la distribución de la carga de la prueba[68].

Tal entendimiento ha sido objeto de algunas críticas, como la de MARTÍNEZ-PEREDA, quien asevera que en los servicios

---

65 SANTOS MORÓN, M. J. (2018), «La responsabilidad médica (en particular en la medicina "voluntaria"): Una relectura desde el punto de vista contractual». *InDret*, 1/2018, p. 9.

66 GONZÁLEZ MORÁN, L. (1990), *La responsabilidad civil del médico*, Bosch Editor, pp. 90-91.

67 SANTOS MORÓN, (2018), *Op. cit.*, p. 19.

68 Por todos: JORDANO FRAGA, F. (1991), «Obligaciones de medios y de resultado (A propósito de alguna jurisprudencia reciente)», *Anuario de Derecho Civil*. tomo XLIV, fasc. 1, pp. 77-80.

médicos, el acento no hay que ponerlo en la distinción entre obligaciones de medios y de resultado, sino que más bien es necesario insistir en el deber de información previa que tiene que abarcar todos los riesgos posibles, incluso los excepcionales, ya que el profesional conoce los peligros quirúrgicos y los resultados fallidos en la estadística[69]. Si el profesional médico no cumple su deber de información, no importa si estamos ante una obligación de medios o de resultado, pues se consideraría responsable.

A partir de la sentencia de 23 mayo 2007 citada anteriormente, la doctrina del TS cambia de rumbo y pasa al entendimiento de que no se debe mantener la diferencia entre obligación de medios y de resultado en el ejercicio de la actividad médica, salvo que esta se pacte expresamente; de este modo, la obligación del profesional siempre será de medios, salvo que las partes negocien que se deberá alcanzar determinado resultado. Esta también es la opción de los redactores del DCFR, que encierra definitivamente la discusión entre el tipo de obligación asumida en la medicina curativa y estética.

El DCFR aplica su regulación por igual tanto a los contratos sobre tratamientos de medicina curativa como los de medicina estética (voluntaria). Por lo que, en ambos casos, el médico se obliga a prestar diligentemente una actividad dirigida a la sanación del paciente, pero sin garantizar su curación o mejoría, esto es, sin garantizar el resultado, de forma que no habrá incumplimiento de la obligación por el simple hecho de no obtener el resultado perseguido. En conclusión, se abandona la asociación entre medicina estética (voluntaria) a la obligación de resultado[70].

---

69 Martínez-Pereda (1997), *Op. cit.*, p 346.

70 Blanco Pérez-Rubio, L. (2014), «Obligaciones de medios y obligaciones de resultado: ¿tiene relevancia jurídica su distinción?», *Cuadernos de Derecho Transnacional.* Vol. 6, nº 2, p. 74.

Llegados a este punto y para entender mejor la opción de los redactores del DCFR respecto al tipo de prestación asumida por el prestador del servicio, es necesario matizar algunos aspectos del texto del Marco común respecto a la prestación asumida por el acreedor.

c) El DCFR y las obligaciones «de medios y de resultado»

Parece ser que el DCFR allana la diferencia entre obligación de medios y de resultado, apostando por encuadrar cualquier servicio como obligaciones de resultado. Este giro inesperado, que se contrapone a los ordenamientos jurídicos de los principales países de Europa, como Italia, Francia, Portugal y Alemania[71], está justificado por la gran influencia del *common law* en su redacción[72].

Es importante destacar que la relación establecida en el citado texto entre el contrato de servicio y el contrato de obra, es de género y especie. Tal y como ya advirtieron autoras como SOLÉ RESINA y VAQUERO PINTO[73], el contrato de ejecución de

---

71 Artículos 1655 y 2222 Codice civile italiano. Artículo 1137 Code civil, se refiere a las obligaciones de medios y el artículo 1147 a las de resultado. En el Código Civil portugués, el artículo 1154 para la prestación de servicios y el artículo 1207, para el contrato de obra que contiene una obligación de resultado, y, por fin, en el Código Civil Alemán (BGB), parágrafo 631, distinguiendo los contratos de servicios, en los que se deben los servicios, pero no se garantiza un resultado, de un contrato de obra en el que debe alcanzarse un resultado específico.

72 Por otro lado, los Principios de Derecho Contractual Europeo, aunque no regulan explícitamente ambos tipos de obligaciones, es posible extraer de los comentarios oficiales al artículo 6:102 la diferenciación entre obligación de medios y obligación de resultado.

73 SOLÉ RESINA (1997a), *Op. cit*, pp. 99-100 y VAQUERO PINTO (2005), *Op. cit*, pp. 63-64.

obra es un tipo general de contrato de servicios. Esto implica dos consecuencias principales: en primer lugar, que la distinción entre contrato de servicio y de contrato de obra es infructífera, ya que lo que ocurre entre ambos es una relación de género/especialidad; en segundo lugar, que a todos los contratos de servicios se les aplicarían las disposiciones generales contenidas en la primera parte del Título C. En consecuencia, el artículo IV.C–2:106 (obligación de lograr un resultado) debe ser empleado en todos los contratos de servicios.

La calificación «género» y «especialidad», sumada al concepto de falta de conformidad[74] recogido en el DCFR[75], lleva a creer que la distinción entre obligaciones de medios y de resultado es irrelevante. Se afirma entonces que el DCFR abandona de manera definitiva la tradicional dicotomía entre obligaciones de medios y de resultado para crear una tipología contractual global[76], donde todas las obligaciones se consideran de

---

74 La noción de conformidad del bien con el contrato proviene del *common law* y siguiendo esta tradición se ha producido un desarrollo importante del concepto en el Derecho internacional. Es un concepto desarrollado en la Convención de Viena y que sirvió de inspiración a la normativa comunitaria. La tradición romanista sobre los vicios ocultos fue sustituida por el concepto de conformidad de los bienes de tradición anglosajona. Seguramente este concepto va a influir también de manera importante en el proceso de reforma del Código civil español en materia de obligaciones y contratos.

75 Cualquier desviación respecto de las expectativas del comprador (tipo, calidad y cantidad) se caracteriza por la objetividad, por ello, la falta de conformidad se desvincula totalmente de la noción de culpabilidad. KALIL, A. (2022) «El contrato de servicio de información y asesoramiento» en INFANTE, OLIVA y KALIL, *La modernización de los contratos de servicios,* Tirant lo Blanch, pp.403-410.

76 DE BARRÓN ARNICHES, P. (2011a), «El contrato de servicios y la propuesta de modernización del Código Civil Español». *Boletín del Ministerio de Justicia,* año LXV, n 2134, p. 12.

resultado, esto es, el resultado específico declarado o previsto por el cliente en el momento de la conclusión del contrato.

Para DE BARRÓN ARNICHES, tal cambio de dirección «constituye una clara superación de la doctrina jurisprudencial de nuestro Tribunal Supremo en virtud de la cual, las obras se diferencian de los servicios porque las primeras constituyen una obligación de resultado y los segundos una obligación de medios»[77].

Hasta la fecha, el TS sigue utilizando como criterio el objeto inmediato de la obligación del prestador del servicio para distinguir entre las obligaciones de medios y las obligaciones de resultado. En este sentido, la sentencia de 29 de julio de 2008 esboza perfectamente tal entendimiento, al declarar que, si el prestador «se obliga a la prestación de servicios o de trabajo o de una actividad en sí misma, no del resultado que aquella prestación produce, el arrendamiento es de servicios y, en cambio, si se obliga a la prestación de un resultado, sin consideración al trabajo que lo crea, el arrendamiento es de obra».

En este sentido, VAQUER ALOY sostiene que la dicotomía ha perdido su posición otrora central[78] y que, además, este recurso es incompatible con la noción de falta de conformidad. Esta también es la posición de SANTOS MORÓN, quien afirma que «dicha noción objetiva de incumplimiento convierte en irrelevante la distinción entre obligaciones de actividad y obligaciones de resultado»[79]

---

[77] DE BARRÓN ARNICHES, P. (2008), «Cuestiones sobre el contrato de servicios diseñado en el Marco Común de Referencia», *Indret*, p. 12.

[78] VAQUER ALOY, A. (2012), «Contratos de servicios: entre el Derecho de consumo y el Derecho contractual general», en CÁMARA LAPUENTE y ARROYO I AMAYUELAS (coord.), *La revisión de las normas europeas y nacionales de protección de los consumidores*, Civitas, p. 440.

[79] SANTOS MORÓN (2018), *Op. cit*, p.19.

Entretanto, respecto a esta concepción uniforme de falta de conformidad, merece la pena la postura defendida por la autora de esta disertación: en el nuevo sistema unitario de *non-performance,* la culpa pasa a ser «objetivada», estableciendo estándares de conducta para ello. Por consiguiente, para considerar la falta de conformidad en una obligación de medios, por ejemplo, bastaría revelar la ausencia de calidad (ausencia de conducta diligente). Así las cosas, es posible defender el mantenimiento de la dicotomía «medios y resultado» y la aplicabilidad de un concepto uniforme de *non-performance*[80].

Aunque renombrados autores defiendan que el DCFR ha querido remover la categorización medios/resultado[81], esta autora defiende que no hay razón para creer que se ha prescindido de la dicotomía puesto que, como se verá a continuación, los propios comentarios oficiales al texto instruyen que, dentro de un mismo tipo contractual, por ejemplo, información y asesoramiento, habrá obligación de resultado y/o de medios.

En esta disertación se defiende, tomando como punto de partida los comentarios oficiales al artículo IV.C.–2:106 del DCFR, que, en general, la obligación asumida por el prestador del servicio es de resultado y que, en algunas prestaciones, se presume de medios. Es decir, hay prestaciones en las que el deudor solo se obligará a un resultado si las partes así lo acordaron. En caso contrario, la obligación será únicamente de competencia y diligencia, es decir, una obligación de medios.

---

80 Kalil, (2022,) *Op. cit., pp.* 409-410.

81 De Barrón Arniches afirma que el DCFR difumina la distinción entre obligaciones de medios y de resultado. De Barrón Arniches, P. (2011b), *El contrato de servicios en el nuevo Derecho contractual europeo.* Reus. p. 106.

En definitiva, ambas obligaciones concurren en el mismo tipo contractual, dependiendo de lo pactado en el contrato[82].

Además, como advierte JIMÉNEZ HORWITZ, muchas veces actuar con diligencia significa también realizar determinadas actividades accesorias o complementarias que, en sí mismas consideradas, constituyen también «resultado»[83]. En efecto, en un mismo contrato de servicios jurídicos, una abogada puede recibir una encomienda para redactar un informe y para representar al cliente en un pleito. La abogada, como prestadora de servicio, no puede garantizar a su cliente el resultado «ganar la demanda», pero sí debe garantizar la elaboración del informe, lo cual es una obligación de resultado.

En esta misma línea, CRESPO MORA defiende que el DCFR está lejos de acabar con la dicotomía obligaciones de medios/resultado, más bien todo lo contrario: el Marco Común de Referencia vuelve a reavivar el debate en torno a la misma[84].

Hechas las consideraciones oportunas sobre el tipo de prestación asumida por los prestadores en los contratos de servicios, este trabajo defiende la postura de que la dicotomía es útil, pero no para clasificar el tipo contractual como «de obra» o «de servicio». Tal y como prevén los instrumentos de modernización, el mismo contrato puede contener «obligaciones de medios» y/o «de resultado», siempre partiendo del análisis de lo pactado entre las partes.

---

82 El Anteproyecto de Código europeo de contratos (Grupo de Pavía) sí toma en consideración expresamente la distinción entre obligaciones de medios y obligaciones de resultado.

83 JIMÉNEZ HORWITZ, M. (2012), «La distinción entre los contratos de obras y servicios en el Derecho español (estudio comparado con el Derecho alemán)», *Anuario de Derecho Civil,* tomo LXV, fasc. II, pp. 558-559.

84 CRESPO MORA, M.C. (2013), «Las obligaciones de medios y de resultado de los prestadores de servicios en el DCFR», *Indret,* n. 2, p. 6.

2.7 Distinción entre el contrato de trabajo y el contrato de servicios

Para finalizar esta primera parte del capítulo, cabe considerar algunos puntos en relación con el contrato de trabajo. Dado que el propio CC regula el vínculo laboral bajo la denominación de «servicios», se hace necesario matizar las diferencias entre ambos contratos.

La delimitación del contrato laboral se hará en base a criterios que indican el vínculo de dependencia, subordinación y ajenidad en desempeño de la labor requerida. En el contrato de trabajo se persigue formalizar un acuerdo entre dos partes, empleador y trabajador, en el que se detallan los términos en que se dará la relación laboral, esto es, los términos según los cuales el trabajador prestará sus servicios al patrono, bajo su dirección, y recibirá a cambio un salario o retribución monetaria.

Todos los términos del contrato de trabajo, además, deben respetar lo establecido por las leyes laborales, que en España están representadas por el Real Decreto Legislativo 2/2015, de 23 de octubre, por el que se aprueba el texto refundido de la Ley del Estatuto de los Trabajadores y por Leyes especiales.

Todo contrato de trabajo contempla una serie de Derechos y obligaciones para las partes involucradas, cuya doble misión es garantizar que el trabajo se lleve a cabo de la manera preconcebida y mutuamente aceptada, al tiempo que cumple además con los Derechos laborales y las protecciones garantizadas por la ley para el trabajador.

Basado en estos pilares, si una persona presta voluntariamente servicios de forma retribuida, dependiente y por cuenta ajena en favor de otra, se considera que hay vínculo laboral. Considerado este punto, la delimitación posterior del contrato de trabajo respecto del de servicio no siempre es sencilla, pero se basa en casi todos los casos en el grado de dependencia y dirección; es decir, el sometimiento al poder y organización del contratante, por un lado, y en la asunción de riesgo y la ajenidad en el trabajo, por otro[85]. Con el objetivo de profundizar sobre las diferencias entre ambas contrataciones, a continuación se procederá al análisis de los criterios jurisprudenciales construidos a lo largo de las últimas décadas.

2.7.1 Criterios utilizados por la jurisprudencia

Una remuneración que se establece unilateralmente por quien contrata[86] y el carácter fijo y periódico[87] de la misma, es el primer indicio de la relación laboral. No obstante, aunque la forma de retribución sea un primer criterio para determinar el vínculo, no resulta suficiente, principalmente a causa de las diferentes modalidades remuneratorias permitidas por la legislación laboral para retribuir a un trabajador, como puede ser el salario en especie, por citar un ejemplo.

Por ello, se puede afirmar que las dos principales notas distintivas entre el contrato laboral y la prestación de servicio son las siguientes: el sometimiento al poder y organización del contratante y la ajenidad en el trabajo.

La primera característica es la dependencia resultante de estar bajo el poder de dirección del empresario, de modo que es este «quien dirige toda la actuación (de aquel) y, lógicamente, imparte instrucciones»[88]. La obligación de cumplir dichas instrucciones[89], el sometimiento al poder disciplinario del contratante[90], la asunción del riesgo de producción[91] o la

---

85 GARCÍA-PERROTE ESCARTÍN, I (2020), *Manual de Derecho del trabajo.* 10ª ed. Tirant lo Blanch. p. 345.

86 STS (Sala de lo Social) de 6 octubre 2005.

87 STS (Sala de lo Social) de 21 diciembre 2005.

88 STS (Sala de lo Social) de 26 enero 1994.

89 STS (Sala de lo Social) de 7 junio 2006.

90 TSJ Cataluña, (Sala de lo Social, Sección1ª) de 7 febrero 2014.

91 TSJ Islas Canarias, Santa Cruz de Tenerife de 2 junio.

captación de clientes[92], son ejemplos de la manifestación del sometimiento del trabajador al contratante.

La segunda característica que se ha delimitado es la ajenidad, es decir, aquello que singulariza el contrato de trabajo y se refiere a una «cesión anticipada del resultado de trabajo»[93]. Trabajar por cuenta ajena equivale, por tanto, a hacerlo tras ceder a otro la utilidad o los frutos del trabajo propios[94].

En resumen, para establecer que la prestación del servicio es una relación laboral, la doctrina sitúa estos dos criterios como los más destacados. Con objeto de facilitar la identificación de un contrato laboral, LUJÁN ALCARAZ destaca una lista de indicios que revelan la presencia del consabido vínculo laboral, a saber: la ausencia de medios propios, la necesaria retribución laboral, la inexistencia de asunción de riesgo del proceso productivo, la ajenidad, la correlativa ausencia de ánimo de lucro[95], sumados a la dependencia y a la subordinación a la esfera del poder de dirección del empleador. En contraposición, los criterios indiciarios de una relación civil son dos: la libertad de pacto y autonomía en la prestación del servicio y la realización de servicios para otros contratantes. En todo caso, se estima que analizar el caso concreto con objeto de confirmar la existencia del vínculo laboral o civil resulta siempre lo más prudente.

La materia sobre la configuración de un contrato de servicio y un contrato de trabajo está bastante asentada actualmente y no levanta mayores cuestiones trascendentales al objeto de la presente investigación.

---

92 STS (Sala de lo Social) de 29 diciembre 1999.

93 STS (Sala de lo Social) de 31 marzo de 1997.

94 Juzgado de lo Social núm. 4 de Sevilla de 13 junio 2001.

95 LUJÁN ALCARAZ, J. (1994), *La contratación privada de servicios y el contrato de trabajo.* Marcial Pons. pp. 355-370.

Por otro lado, el contrato de mandato ha sido y sigue siendo centro de discusión en lo que se refiere a sus similitudes y diferencias con el contrato de servicios. Debido a ello, resulta indispensable estudiar a continuación algunos temas relevantes respecto del contrato de mandato.

2.8 Aspectos destacados en el contrato de mandato

Primero se debe tener muy claro que el mandato es, así como el contrato de servicios, un contrato de actividad. El art. 1709 CC dispone que «por el contrato de mandato se obliga una persona a prestar un servicio o hacer alguna cosa, por cuenta o encargo de otra». La determinación del objeto del contrato de mandato y su diferenciación del objeto del contrato de servicios en el ordenamiento jurídico español no es, en absoluto, pacífica. La doctrina ha propuesto diversos criterios con la finalidad de distinguir ambos contratos. Primero, definiendo el mandato como esencialmente gratuito[96] y segundo, estableciendo la relación de juridicidad de la actividad debida, cuando afirma que el objeto del contrato de mandato es la celebración de actos jurídicos[97]. Efectivamente, este es un dato que caracteriza el mandato en la propuesta de regulación del DCFR (IV:D-1:101).

Por otro lado, muchos autores[98] aseveran que el contrato de mandato no es más que una especie del género «servicios», afirmación con la que se coincide en esta disertación. Y, aunque los propios redactores del DCFR también indiquen

---

96 Ha sido sostenida, entre otros autores por TRAVIESAS, M. (1918), «El mandato retribuido y el arrendamiento de servicios o de obra», *Revista General de Legislación y Jurisprudencia*, nº 132. pp. 90 y ss.

97 En este sentido, ALBALADEJO, M. (1994), *Derecho Civil II*, 9ª ed. p.319 / DIEZ-PICAZO, L. y GULLÓN BALLESTEROS, A. (2018), Sistema de Derecho Civil, Tomo. II. 12ª ed. Tecnos. p. 199, entre otros.

98 Por todos, VILLANUEVA LUPIÓN (2009), *Op. cit.* p. 250.

lo mismo en los comentarios del artículo IV.C.-1:103, como se puede observar: *«mandate contracts [...] are contracts for the provision of a particular kind of service»*, han decidido, sin embargo, ubicarlos en títulos separados.

Con el objeto de defender la postura expuesta, esto es, que el mandato es una especie de contratos de servicios, se pasará a continuación a analizar detalladamente algunos de los aspectos del mandato en lo que se refiere a su objeto.

2.8.1 El objeto del mandato

En síntesis, el contrato de mandato es aquel en el que el mandatario se obliga a gestionar, en nombre y por cuenta del mandante, los asuntos jurídicos que este le encargue, de acuerdo con sus instrucciones. Esta definición, sin embargo, no distingue suficientemente el contenido del contrato de mandato en relación con el que, según el art. 1544 CC, corresponde al arrendamiento de obra o servicios. Lo mismo ocurre con el concepto de servicio del artículo IV.C-1-101 del DCFR, una acepción tremendamente amplia que sirve perfectamente para englobar el mandato como tal[99].

De hecho, si se considera el objeto del contrato de servicio como se ha descrito supra y se confronta con el objeto del mandato, es posible constatar que se trata de la principal razón por la que se considera el mandato como especie de contrato de servicio. Tal opción ocurre en el Código Civil portugués[100] o en

---

99 EIDENMÜLLER, *et al.,* (2009), «El marco común de referencia para el Derecho privado europeo (cuestiones valorativas y problemas legislativos)» RODRÍGUEZ-ROSADO, B. (trad.) *Anuario de Derecho Civil,* tomo LXII, fasc. IV, p. 1500.

100 «O mandato, o depósito e a empreitada, regulados nos capítulos subsequentes, são modalidades do contrato de prestação de serviço» (art. 1155)

el Código Civil de Cataluña (CCCat)[101], donde el contrato de mandato se encuentra regulado en los arts. 622-621 a 622-639, en la Sección segunda[102].

2.8.2 ¿La gratuidad como criterio de distinción es relevante?

El contrato de mandato obliga a una persona a hacer alguna cosa a cuenta de otra, con el rasgo distintivo de la confianza. Por ello, muchos autores afirman que el contrato de mandato es necesariamente gratuito, aunque el Código Civil español no lo determina expresamente. El artículo 1711 del referido diploma legal establece que el mandato se supone gratuito, de tal suerte que se puede afirmar que utilizar la remuneración como criterio diferenciador del contrato de servicios es una técnica del todo superada.

Por otro lado, en los nuevos instrumentos de modernización, los contratos de servicio también pueden ser gratuito, sin desvirtuar sus características[103]. De este modo, no parece que la gratuidad sea un criterio para mantener la tesis de que ambos contratos son autónomos.

---

101 El CCCat está claramente influenciado por los nuevos instrumentos de modernización en muchos aspectos, hecho este reconocido incluso por el Tribunal Superior de Justicia de Cataluña: STSJ Cataluña de 10 marzo 2014 y STSJ Cataluña de 13 julio 2015.

102 Está localizado en la Sección segunda, pues la primera está reservada para las disposiciones generales relativas a todos los contratos de servicios. SOLÉ RESINA, J. (2022) «Propuestas de modernización del contrato de servicios» en INFANTE RUIZ, OLIVA BLÁZQUEZ (DIRS.) Y KALIL (COORD.), *La modernización de los contratos de servicios,* Tirant lo Blanch, pp.35-58.

103 En esta línea el Código Civil portugués (art. 1.154), el Código Civil Holandés (art. 405) y el DCFR (IV.C-1:101).

2.8.3 Relevancia práctica de la diferenciación

El DCFR no considera el mandato como una subcategoría de servicios, afirmación que se deduce porque la regulación de ambos contratos está ubicada en capítulos distintos. Desde el punto de vista sistemático, la relación entre las normas sobre representación, el mandato y el contrato de servicios en tres partes distintas no se justifica. Mientras que el poder de representación es concebido de manera abstracta, el mandato está ideado como su correspondiente en el Derecho de obligaciones en la modalidad de apoderamiento; es decir, como un contrato por el que se confiere el apoderamiento a un representante y no como una especie de contrato de servicios, como debería ser.

Como el mandato no se ha configurado como un tipo especial de contrato de servicios, aunque podría ser una excelente oportunidad para hacerlo, surge un problema de delimitación no resuelto entre el mismo y los contratos de servicios en que el comisionado es también representante: no quedará más remedio que tratarlos como contratos mixtos. De los problemas resultantes de la configuración de las fronteras entre el contrato de servicios y el contrato de mandato surgirá otro obstáculo, que es la compatibilización de dos regulaciones bien diferentes entre ellas, la del contrato de servicios y la del mandato[104].

En este punto es importante mencionar que la opción elegida por los redactores del DCFR de ubicar el mandato fuera del capítulo de «servicios» puede responder a dos razones: una, que el contrato de servicios y el de mandato fueron elaborados por grupos diferentes[105]; la otra puede deberse

---

104 EIDENMÜLLER, *et al.* (2009), *Op. cit.* pp. 1500-1501.

105 VAQUER ALOY A., (2009), «El Marco Común de Referencia», en BOSCH CAPDEVILLA (Coord.), *Derecho contractual europeo. Problemática, propuestas y perspectivas*, Editor Bosch, p. 255.

al hecho de que los PEL SC no hayan incluido el contrato de mandato como una modalidad especial de contrato de servicios[106] y, por lo tanto, tampoco se encuentre en título C del libro IV del DCFR. Al tratarse de un instrumento más completo, cuyo objetivo es regular toda la materia de obligaciones y contratos, se ha hecho de manera desordenada[107]; por ello, la sistematización de las normas sobre la representación, el mandato y el contrato de servicios «parece estar mal concebida»[108].

Las diferencias expuestas en los epígrafes anteriores tienen su importancia como criterios delimitadores de la noción de contrato de servicio. Analizar estas cuestiones son de vital importancia para la elaboración de un concepto fiable del objeto de estudio de este trabajo. Concluidas estas aclaraciones, se procederá a continuación al estudio de un concepto moderno de contratos de servicios.

---

106 Uno de los redactores de los PEC SC señala que, aunque lo redactores tenían la intención de cubrir tantos servicios como fuera posible, los recursos, en particular en lo que respecta al número de investigadores eran bastante limitados y no se pudo producir reglas sobre todos los tipos de servicios. LOOS, M. (2010), «*Service Contracts*», *SSRN*, pp. 3-4.

107 Las reglas elaboradas por LOOS / BUENO DÍAZ sobre el contrato de mandato fueron incorporadas al DCFR, pero no fueron armonizadas con las reglas de los contratos de servicios. Para consultar la publicación de los PEL MC: LOOS, M. y BUENO DÍAZ, O. (eds.) (2013), *Principles of European Law: Mandate Contracts (PEL MC),* Munich: Sellier European Law Publishers.

108 EIDENMÜLLER, *et al.,* (2009), p. 1500.

3. CONCEPTO E IMPORTANCIA SOCIO ECONÓMICA DE LOS CONTRATOS DE SERVICIO

3.1 Los contratos de servicio en el mercado europeo

De acuerdo con los informes de la Comisión Europea, en 2017 el sector servicios representaba en torno al 71% del valor añadido de los países de la Unión Europea y generaba un 68% del empleo[109]. Los contratos que sostienen dicho sector se abren día a día a nuevas figuras y modalidades cada vez más sofisticadas, pues cuentan con el respaldo de las nuevas tecnologías y la digitalización de los servicios, aspectos ambos que han cambiado sustancialmente la manera en la que estos se prestan. En la UE, los servicios a las empresas[110], la construcción y los servicios profesionales[111] son algunos de los ámbitos laborales que han adquirido mayor importancia, por lo que el estudio de los aspectos contractuales que regulan tales servicios se ha vuelto absolutamente indispensable[112].

---

109 Datos abiertos, disponible en: https://ec.europa.eu/info/sites/info/files/file_import/european-semester_thematic-factsheet_services-markets_es.pdf (última visita: 11 de enero de 2021).

110 «Los servicios a las empresas incluyen actividades profesionales, científicas y técnicas, así como servicios administrativos y de apoyo constituyen una parte importante de la economía de la UE y representan el 12,8% del valor añadido de la UE y el 13,7 % del empleo total, lo que significa 31 millones de puestos de trabajo». Disponible en: https://ec.europa.eu/info/sites/info/files/file_import/european-semester_thematic-factsheet_services-markets_es.pdf (última: 11 de enero de 2021)

111 En 2019 alrededor del 19,5 % de las personas empleadas en la UE trabajan en una profesión regulada. Disponible en: https://ec.europa.eu/eurostat/statistics-explained/index.php?title=Employment_-_annual_statistics/es#Los_profesionales_constituyeron_el_grupo_m.C3.A1s_amplio_en_la_EU-27 (última visita: 11 de enero de 2021)

112 Es precisamente la creciente importancia de los servicios en la economía y la limitada aproximación de su regulación a nivel europeo

El sector servicios representa aquella parte de la economía que comprende una variedad de actividades transformadoras de bienes materiales. Aunque dentro del sector económico están incluidos subsectores relacionados con la compraventa de mercancía, la hostelería, los medios de comunicación, etc., un número elevado de subsectores se mantiene en base a las relaciones contractuales de prestación de servicios propiamente dicha[113].

Por esta razón, el estudio de la materia debe representar su importancia socioeconómica y la sección dedicada a los contratos de servicios en nuestro ordenamiento debe regular, «con sentido actual y con realismo»[114], la contratación de servicio.

3.2 Conceptualización moderna

Los contratos de servicio constituyen en la actualidad un pilar fundamental de la economía en las sociedades modernas. Su importancia social y económica le confiere una trascendencia equiparable a la del contrato de compraventa. Sin embargo, se debe reiterar que la regulación contenida en el Código Civil español se limita a unos pocos preceptos, en gran parte tácitamente derogados, que solo responden a las necesidades que planteaba la sociedad de siglos pasados y que han permanecido inalterados a pesar de los profundos cambios sociales acontecidos a lo largo de este último siglo.

---

lo que explica que, iniciando el siglo XXI, la doctrina jurídica se plantee la necesidad de estudiar –a nivel europeo– los aspectos contractuales de las relaciones de servicios. LOOS, M. (2004), «Services Contracts», en HARTKAMP, A. *et al.* (eds.), *Towards a European Civil Code,* 3.ª ed., Kluwer Law International, p. 573.

113 Prestación de servicios como «actividades legales y contables», «actividades de servicio de consultoría, programación e información tecnológicas», «actividades sanitarias» y «servicios personales en general».

114 RUIZ VADILLO (1979), *Op. cit.,* p. 49.

Es urgente, pues, una modernización que considere las propuestas más actuales, tanto en un nivel europeo como en el contexto español. Por ello resulta imperioso, en un trabajo sobre los contratos de servicios, recurrir a los instrumentos que son considerados más significativos en este ámbito, a saber: los *Principles of European Law on Service Contracts* (PEL SC)[115], el *Common Frame of Reference* (DCFR)[116] y el Anteproyecto de Código europeo de contratos (Grupo de Pavía)[117].

Sorprendentemente, la definición de contrato de servicios en el PEL SC y en el DCFR se asemeja bastante a la enunciación contenida en el 1544 del CC. Para estos instrumentos legales, el contrato de servicio es aquel en el que «una de las partes, el prestador del servicio, se compromete a prestar un servicio a la otra parte, el cliente, a cambio de un precio»[118].

Por su parte, el anteproyecto del Grupo de Pavía es más detallista en su conceptualización y define el contrato al tiempo que define las partes del mismo. El artículo 231 enuncia que «el cliente es la parte que confiere a la otra que acepta, llamada prestador, la tarea de realizar, generalmente a título oneroso, un trabajo, o uno o más servicios, también de carácter continuo o periódico, o servicios de carácter intelectual o manual»[119].

---

115 Barendrecht, J. M., *et al.* (2007), *Principles of European Law on Service Contracts* (PEL SC). Oxford University Press.

116 Von Bar, C. y Clive, E. (eds.) (2010), *Principles, Definitions and Model Rules of European: Draft Common Frame of Reference* (DCFR). Full edition, Oxford University Press.

117 Gandolfi, G. (Coord.) (2017), *Codice europeo dei contratti* (accademia dei giusprivatisti europei). Giuffrè Editore.

118 Artículo IV.C.-1:101 del DCFR y artículo 1:101 de los PEL SC.

119 El texto original redactado en italiano utiliza las palabras «committente» y «cooperante», entretanto, como hay una versión oficial en español, nosotros optamos por denominar «cliente» y «prestador». (Art. 231 Ruolo delle parti: *Nelle disposizioni del presente Titolo, 'committente' è la parte che conferisce all'altra che accetta, denominata 'cooperante',*

Los textos aludidos, en su totalidad, añaden también la posibilidad de que las partes celebren un contrato gratuito de servicios, con las debidas adaptaciones[120], en tanto que el artículo 1544 del CC define el contrato de servicios como un contrato esencialmente oneroso[121].

Como se puede extraer, la principal diferencia entre el CC español y los nuevos instrumentos de modernización no radica en la definición de contrato de servicios. Los enunciados del CC y de los textos son similares, siendo su cometido el de delimitar las principales características de un contrato de servicio. No obstante esa similitud, uno de los componentes más importantes y relevantes de los nuevos instrumentos es el protagonismo conferido en dichos textos a la contratación de servicios.

Los instrumentos de modernización cuentan con una parte general, cuyo objeto es delimitar las normas aplicables por defecto a todos los contratos de servicios y, a continuación, disponen de una sección especial dedicada a determinadas especies de contratos de servicios. Son instrumentos útiles desde el punto de vista técnico, porque aportan contenido de manera sistemática a la regulación, al tiempo que poseen una gran importancia académica[122].

---

l'incarico di eseguire, di norma verso corrispettivo, un'opera, o uno o più servizi anche di carattere continuativo o periodico, o prestazioni di natura intellettuale o manuale, quali previsti nelle norme del Titolo medesimo.)

120 Artículo IV.C.-1:101 (1) (b) del DCFR, artículo 1:101 (6) de los PEL SC y de igual modo, el artículo 234 del anteproyecto del grupo de Pavía determina que se presume la onerosidad, pero se admite que las partes pacten un contrato gratuito. *«1. I contratti disciplinati in questo Titolo Secondo sono di norma a titolo oneroso, a meno di patto contrario [...]»*

121 Artículo 1544 CC español: «En el arrendamiento de obras o servicios, una de las partes se obliga a ejecutar una obra o a prestar a la otra un servicio por precio cierto».

122 Para un estudio sobre la importancia de tales instrumentos véase: PÉREZ VELÁZQUEZ, J. P. (2013), *El proceso de modernización del Derecho contractual europeo*, Dykinson.

A pesar de reconocer la utilidad y labor de estos trabajos, es necesario hacer una crítica a la falta de definición del objeto del contrato, tal y como ocurre, por ejemplo, en la regulación de los contratos de compraventa[123]. En el concepto exhibido en los PEL SC[124] y, por consecuencia en el DCFR, no se trata la noción misma del servicio[125] , por lo que habrá que remitirse a otros textos Comunitarios para comprender la esencia de «servicios». En este sentido, será necesario ampararse en el artículo 57 del Tratado de Funcionamiento de la Unión Europea, el cual señala que, a efectos de la legislación europea, «se considerarán servicios las prestaciones realizadas normalmente a cambio de una remuneración [...]» y que pueden comprender «actividades de carácter industrial, mercantil, artesanales y actividades propias de las profesiones liberales»[126].

De igual modo, ayuda a la delimitación de «servicios» la consideración 33 de la Directiva 2006/123/CE relativa a los servicios en el mercado interior, al afirmar que «el concepto de servicio incluye también los servicios destinados tanto a las empresas como a los consumidores, como los servicios de asesoramiento jurídico o fiscal, los servicios relacionados con los inmuebles, como las agencias inmobiliarias, o con la construcción, incluidos los servicios de arquitectos, la distri-

---

123 Art. IV.A.–1:202 DCFR.

124 Uno de los redactores de los PEL SC admite que la definición ofrecida es algo vaga y que no se define la noción de «servicio». Loos (2010), *Op. cit.*, p. 6.

125 Willems, C. (2018), «Obligations of the parties to a (related) service contract» en Jansen y Zimmermann, *Commentaries on European Contract Laws.* Oxford University Press, p. 2081.

126 Versión consolidada del Tratado de Funcionamiento de la Unión Europea disponible en: https://eur-lex.europa.eu/legal-content/ES/ALL/?uri=celex%3A12012E%2FTXT

bución, la organización de ferias o el alquiler de vehículos o las agencias de viajes [...]»[127].

Como se puede deducir, aunque la definición de «contratos de servicios» en los PEL SC, en el DCFR y en el Grupo de Pavía se asemeje a la disposición general del 1544 CC, el contenido de la prestación de «servicios» no concuerda con la regulación dedicada a estos contratos en el Código Civil español.

Para delimitar la noción moderna de contrato de servicios es necesario, por una parte, definir el objeto del contrato, esto es, lo que se entiende por servicio, por tratarse de su prestación central; y por otra, precisar los rasgos distintivos de esta categoría contractual, aquellas particularidades que lo distinguen de otro tipo de contratos y que pueden generar consecuencias jurídicas propias. Como acertadamente pondera BRANTT y MEJÍAS, es necesario buscar una categoría «amplia y flexible, que permita la incorporación de las diversas actividades que se insertan en la idea de servicios»[128].

3.3 Naturaleza determinante de los contratos de servicio

Los contratos de servicio contienen dos características que resultan determinantes: por un lado, la relación prestacional de una obligación de hacer, es decir, el hacer que el prestador se compromete en virtud del contrato; y, por otro lado, la finalidad perseguida por el cliente, en otras palabras, la actividad

---

[127] Directiva 2006/123/CE del Parlamento Europeo y del Consejo de 12 de diciembre de 2006, relativa a los servicios en el mercado interior. Disponible en: https://eur-lex.europa.eu/legal-content/ES/TXT/PDF/?uri=CELEX:32006L0123&from=EL

[128] BRANTT, M.G, Y MEJÍAS ALONZO, C. (2018), «El contrato de servicios como categoría general en el Derecho chileno. Su contenido y rasgos distintivos», *Ius et Praxis*, 24 (3), p. 587.

desplegada por el prestador debe ser, preponderantemente, para beneficiar y satisfacer el interés del cliente[129].

De las lecturas del Código Civil español, de la legislación especial y de los instrumentos de *soft law*, queda en evidencia que siempre que se refieren a los «servicios», ellos dan lugar a una obligación de hacer[130]. Todos se encuadran en la categoría de obligaciones en que tienen por objeto una prestación consistente en desarrollar una actividad, corporal o intelectual, diversa de la consistente en entregar una cosa[131].

Este es, por lo tanto, el primer rasgo propio de los servicios: se caracterizan «porque la prestación o comportamiento que debe realizar uno de los contratantes, consiste fundamentalmente en el despliegue de cierta actividad, material o intelectual»[132].

Ahora bien, como hemos dicho en un principio, hay dos aspectos en la delimitación de la noción «servicios», y uno de ellos se refiere a las peculiaridades de la mencionada obligación de hacer. Es necesario tener en cuenta la finalidad perseguida con «el hacer» debido por el prestador del servicio. El hacer que constituye el servicio es uno que tiene un fin bien determinado: generar un beneficio para el acreedor, es algo que se hace «a favor» de otro. Y es debido a la importancia de esta delimitación, que los textos de *soft law* fijan una serie de

---

129 BRANTT, M.G. (2017), «La prestación objeto de los contratos de servicios», en CORRAL TALCIANI / MANTEROLA DOMÍNGUEZ, *Estudios de Derecho Civil*, XII, Thomson Reuters, pp. 359-374.

130 Como concluye BRANTT, «la presencia de una cosa conectada con la conducta comprometida por el deudor, incluso si debe ser el resultado o producto de dicha conducta, no impide su calificación como obligación de hacer». BRANTT (2017), *Op. cit.*, p. 369.

131 DÍEZ-PICAZO, L. (2008), *Fundamentos del Derecho civil patrimonial II. Las relaciones obligatorias*, Madrid, Thomson Civitas, 6° ed., p. 278.

132 ORTEGA, J.F. (2008), "Hacia un concepto clarificador de servicio. El contrato de servicios como tipo contractual general", en *Revista Crítica de Derecho Inmobiliario*, n 75, p. 232.

reglas conforme a las cuales debe ejecutarse el servicio y que apuntan a asegurar la satisfacción del cliente y, por consiguiente, a la obtención el beneficio perseguido con la actividad contratada al prestador.

Así las cosas, el segundo rasgo distintivo es «el hacer» en que consiste el servicio. La actividad debe constituir una actuación que se realiza en beneficio de quien ha contratado. No se trata de una actividad cualquiera, sino de una labor que apunta a ese específico fin. De ahí la relevancia que se da a las indicaciones y necesidades del cliente en la regulación europea de este contrato.

En conclusión, la construcción de la categoría «contrato de servicios» se realiza a partir de la idea básica de que la «obligación de hacer» implica que el prestador debe realizar actos en beneficio del acreedor o cliente y de acuerdo a sus expectativas.

3.4 La construcción de la categoría «servicios»

Como se ha precisado, para los nuevos instrumentos de modernización los contratos de servicio son de género amplio y dinámico; engloba diferentes tipos de servicios, entre los que sí permite incluir algunos de los considerados típicamente de obra en el Derecho español, como son la edificación o la cirugía estética. Con ello, los nuevos instrumentos confirman que los contratos de prestación de servicio son una categoría extensa, atribuible a cualquier contrato que lleve aparejado «un hacer» entendido como servicio. De modo que, junto con los contratos de servicio como categoría general, son contratos de prestación de servicio algunos como el de abogado, el de depósito, de mandato[133], el de servicios médicos o incluso el de construcción o transformación de una cosa.

---

133 Como hemos señalado supra, aunque los PEL SC y el DCFR no hayan incluido el mandato como un tipo especial de contrato de

Esta acepción, como observa Solé Resina, se plantea incluso desde la óptica de nuestro Código Civil, donde el término «servicio» tiene un sentido amplio y otro estricto; hay, por ello, un conjunto de contratos que regulan la prestación de determinados servicios que cuentan con la consideración de contratos especiales[134] frente al de servicios propiamente dicho. Se estima, por lo tanto, que existe una «relación de generalidad/especialidad que convierte al contrato de servicio en un contrato residual en el que se incluyen todos aquellos servicios – en el sentido amplio de *facere* – cuya prestación no es objeto de una tipificación especial»[135].

De este modo, no puede sostenerse la tesis de dualidad entre los contratos de «arrendamiento de servicios» y los de «ejecución de obra», pues este último no es más que una modalidad de contrato de servicios. Sin embargo, es importante aclarar que, a juicio de la autora, negar la dualidad entre ambos contratos no implica abandonar la categorización entre obligaciones de medios y de resultado, pues tal clasificación, como se ha defendido previamente, sirve para comprender el alcance de la obligación asumida por el prestador del servicio, no para determinar el tipo contractual[136].

---

servicios, nosotros creemos que la opción correcta es incluirlos, tal y como propone el Grupo de Pavía, por las razones que hemos expuesto en el epígrafe sobre el contrato de mandato.

134 La autora ejemplifica con los contratos de sociedad, mandato, mediación, deposito, hospedaje, edición, representación teatral y ejecución de obra. Solé Resina, J. (2021) *Op. cit.* p. en prensa

135 Solé Resina (1997a), *Op. cit.*, pp. 99-100.

136 Por otro lado, Alonso y Almagro sostienen que la dicotomía entre contrato de obra y contrato de servicio es básica para estructurar los contratos de servicios. Alonso Pérez, Mª.T y Almagro Martín, C. (2014), «El arrendamiento de servicios» Yzquierdo Tolsada (Dir.), *Contratos civiles, mercantiles, públicos, laborales e internacionales, con sus implicaciones tributarias.* Tomo IV, Vol. I. Aranzadi, Navarra, p. 77.

Tal y como se defiende en estas líneas, si desde los nuevos instrumentos de *soft law* es indiscutible la generalidad/especialidad de los contratos de servicios, distinguir los contratos de obra y de servicios como dos tipos contractuales diferentes no se sostendría, ni siquiera utilizando los preceptos del CC español. Este argumento se fundamenta en dos aspectos: primero, la falta de base normativa para admitir la construcción jurisprudencial que distingue entre el contrato de servicios y el de obra; segundo, como destaca SOLÉ RESINA, porque dejaría al margen los transportes ubicados en la sección tercera[137]. Como bien señala VAQUERO PINTO, los criterios desarrollados para tratar de diferenciar el contrato de servicios y el de obra han servido, más que nada, para «oscurecer la relación de generalidad/especialidad que media entre ambos contratos»[138].

Por lo tanto, puede decirse como conclusión que los contratos de servicio son el género que podrán adoptar diferentes especialidades. La categoría «servicios» como una categoría amplia corresponde a todas aquellas modalidades de contratación que permiten la prestación de «un hacer» por un determinado período de tiempo y que puede o no llevar aparejado la entrega de una cosa como resultado del servicio.

Los contratos de servicios empleados como contratos generales que se caracterizan por «un hacer», pueden ser considerados como el tipo general de la contratación onerosa o gratuita de servicios, en el sentido amplio del término «servicios». Dentro de aquellos se distinguirá el contrato de servicios propiamente, que regula la prestación de servicios determinados que tendrían la consideración de contratos especiales frente al general de servicios.

---

137 SOLÉ RESINA (1997b), *Op. cit*, p. 93.

138 VAQUERO PINTO, M.J. (2005), *El arrendamiento de servicios.* Propuesta de modelo general para la contratación de servicios. Comares. p. 63.

De acuerdo con VAQUERO PINTO, tal consideración del contrato como tipo general tiene dos importantes consecuencias en la práctica. Por un lado, cumple una función residual y de calificación, pues sirve para englobar dentro de su concepción a todos los contratos que versen sobre servicios, pero que no constituyan otro contrato más específico. En segundo lugar, es útil para identificar el régimen jurídico común de la contratación de servicios, ya que existen conflictos que requieren soluciones comunes y estas deben estar reguladas en el tipo general[139].

Habría que añadir a lo expuesto que la existencia de la categoría general de «servicios» resulta beneficiosa, no solo porque en su regulación puede contener soluciones comunes que deban aplicarse a todos los contratos de la categoría, sino porque permite además agrupar en ella los nuevos tipos especiales de contratos de prestación de servicios que surjan con el paso del tiempo, con la innovación de las actividades de la sociedad. Piénsese, a modo de ejemplo, ¿quién, hace algunos años, iba a predecir las actividades de *Community Manager* o *Social Media Manager*? Es por ello que se puede considerar que esta es la principal trascendencia de establecer la categoría de los contratos de servicios, y a partir de ella delimitar tipos contractuales especiales que puedan necesitar normas específicas por sus singularidades.

De este modo, resulta que la interpretación más correcta es la tesis defendida desde el año 1997 por la profesora SOLÉ RESINA, al considerar la relación de generalidad/especialidad de los contratos de servicios. Con más razón, esta es la perspectiva adoptada por los nuevos instrumentos de modernización de Derecho contractual.

---

139 *Ibid.*, p. 24.

Por todo lo expuesto, es importante indicar que en el capítulo III de este trabajo se tratará la teoría del riesgo contractual en la categoría «contratos de servicios», aun siendo conscientes de que algunos contratos especiales de servicios poseen claramente aspectos particulares y elementos diferenciados únicos, lo que dificulta su tratamiento exclusivamente a partir de las cláusulas generales.

No obstante, antes de pasar directamente al capítulo dedicado al riesgo contractual, es necesario puntuar otros aspectos relevantes para el estudio abordado. Por ello, a continuación, se realiza un análisis de las experiencias normativas de contrato de servicios en algunos de los ordenamientos jurídicos más relevantes en el entorno español. Si bien este recorrido por el Derecho comparado no tiene el objetivo de estudiar los pormenores jurídicos de cada país, sí pretende situar el marco de los actuales contratos de servicios en tales ordenamientos.

4. LOS CONTRATOS DE SERVICIO EN EL DERECHO COMPARADO

4.1 La realidad de los contratos de servicio en el Derecho alemán

Desde la entrada en vigor del Código Civil alemán en el año 1900, en adelante BGB, este ha estado sujeto a continuos cambios, puesto que se trata de una norma decimonónica, como ocurre con la mayoría de los Códigos europeos[140]. En

---

140 ALBIEZ DOHRMANN, K.J. (2003), «La modernización del Derecho de obligaciones en Alemania: un paso hacia la europeización del Derecho privado» en SÁNCHEZ LORENZO Y MOYA ESCUDERO, *La cooperación judicial en materia civil y la unificación del Derecho privado en Europa.* Dykinson, p. 315

opinión de DÍAZ LUQUE, la mayoría de las modificaciones del BGB responden a la necesidad de conciliar un texto normativo antiguo con la nueva realidad social[141].

La reforma más significativa y ansiada[142] en materia de contratos entró en vigor en el año 2002, con la Ley de modernización del Derecho de obligaciones (*Gesetz zur Modernisierung des Schuldrechts*)[143]. Dicha legislación introdujo en el BGB, entre otras cosas, la modernización del instituto de la prescripción extintiva de las acciones y nuevas disposiciones en materia de contrato de compraventa y de obra. Asimismo, incorporó determinadas materias que hasta aquel entonces se hallaban reguladas en leyes especiales, como puede ser la Ley de créditos al consumo[144] y la Ley de Condiciones Generales de la Contratación[145].

Según ALBIEZ DOHRMANN, la reforma del marco de las relaciones obligatorias estuvo impulsada por la necesidad de integrar las directivas comunitarias, y, en la medida de lo posible,

---

141 DÍAZ LUQUE, M.T. (2002), «La gran reforma del Código civil alemán (Bürgerliches Gesetzbuch): La ley de modernización del Derecho de obligaciones», *Boletín jurídico de la Universidad Europea de Madrid*, n. 5, p. 3.

142 ALBIEZ DOHRMANN (2003), *Op. cit.*, p. 316.

143 Para consultar el texto de la reforma en español, véase: VIVES MONTERO, M. L. (2002), «Traducción de la Reforma 2002 del BGB», *Anuario de Derecho Civil*, tomo LV, fasc. 3, pp. 1229 a 1310.

144 La reforma del 2002 incorpora, por ejemplo, al BGB la Directiva 99/44/CE del Parlamento Europeo y del Consejo, de 25 de mayo de 1999, sobre determinados aspectos de la venta y las garantías de los bienes de consumo.

145 Para un estudio sobre la polémica generada entorno de la integración de la Ley de Condiciones Generales de la Contratación al BGB, véase: WOLF, M. Y PFEIFFER, T. (2001), «Der richtige Standort des AGB-Rechts innerhalb des BGB», *Zeitschrift für Rechtspolitik*, n. 34. Jahrg., H. 7, pp. 303-306. Disponible en: https://www.jstor.org/stable/23427111?seq=1#metadata_info_tab_contents (última visita: 24 de mayo de 2021)

acercar el BGB al Derecho Civil Comunitario. En palabras del autor, el legislador alemán ha apostado «por un BGB más europeo»[146]. En los años siguientes, más notablemente en el año 2017[147], el BGB ha vuelto a ser objeto de modernización en materia de Contratos por parte del legislador.

No es este el lugar para un estudio profundo sobre el Código Civil alemán y sus innumerables cambios[148]; es por ello que se pasará a lo que específicamente interesa a efectos de este estudio, esto es, los contratos de servicios.

En primer lugar, es importante puntuar que el BGB tiene una regulación específica para cada tipo de «arrendamiento». El arrendamiento de cosas (*Miete)* está regulado en los §§ 535-597; el contrato de servicios (*Dienstvertrag)* en los §§ 611-630h; finalmente, el contrato de obra (*Werkvertrag)* en los §§ 631-651y. Los tres contratos están bien delimitados como contratos diferentes, lo que quiere decir que el BGB no adoptó esa concepción unitaria de *locatio conductio* originaria del Derecho

---

146 ALBIEZ DOHRMANN (2003), *Op. cit.*, p. 322.

147 Las modificaciones más significativas de este Título fueron introducidas por la Ley de 28 de abril de 2017 (en vigor desde 1 de enero de 2018) para reformar la ley de contratos de construcción, cambiar la responsabilidad por defectos bajo la ley comercial, fortalecer la protección legal procesal civil y crear un sello de máquina en el registro de la propiedad y el procedimiento de registro de embarcaciones. (Gesetz zur Reform des Bauvertragsrechts, zur Änderung der kaufrechtlichen Mängelhaftung, zur Stärkung des zivilprozessualen Rechtsschutzes und zum maschinellen Siegel im Grundbuch- und Schiffsregisterverfahren (BauVRRG k.a.Abk.)) y por la 3ª Ley que modifica la Ley de viajes (Drittes Gesetz zur Änderung reiserechtlicher Vorschriften (3. ReiseRÄndG) en vigor desde 1 de julio de 2018. Disponible en: https://www.buzer.de/gesetz/12492/a205011.htm (última visita: 25 de mayo de 2021)

148 Véase ZIMMERMANN, R. (2008), El nuevo Derecho alemán de las obligaciones. Bosch.

romano y que perduró en los Códigos inspirados en el *Code* de Napoleón, como ocurre con el Código Civil español.

En segundo lugar, hay que señalar que, aunque parezca que en el BGB existe una regulación del contrato de servicios mucho más desarrollada que en el Derecho español, la definición del § 611 es bastante abierta, indicando que por el contrato de servicio una parte se obliga a prestar los servicios prometidos a cambio de la remuneración pactada, afirmando que el objeto del contrato es ejecutar cualquier tipo de servicios[149]. Sorprendentemente, lo que viene a continuación en el Título 8 no es una regulación de los aspectos principales del contrato de servicio, sino que, de manera mezclada y bastante poca didactiva, regula la definición del contrato de trabajo, remuneración, desistimiento y extinción de contrato de trabajo.

Pero la ausencia de parte general del contrato de servicio en si no es lo que más llama la atención al estudiar el BGB, sino más bien que la normativa básica del contrato de trabajo *(Arbeitsvertrag)* aún se encuentra precisamente en el Título 8, sobre los servicios (*Dienstvertrag*).

El contrato de trabajo *(Arbeitsvertrag)*[150] previsto en los §§ 611a-630h del BGB está, de manera equivalente, regulado en el Derecho español en el Estatuto de los trabajadores. No obstante, no es el hecho de que la regulación laboral se encuentre dentro del Código Civil alemán lo que resulta difícil de sostener, sino que lo haga como un tipo de prestación de servicio y no en un título propio.

---

149 Traducción libre del § 611: «(1) A través del contrato de servicios, quien promete los servicios está obligado a realizar los servicios prometidos, siendo la otra parte la de otorgar la remuneración pactada. (2) El objeto del contrato de servicios pueden ser servicios de cualquier tipo».

150 Aunque es importante matizar que, para las empresas con más de 10 trabajadores con jornada laboral a tiempo completo, es de aplicación la Ley de Protección ante despidos (Kündigungsschutzgesetz).

El legislador alemán ha tenido varias oportunidades para ubicar correctamente la contratación de servicios, otorgando a la misma la relevancia y protagonismo que se merece. Una excelente ocasión habría sido la gran reforma de 2002, en la que precisamente se han modificado muchos aspectos del contrato de obra. Sin embargo, se ha decidido mantener ese Título 8 dedicado casi exclusivamente al vínculo laboral. Y aunque de forma añadida, se podría haber desarrollado una parte general para la contratación de servicios, se mantuvo sin embargo el único y amplio concepto del § 611, que no solo resulta insuficiente, sino también anecdótico.

El segundo contrato de servicio que regula es el de tratamiento médico. Los §§ 630a-630h fueron incorporados por la Ley para la mejora de los Derechos de los pacientes de 20 de febrero de 2013 y presentan un marco normativo bastante amplio en términos de contratación de servicios médicos.

Por otro lado, el Título 9 sobre los contratos de obra (*Werkvertrag*), tiene una parte general bastante completa, además de regular diferentes tipos especiales. Según el § 631, el objeto del contrato de obra puede ser la producción o modificación de una cosa, así como cualquier otro éxito. En otros términos, se consagra la idea de que en el contrato de obra el prestador está obligado a entregar un resultado.

Entre los tipos específicos están: el contrato de construcción, en los §§ 650-650n, que contiene reglas propias para el celebrado con consumidores (§§ 650i-650n); el contrato de arquitectos e ingenieros, que también se encuadra como contrato de obra y se regula en los §§ 650p-650t; a su vez, el contrato de promoción inmobiliaria tiene definición propia, pero el § 650u hace el reenvío a los preceptos de contrato de construcción y el §650v establece que el empresario solo puede exigir del cliente pagos por adelantado si ha sido pactado de acuerdo con la Ley; por último, con las pertinentes modificaciones en vigor desde julio de 2018, los contratos de viajes combinados, intermediación de viajes e intermediación de servicios de viajes relacionados (§§ 651a-651y[151]) también se encuentran regulados en el Título 9, referente al contrato de obra.

En definitiva, El BGB tiene una regulación general sobre los contratos de servicio, que es incompleta pero que regula los aspectos principales (concepto, diferenciación con contrato de trabajo, remuneración del contratista, desistimiento y extinción). La regulación del contrato de obra encuentra respaldo en el BGB de manera que, tanto las partes como los intérpretes del Derecho pueden recurrir a su texto legal. No obstante, a excepción del contrato de servicios médicos, la ausencia de regulación de los contratos de servicio específicos es notoria.

En relación al tipo de obligación asumida por el prestador, la doctrina y la jurisprudencia han desarrollado la idea clásica francesa de obligación de medios y de resultado para determinar que, en los contratos de servicios, la obligación es de medios y en el contrato de obra la obligación es de resultado[152]. Para los alemanes, en el *Dienstvertrag* el prestador del servicio únicamente promete realizar su actividad según la *lex artis*, sin que exista una obligación de alcanzar un resultado específico. Mientras que en el *Werkvertrag* debe, precisamente, alcanzar un resultado específico[153].

---

151 El legislador alemán incorporó la regulación específica del contrato de viaje en el BGB (§ 651a–651l) incluso antes de la gran reforma de 2002, en el año 2017, casi no ha introducido cambios en el texto.

152 Para la distinción entre el contrato de servicio y el contrato de obra en el Derecho alemán, véase VATTIER FUENZALIDA, C. (1997), «El interés de la clasificación de las obligaciones de medios y de resultado», en BUERES, A. et al. (coord.) *Responsabilidad por daños en el tercer milenio homenaje al profesor doctor Atilio Aníbal Alterini*, pp. 611 y *ss.*

153 MARKESINIS, B., UNBERTAH, H. Y JOHNSTON, A. (2006), *The german law of contract. A comparative treatise*, 2.ª ed., Hart Publishing, p. 153.

Como se ha explicado, el contrato de servicios y de obra poseen regímenes jurídicos diferentes; por ello, determinar qué tipo de obligación ha asumido el deudor, si la de realizar una obra o la prestación de un servicio con diligencia, también determina el régimen jurídico aplicable.

4.2 El contrato de servicio en el Derecho francés

En el *Code* de 1804, además del *louage d'ouvrage* (arrendamiento de obras y servicios), son especialidades de contrato de servicios el depósito, el mandato y la fianza[154], pero solamente el primero es un contrato oneroso, los demás son, obligatoriamente, gratuitos. Del *louage d'ouvrage* derivó el contrato *d'entreprise*[155] o contrato de empresa, definido como aquel por el cual una parte encarga a la otra cumplir una tarea, de manera independiente y sin representación, a cambio de un precio. Una calificación jurisprudencial destinada, esencialmente, a distinguirlo del mandato[156].

En Francia, el arrendamiento de obras y servicios encuentra su definición en el artículo 1710 del *Code* y resulta bastante parecida a la definición del Código Civil español. Según el mencionado precepto, «es el contrato por el cual una de las partes se compromete a hacer alguna cosa para la otra, a cambio de

---

154 Para estudios en profundidad, véase PUIG, P. (2002), *La qualification du contrat d'entreprise.* Panthéon-Assa; SÉNÉCHAL J. (2008), *Le contrat d'entreprise au sein de la classification des contrats spéciaux, Recherche sur un double enjeu du mouvement de recodification du droit des contrats.* PU Aix-Marseille.

155 Véase LABARTHE F. (2001), «Du louage d'ouvrage au contrat d'entreprise, la dilution d'une notion», en *Le contrat au début du XXIe siècle, Mélanges Jacques Ghestin,* L.G.D.J, pp. 490-498.

156 Véase LEDUC F. (2008), «Deux contrats en quête d'identité, Les avatars de la distinction entre le contrat de mandat et le contrat d'entreprise», en *Études offertes à Geneviève Viney, Liber Amicorum,* L.G.D.J, pp. 595-630.

un precio convenido entre ambas». Una definición, igual que en España, demasiado genérica.

Con la reforma del Derecho de obligaciones de 2016[157], la denominación «contrato de prestación de servicio» pasó a integrar el *Code*. Sin embargo, el legislador no se aventuró a definir esta categoría, lo que mantiene viva la discusión en la doctrina sobre el alcance del concepto. La *ordonnance* de 10 de febrero de 2016 únicamente introduce los «*contrats de prestation de service*», en el artículo 1165 del Código Civil respecto a la determinación unilateral del precio por su acreedor[158].

El ámbito de esta disposición suscita grandes controversias, especialmente la de saber si se refiere únicamente al contrato *d'entreprise*, renombrado en esta ocasión, o también a otros contratos de servicio, como el de mandato, el de depósito o fianza, a todos los contratos de servicio[159] o, incluso a todos los contratos de arrendamientos, incluido el arrendamiento

---

157 Ordenanza 2016-131 de 10 de febrero de 2016 por la que se reforma la ley de contratos, el régimen general y prueba de obligaciones (JORF núm. 0035, du 11 février 2016) y el Informe al Presidente de la República que acompaña a la ordenanza. Ley 2018-287 de 20 de abril de 2018 que ratifica la Ordenanza 2016-131 de 10 de febrero de 2016 que reforma la ley de contratos, el régimen general y prueba de obligaciones (JORF núm. 93, du 21 avril 2018)

158 En este sentido, véase Labarthe, F. (2016), «La fixation unilatérale du prix dans les contrats cadre et prestations de service: Regards interrogatifs sur les articles 1164 et 1165 du Code civil», *La Semaine Juridique*, n. 23, pp. 1110-1113.

159 Véase Deshayes O., Genicon T. Y Laithier Y.M. (2018), *Réforme du droit des contrats, du régime général et de la preuve des obligations, Commentaire article par article.* LexisNexis, pp. 317 y ss. y también Chantepie, G. Y Latina, M. (2024), Le nouveau droit des obligations. 3 ed. Dalloz.

de cosa, pues como es bien sabido, el *Code* mantiene el concepto unitario de *locatio conductio*[160].

La verdad es que el régimen del *louage d'ouvrage* en el *Code* actual es pobre, exceptuando los regímenes más especiales, como son el transporte y la construcción, exactamente como acontece en el CC español.

Por otro lado, el anteproyecto de la Asociación Henri Capitant de reforma del Derecho de contratos especiales de 2017[161] propone consagrar el contrato de prestación de servicio, incluyendo en él los contratos de transporte, corretaje o de construcción de un bien, además de los de prestación de servicio ya establecidos en el *Code* como, por ejemplo, el depósito y el mandato[162]. El proyecto de reforma de la parte especial del *Code* también marca el paso para la modernización de la nomenclatura utilizada, pasando de arrendamiento de obras y servicios (*louage d'ouvrage)* a contrato de servicios (*prestation de service)*[163].

El anteproyecto de la Asociación Henri Capitant, en el artículo 3 del Título IV *ter (Des droits et obligations spéciaux),* define el servicio como un trabajo realizado de manera independiente

---

160 Véase por ejemplo SCHÜTZ, R. (2017), «Le droit du bail après la réforme du droit commun des contrats, en attendant celle des contrats spéciaux», en *Les contrats spéciaux et la réforme du droit des obligations* ANDREU y MIGNOT (dirs.), Varennes, pp. 51-86.

161 Avant-projet de réforme du droit des contrats spéciaux remis à la Chancellerie le 26 juin 2017. Disponible en: http://henricapitant.org/storage/app/media/pdfs/travaux/contrats-spe-def-2020.pdf (última visita: 29 de mayo de 2021)

162 El anteproyecto de la Asociación Capitant, acertadamente, remite la fianza para la reforma del Derecho de garantías.

163 BOUCARD, H. (2022), «El contrato de servicios en el Derecho francés» en INFANTE RUIZ, OLIVA BLÁZQUEZ (DIRS.) Y KALIL (COORD.), *La modernización de los contratos de servicios,* Tirant lo Blanch, pp. 241-254

que, según el mismo artículo, puede «tener por objeto la realización de un bien, mueble o inmueble, según las necesidades específicas del cliente». De acuerdo con BOUCARD, estas definiciones son tan imprecisas como la del artículo 1710 del *Code*[164].

A su vez, el contrato de prestación de servicio está definido en el artículo 69 del Título X (*Du contrat de prestation de service*). A tenor del artículo 69, «el contrato de prestación de servicio es aquel por el cual el prestador debe cumplir un trabajo de manera independiente en favor del cliente». A continuación, el artículo 71 determina que el contrato «puede ser a título oneroso o a título gratuito». Siguiendo la línea marcada por los nuevos instrumentos de modernización del Derecho contractual que se analizarán en el epígrafe 5.

Por último, el texto distingue entre las normas comunes a todo contrato de servicio y las que son particulares al contrato de transporte, corretaje, mandato y el contrato de construcción de un bien, dentro del cual se incluye la construcción inmobiliaria. En este aspecto, el anteproyecto se aleja completamente de las propuestas de los PEL SC y del DCFR, como se expondrá más adelante.

En opinión de BOUCARD, la aportación del anteproyecto *Capitant* a la definición del contrato de servicio es mínima, y la pequeña modernización que conlleva afectará al régimen, en todo caso, pero no a la propia noción de contrato de servicio. Según la misma autora, la modernización de la parte especial en Francia es «más cómoda» que en España, ya que la reforma del Derecho general de obligaciones y contratos ha tenido lugar en 2016. Esto facilita el reenvío en caso de aparentes lagunas, así como los reenvíos implícitos al Derecho contractual general modernizado, el cual sirve de base a la parte especial[165].

---

164 BOUCARD (2022), *Op. cit*, p. 247.

165 *ídem.*

En otro sentido, el grupo de trabajo presidido por el Prof. Philippe Stoffel-Munck recibió el encargo formal, de la Dirección de Asuntos Civiles y del Sello (DACS), de elaborar un ante-proyecto de reforma del derecho de los contratos especiales de compraventa, permuta, arrendamiento, obra/servicios, préstamo, depósito, mandato, y contratos aleatorios [166].

Respecto a los contratos de servicio, en el proyecto se perfila una categoría amplia de contrato de empresa que abarca obra y servicios, articulada por el criterio del resultado, es decir, en la obra prima un resultado garantizado (con especial relevancia del momento de recepción para activar transmisión de riesgos y, a menudo, de propiedad), mientras que en los servicios domina una obligación de medios ligada a la diligencia profesional. La distinción bien/servicio ayuda a separar contratos traslativos de aquellos centrados en una actividad, aunque en la práctica ambos planos se mezclan (subcontratación, suministros, hitos). En paralelo, se resaltan mecanismos como la reserva de dominio y los pagos por hitos cuando el proveedor aporta materiales, y se sugiere, de cara a la redacción contractual, definir con precisión el resultado o los medios, los criterios de conformidad/KPIs, los efectos de la recepción, como lapropiedad, riesgos, garantías y la asignación de responsabilidades; todo ello compatible con el marco general, que conserva el esquema clásico obra/servicios pero admite su adaptación por vía de pacto[167].

---

[166] El encargo se documenta en el propio ante-proyecto, disponible en https://www.justice.gouv.fr/sites/default/files/migrations/textes/art_pix/avant_projet_commente_juillet2022.pdf

[167] Infante Ruiz, F. (2024), "Propiedad y contratos en el anteproyecto francés de reforma de los contratos en particular" en Veiga Copo, A. y Pazos Castro, R. (dir.), *La reforma francesa de los contratos especiales: estudios a propósito del proyecto de la Comisión Philippe Stoffel-Munck*. Civitas. pp. 488-490.

Según el poyecto, "el *contrat d'entreprise*" es el contrato por el cual el empresario, de manera independiente, realiza un "ouvrage" en beneficio del cliente, material o intelectual, que puede consistir en un bien o en un servicio, además de hacer la distinción, el texto remite a artículos del nuevo título[168].

La Comisión subraya que el nuevo derecho especial será mayoritariamente supletorio, en coherencia con el art. 1102 CC francés y los mecanismos anti-cláusulas abusivas del derecho común y de consumo. Ordena los regímenes por prestación característica y conecta los contratos entre sí, como por ejemplo, efectos de compraventa en un arrendamiento con prestaciones mixtas[169].

Respecto a la distinción entre obligaciones de medio y de resultado, la doctrina francesa todavía sigue los pasos marcados por DEMOGUE en 1925[170], pues aún mantiene la contraposición entre las dos categorías bajo la arquitectura explicada más arriba.

4.3 Los contratos de servicio en el Derecho italiano

El Código Civil italiano data de 1865[171] y, tratándose de un texto de inspiración francesa, recogía en él la concepción unitaria

---

168 PAZOS CASTRO, R. (2024), "El contrato de servicios: propuesta de la comisión general de codificación de 2011 y avant-projet Stoffel-Munck" en VEIGA COPO, A. Y PAZOS CASTRO, R. (dir.), *La reforma francesa de los contratos especiales: estudios a propósito del proyecto de la Comisión Philippe Stoffel-Munck*. Civitas. pp. 363-397

169 BOUCARD, H. (2024), "La méthode de réforme du droit des contracts spéciaux de la commision Philippe Stoffel-Munck" en VEIGA COPO, A. Y PAZOS CASTRO, R. (dir.), *La reforma francesa de los contratos especiales: estudios a propósito del proyecto de la Comisión Philippe Stoffel-Munck*. Civitas. pp. 21-51.

170 DEMOGUE, R. (1925), *Traité des obligacions*, vol. V, pp. 538 y *ss.*

171 El artículo artículo 1570 del *Codice* de 1865 disponia que, «il contratto di locazione ha per oggeto le cose o le opere» (art. 1568) y que

de arrendamiento. Sin embargo, tal concepción no fue conservada en el *Codice Civile* de 1942, en adelante *Codice,* donde pueden hallarse, en el Libro IV, Título III, bajo el epígrafe «*dei singoli contratti*», diversos capítulos dedicados al arrendamiento de cosas y al contrato de obra y servicios. La *locazione* aparece regulada en el Capítulo VI, mientras que el de *appalto* lo está en el Capítulo VII, en concreto en los artículos 1655 a 1677 del *Codice.*

Puede observarse que, aunque dicha regulación no utilice el concepto unitario de la *locatio conductio,* sí mantiene la unificación del contrato de obra y servicios bajo el mismo Capítulo. En el *Codice* el contrato de *appalto* (el español, arrendamiento de obras y servicios) es el contrato por el cual un empresario asume la ejecución de una obra o de un servicio, con la organización de los medios necesarios y a su propio riesgo[172]. El contrato de *appalto* puede ser «*d'opera*» o «*di servizi*» y, para que tenga lugar la aplicación de las disposiciones previstas en los artículos 1655 a 1677, el prestador del servicio o ejecutor de la obra debe ser obligatoriamente un empresario. En caso de que el servicio u obra sea ejecutado por una persona física, debe acudir a la regulación sobre el *lavoro autonomo.*

La regulación del contrato de trabajo (*Del lavoro*) del Libro V, contiene un título dedicado a regular el contrato de trabajo autónomo (*lavoro autonomo*). El Título III, dividido en dos Capítulos, establece las normas cuando la obra o servicio es ejecutada por personas naturales frente a cuando dichas actividades son desarrolladas por profesionales. Primero, el contrato de trabajo autónomo de obra o servicio, como trabajo principalmente personal y sin relación de subordinación, previstos en

---

«La locazione delle opere è un contratto, per cui una delle parti si obliga a fare per l´altra una cosa mediante la pattuita mercede».

172 *Artículo 1655 Codice: L'appalto è il contratto con il quale una parte assume, con organizzazione dei mezzi necessari e con gestione a proprio rischio, il compimento di un'opera o di un servizio verso un corrispettivo in danaro.*

los artículos 2222 a 2228. Este tipo de contrato se diferencia del contrato del *appalto* en la medida en que el prestador del servicio puede ser una persona física y se diferencia del contrato de trabajo por cuenta ajena por la ausencia de subordinación. Por otra parte, existe el contrato de servicios intelectuales (*professioni intellettuali*) regulado en los artículos 2229 a 2238 del *Codice*[173]. El *Codice* reconoce la relevancia y particularidad de las profesiones intelectuales, dedicándoles un capítulo específico en el marco de la normativa que regula *lavoro autonomo*.

Si bien no define expresamente las características de la ejecución de una obra intelectual, el art. 2229 del Código Civil italiano subraya indirectamente la importancia de estas profesiones, reservando la titularidad del ejercicio a quienes hayan obtenido la inscripción en registros o listas especiales, es decir, abogados, contables, médicos, etc. Se trata de una regulación común para esta clase de servicios, pero al mismo tiempo resulta bastante completa en términos de parte general.

Respecto a la distinción de las obligaciones de medios y de resultado en el Derecho italiano, resulta indispensable conocer el extenso estudio realizado por MENGONI[174]; de manera resumida, puede decirse que la distinción elaborada por DEMOGUE no ha tenido relevancia para fines de la aplicación de la disciplina general de las obligaciones.

La doctrina mayoritaria no acepta la tesis según la cual las obligaciones de medios y de resultado formarían dos categorías distintas. A este respecto, precisamente la doctrina italiana

---

173 Sobre ello, y para una breve presentación de la aproximación a los «contratos de servicio» en el Derecho italiano, véase: ALPA, G. Y ZENO-ZENCOVICH, V. (2007), *Italian Private Law,* Routledge-Cavendish, pp. 210-212.

174 MENGONI, L. (1954), *Obbligazioni «di risultato» e obbligazioni «di mezzi» ", Riv. dir. comm.,* pp. 185-209 (Parte I), pp. 280-320 (Parts II y III) y pp. 366-396 (Partes IV y V).

no concuerda con la indicación de que un resultado significa que el deudor asegura la concretización de ese resultado y, menos aún, con que sea objetivamente responsable si aquel no se alcanza[175]. Por otro lado, los italianos consideran que la diferencia entre obligaciones de medio y de resultado es una clasificación de las obligaciones, es decir, es útil para la identificación de la prestación objeto de la obligación.

De todos los ordenamientos del *civil law* estudiados, el italiano es el que mejor se adecúa a las realidades sociales y, por ello, a juicio de la autora, aunque resulte susceptible de mejoras, es suficiente para regular las relaciones contractuales de servicios. Esto es así principalmente dado su fecha de concepción, porque el *Codice* de 1942 ya no responde al contexto del siglo XIX.

4.4 La ausencia de regulación propia de contrato de servicios en el Derecho inglés

Como es sabido, en Inglaterra las reglas generales en materia de Derecho contractual se encuentran en el *common law*. Resulta obvio decir que ellos no disponen de un de Código Civil, y a resultas de esta circunstancia, es en el *common law* donde se busca correspondiente jurisprudencia[176]. En el Derecho inglés no se puede encontrar un texto codificado de parte general y tipos específicos de contratos, no existe una legislación general ni una serie ordenada y sistematizada de principios generales relativos al Derecho de contratos, es decir, ninguna Ley define lo que se entiende por contrato, ni cómo se perfecciona, ni cuáles son los remedios generales que se derivan del incumplimiento contractual[177].

---

175 ROZO SORDINI (1998), *Op. cit.* pp. 139-140.

176 CARTWRIGHT, J. (2019), *Introducción al Derecho inglés de los contratos*, Aranzadi, p. 51.

177 *Ibid.*, pp. 101-126.

La norma anglosajona no identifica los contratos en función de tipologías contractuales concretas, buscando después en el Código Civil (u otros textos normativos) las características de la concreta modalidad contractual a la que se enfrente. No obstante, como las partes no siempre incluyen con carácter expreso en el contrato todos los detalles necesarios para su ejecución, el *common law* suple dichas carencias con los *implied terms*. La excepción a esta regla es la regulación del contrato de compraventa[178] y el contrato de agencia.

Otro aspecto relevante es que, en el Derecho inglés, el contrato es siempre oneroso. La doctrina de la *consideration* constituye una figura clave de la noción que el jurista de *common law* tiene de contrato. La *consideration*, en esencia, requiere que el contrato sea necesariamente oneroso, que implique un intercambio de prestaciones. De esto se concluye que la posibilidad de un contrato de servicios gratuito queda totalmente descartada de la norma inglesa. No obstante, es perfectamente posible otorgar fuerza contractual a lo que sustancialmente es un negocio gratuito, mediante el empleo de un *deed*[179] o proporcionando una mínima medida (un euro) de *consideration*, ya que si bien el contrato debe ser oneroso, el intercambio de prestaciones no tiene por qué ser ni «justo» ni «equitativo»[180].

Por otra parte, la distinción entre obligaciones de medios y de resultado no existe como tal en el Derecho inglés, aunque en la práctica se reconoce que, mientras en algunos contratos

---

178 Sale of Goods Act 1979, que desde octubre de 2015 se aplica sólo a las compraventas entre los que no son consumidores.

179 Pino Emhart, A. (2014), «Una aproximación continental al Derecho inglés de los contratos» *Revista chilena de Derecho privado*, n. 22, p. 240.

180 Cartwright, J. (2015), «*Una introducción al Derecho de contratos inglés*» *Crónica Jurídica Hispalense: revista de la Facultad de Derecho*, n. 13. p. 22.

existe la obligación de entregar un resultado, como por ejemplo, la obligación de una abogada de hacer un testamento válido, en otros contratos solamente se exige la obligación de desarrollar la habilidad y el cuidado adecuados, como por ejemplo, la obligación de la misma abogada de llevar a cabo procedimientos judiciales para cliente sin garantizar el éxito.

En la jurisprudencia, los principales ejemplos de contratos de servicios son los de construcción y los profesionales de abogados, médicos o financieros. Pero no puede encontrarse en la legislación anglosajona una regulación contractual que marque los perfiles de los contratos especiales. De hecho, CARTWRIGHT subraya que los contratos especiales tienen un papel muy limitado en el Derecho inglés[181].

En otro orden de cosas, el régimen comunitario de protección de los consumidores obligó a introducir en el sistema inglés algunas leyes de carácter marcadamente continental. Concretamente, la *Consumer Rights Act* 2015 determina muchos aspectos normativos relativos a los contratos de consumo, aunque no todos. El capítulo 4 de la mencionada Ley regula los servicios con consumidores, aunque no presenta ninguna definición de servicio, sino que regula más bien la determinación del precio y los remedios frente a los casos de incumplimiento contractual.

Por otro lado, contrariamente a lo que se puede pensar, la Ley de Suministro de Bienes y Servicios de 1982 (*Supply of Goods and Services Act* 1982) no regula ningún aspecto del contrato de servicios, sino del contrato de suministro, el cual podrá ser de bienes o de servicios.

Por otro lado, los contratos de servicios también son objeto de estudio por parte de la doctrina europea, con el objetivo de crear un marco legal unitario y que pueda ser útil a la contratación de servicios. Siguiendo esta línea, a continuación,

---

181 CARTWRIGHT (2019), *Op. cit.*, p. 107 y *ss.*

se procederá a analizar los principales instrumentos de modernización contractual en materia de contrato de servicios.

5. COMENTARIOS A LOS INSTRUMENTOS DE *SOFT LAW* EUROPEO

Pese a la importancia de la contratación de servicios en Europa, el hecho de que no exista en la actualidad una regulación sustantiva de los aspectos propiamente contractuales de los contratos de servicio a nivel europeo[182], solo aumenta la necesidad de estudios doctrinales y la elaboración de instrumentos de *soft law* que sirvan de base jurídica.

La noción de servicios presente en la legislación europea es residual, que se restringe o ensancha en función del ámbito de aplicación y finalidad de cada Directiva y, por ello, se ha dicho de ella que es una noción demasiado amplia para configurar una categoría jurídica de servicios[183]. En estas circunstancias, obtener una concepción consistente de servicio, que pueda servir de base para construir una categoría jurídica a partir de las normativas europeas, resulta misión casi imposible.

Por estas razones, es posible afirmar, como lo hace Arroyo i Amayuelas, que la aproximación de la legislación comunitaria a la materia de los servicios sigue una lógica de mercado, que va en menoscabo de los tipos contractuales, así como que «jurídicamente no existe una categoría genérica o un contrato arquetípico de prestación de servicios»[184]. Se tratarán a continuación los tres instrumentos más destacados en la materia de contratos de servicios.

---

182 De hecho, la directiva de servicios 2006/123/CE no se aplica a la mayoría de los servicios y tampoco contienen reglas que afecten sustancialmente a los contratos de servicios.

183 Severin Fuster, G.F. *L* (2014), *Op. cit.*, p. 220.

184 Arroyo i Amayuelas, E. (2012), «Configuració i tipologia dels contractes de serveis: una proposta per a Catalunya des del marc

5.1 Principios de Derecho Europeo sobre contratos de servicios (PEL SC) y el El Marco Común de Referencia (DCFR)

El texto final de los Principios de Derecho Europeo sobre contratos de servicios fue elaborado por el *Tilburg Working Team (TWT)*, equipo compuesto por diferentes juristas europeos, ha sido publicado en el año 2007 después de 7 años de trabajo y encuentros en diferentes lugares de la UE, incluida España, en una reunión celebrada en junio de 2002 en Valencia[185]. Según LOOS, uno de los redactores del texto, el objetivo del mismo es establecer una serie de reglas, de carácter de *soft law*, que podrían conformar el marco para las relaciones contractuales celebradas dentro de la Unión Europea por clientes y proveedores de servicios[186].

El equipo de redactores decidió adoptar una perspectiva funcional, partiendo de los típicos servicios prestados en el tráfico jurídico, para elaborar una base de reglas comunes. LOOS afirma que la principal razón de utilizar esta metodología fue la falta de legislaciones nacionales actualizadas en esta materia[187] y la ausencia de normativa a nivel europeo coherente con los contratos de servicios[188].

El objetivo principal de los PEL SC, entonces, era descubrir las similitudes que pudieran existir entre determinados contratos de servicios. Esto permitiría tratarlos conjuntamente bajo una sola categoría, que regulara cada uno de estos

---

europeu», en *Contractes, responsabilitat extracontractual i altres fonts d'obligacions al Codi Civil de Catalunya*, p. 186.

185 BARENDRECHT, *et al* (2007), *Op. cit.* p. 12

186 LOOS, M. (2010), *Op. cit.*, p. 3.

187 LOOS, M., (2004), *Op. cit.*, pp. 572-573.

188 Por esta razón, EIDENMÜLLER, *et al.* afirman que, el DCFR se adentra en un terreno virgen para el Derecho comparado y para la armonización jurídica. EIDENMÜLLER, *et al.*, (2009). p. 1467.

contratos sobre la base de las normas sustantivas que se hallaran en los distintos ordenamientos nacionales. Al mismo tiempo, buscaban descubrir ciertos patrones comunes a todos aquellos contratos, lo que abriría la puerta a un conjunto de reglas generales para los contratos de servicios[189].

El Capítulo I de los *Principles of European Law on Service Contracts* recorre una serie de previsiones generales, aplicables a los servicios de manera global. A continuación, en el Capítulo II, los redactores consideraron que algunas modalidades de servicios merecían una atención especial y una regulación específica. La parte general contenida en el capítulo I se aplica a todos los contratos de servicios, incluso a los regulados en la parte especial, aunque en estos últimos lo hacía de manera supletoria, primando la regulación especial en caso de conflicto de reglas.

Los PEL SC fueron el primer instrumento publicado sobre el objeto del presente estudio y han tenido una notable influencia en la redaccion del DCFR[190]. Como se sabe, el DCFR es una iniciativa académica, resultado del trabajo conjunto del *Study Group* y del *Aqcuis Group*. El valor académico del DCFR es indiscutible, y, como bien afirma INFANTE RUIZ, el texto «puede ser un instrumento primordial en los *comparative approaches*, particularmente – aunque no sólo – en las perspectivas de selección de las mejores normas para la solución del problema [...]»[191].

---

189 JANSEN, C., (2010), «Principles of European Law on Services Contracts: background, Genesis, and Drafting Method», en ZIMMERMANN, R. (coord.) *Service Contracts*, Mohr Siebeck, Tübingen, pp. 43-57.

190 EIDENMÜLLER, *et al.*, (2009), *Op. cit.*, pp. 1469-1470.

191 INFANTE RUIZ, F. (2008), «Entre lo político y lo académico: un Common Frame of Reference de Derecho privado europeo», *InDret*, n. 2/2008, p. 41.

El texto del DCFR, respecto a los contratos de servicios, no presenta mayores incompatibilidades con el Derecho español porque simplemente no hay regulación en materia de servicios en el ordenamiento patrio[192] y, sin lugar a duda, constituye un avance importante en el proceso de armonización del Derecho Civil en la Unión Europea[193].

La regulación contenida en el DCFR respecto a los contratos de servicio recoge, casi sin modificaciones, las reglas de los PEL SC, aunque en estos últimos dicha regulación sea más extensa[194].Es preferible, por tanto, sectorizar únicamente los PEL SC, dado que fueron el primer instrumento publicado y, como se sabe, el DCFR mantiene el mismo razonamiento. Aunque sí es necesario dejar en evidencia que existe en la parte general una pequeña diferencia de estructura, ya que el DCFR subdivide el capítulo 1 de los PEL SC en sus dos primeros capítulos.

5.1.1. Visión sectorizada de los servicios

Los PEL SC, así como los demás instrumentos de modernización, optaron por desarrollar una parte general aplicable a todos los contratos de servicios y una parte especial; las normas específicas a cada tipo contractual deben ser aplicadas en conjunto con la parte general. Sin embargo, esta elección de dividir la regulación en dos niveles–primero el general y luego el especial – no es unánimemente aceptada.

El problema de sectorizar la normativa se centra en dos aspectos: por un lado, la elección de qué modalidad es la que

---

192 DE BARRÓN ARNICHES (2011b), *Op. cit.,* p. 12.

193 En este sentido véase EIDENMÜLLER, *et al.* (2009), *Op.cit.* p.1463.

194 De acuerdo con SEVERIN FUSTER (2014), *Op. Cit.,* p. 208, eso es consecuencia de la necesaria sistematización que supone la incorporación de una regulación específica y limitada como es la de los PEL SC– a un cuerpo normativo mucho más amplio–como es el DCFR.

debe tener normas especializadas y, por otro, está el hecho de que esta disyuntiva abra la posibilidad de generar un sinfín de normas para cada modalidad de contrato que surja en el tiempo.

En este sentido, sería más prudente, en la opinión de la profesora De Barrón Arniches, no fijar normas individualmente antes de estructurar muy bien los criterios comunes en la parte general[195]. Por otro lado, Severin Fuster sugiere que, dada la importancia práctica de algunos servicios, la regulación en dos niveles es la opción más acertada y es razonable considerar una parte especial de los contratos de servicios[196]. En todo caso, los PEL SC[197] delimitan algunas modalidades que veremos a continuación:

a) Contrato de Construcción

El capítulo 2 de los PEL SC (cap. 3 de DCFR) se aplica a los contratos mediante los cuales una parte, el constructor, debe erigir un edificio u otra estructura inmueble, o alterar materialmente un edificio existente u otra estructura inmueble, siguiendo un diseño proporcionado por el cliente. Estas ideas se encajan, indiscutiblemente, en la definición del contrato de ejecución de obra. Incluso, el apartado 2 también prevé la

---

195 En este sentido, De Barrón Arniches sugiere que la reforma del Código civil español se centre en la establecer un marco normativo base, para después precisar que tipos de servicios necesitan una regulación específica, poniendo de relieve que los servicios médicos serian uno de ellos. De Barrón Arniches (2011b), *Op. cit.*, p. 42.

196 Severin Fuster (2014), *Op. cit.*, pp. 225-226.

197 Trataremos solamente los PEL SC, porque fue el primero instrumento publicado y, como se sabe, el DCFR mantiene el mismo razonamiento y reproduce las previsiones de los PEL SC, con una pequeña diferencia de estructura, subdividiendo el capítulo 1 de los PEL SC en los dos primeros capítulos del DCFR.

posibilidad de acomodar la normativa para que se aplique a un contrato de construcción de bienes muebles.

El contrato de obra se prevé para las relaciones en las cuales el prestador debe construir un bien nuevo o modificar la naturaleza material de un bien ya existente; es decir, la materialidad es un requisito que se extrae de la propia redacción del artículo 2:101[198]. No obstante, en este punto es necesario subrayar que tal materialidad no debe entenderse como algo corpóreo, ya que el resultado material puede ser, por ejemplo, la creación de una página web.

Por tanto, dentro de esta modalidad están incluidas desde las actividades típicas de ejecución de obra, como construir un edificio, a actividades menos tradicionales como *«construction of tailor-made machinery, software, and websites»*[199].

Situar esta modalidad contractual como «servicios» ratifica la teoría de que los nuevos instrumentos de Derecho contractual abandonan la clásica división entre contratos de servicios y de obra, para unificar bajo la denominación «servicios» todas las relaciones contractuales que lleven aparejado un *facere*. La

---

198 *Article 2:101 Scope of Application. (1) This Chapter applies to contracts whereby one party, the constructor, is to construct a building or other immovable structure, or to materially alter an existing building or other immovable structure, following a design provided by the client. (2) This Chapter applies with appropriate modifications to contracts whereby the constructor is to construct a movable or incorporeal thing, following a design provided by the client. (3) This Chapter applies with appropriate modifications to contracts whereby the constructor is to construct a building or other immovable structure, to perform construction work on an existing building or other immovable structure, or to construct a movable or incorporeal thing, following a design provided by the constructor. (4) When, under a contract, a party is bound to construct and to supply another service, this Chapter applies to the parts of the contract that involve construction, with appropriate modifications.*

199 Illustration 2 – C*omments* A–IV.C.– 3:101 DCFR; VON BAR y CLIVE (2009), *Op. cit.*, v. 2, p. 1700.

consecuencia de esta opción se centra en el cuestionamiento de la utilización de la prestación debida (obligación de medio y de resultado) como fundamento para distinguir los contratos de obras y los contratos de servicios. Como se ha podido considerar anteriormente, en estos textos de *soft law* el prestador del servicio debe lograr el resultado específico declarado o previsto por el cliente, por lo que, en el contrato de construcción, el análisis de tal resultado se hará a través de la conformidad del contrato, contenida en el artículo 2.104 (3:104 del DCFR)[200]. De hecho, se trata de un criterio objetivo y neutro que no genera mayores discusiones en los contratos donde la prestación debida es de resultado.

b) Contrato de Procesamiento

El objetivo del contrato de procesamiento es prestar un servicio en un bien que ya existe para reparar, mantener o limpiar dicho bien. Aunque la nomenclatura sea un poco extraña al ordenamiento español, quizás sea el contrato atípico más frecuente en la jurisprudencia patria[201]. Desde reparar un coche averiado, instalar una tubería dañada, limpiar la casa o reprogramar un software, los contratos de pro-

---

200 Para un estudio de la regulación del contrato de c*onstruction en el DCFR, véase:* De Barrón Arniches, P. (2012), «Capítulo 3. Construcción», en Vaquer, Bosch y Sánchez, *Derecho Europeo de Contratos.* Tomo II, Atelier, pp. 1207-1229.

201 Vaquer Aloy prefiere utilizar la nomenclatura «mantenimiento» para referirse a esta modalidad contractual, por entender que la traducción literal «procesamiento» no refleja el contenido del contrato. Nosotros preferimos mantener la traducción literal de la palabra original empleada por los redactores porque el contenido del contrato es más amplio que el mantenimiento de un bien. Vaquer Aloy, A. (2012), «Capítulo 4. Mantenimiento», en Vaquer /Bosch/Sánchez, *Derecho Europeo de Contratos.* Tomo II, Atelier, p. 1231.

cesamiento representan la mayor parte de la contratación de servicios en la sociedad.

Aunque los PEL SC incluyen tipos de servicios más modernos, tales como reprogramar un software o el mantenimiento del sistema informático, sin embargo excluyen los servicios de vigilancia[202]. VAQUER ALOY critica la amplitud del tipo, ya que recorre «desde la reparación de un automóvil a la limpieza de una vivienda», indicando que tal amplitud podría ser un impedimento a la delimitación precisa entre distintos tipos especiales de contratos de servicios[203].

El instrumento PEL SC dedicó el capítulo 3 a regular tales contratos, considerándolos también como especie del género servicio. Respecto a la conformidad, hay una diferencia relevante entre el texto de los PEL SC y el DCFR. Mientras que el segundo omite el artículo 3:105[204] sobre la conformidad, en su lugar, la redacción del artículo del artículo IV.C.-4:105 DCFR es la transcripción del 3:107 sobre la devolución del bien procesado. De acuerdo con VAQUER ALOY[205] la opción de los redactores del DCFR no significa que la conformidad no se aplique a los contratos de construcción. De hecho, desde la perspectiva de este autor, la opción de los redactores se justifica porque la redacción del artículo IV.C.-4:105 DCFR es reiterativa respecto a la conformidad, por utilizar la expresión en inglés «*not fit for use*», típica para expresar la falta de conformidad. En este

---

202 WILLEMS (2018), *Op. cit.*, p. 2081.

203 VAQUER ALOY (2012), *Op. cit.*, pp. 1232-1233.

204 Article 3:105: Conformity. *The processor must achieve the specific result stated or envisaged by the client at the time of the conclusion of the contract, provided that: (a) any result envisaged but not stated was one that a reasonable client in the same circumstances as the client might have envisaged; and b) a reasonable client in the same circumstances would have no reason to believe that there was a substantial risk that the result would not be achieved by the service.*

205 VAQUER ALOY (2012), *Op. cit.*, p 1239.

estudio se ratifica tal opinión, principalmente por creer que el artículo IV.C.-2:106 es un criterio general, aplicable a todas las modalidades especiales de contratos de servicios.

c) Contrato de Depósito

El contrato de depósito «se aplica a los contratos mediante los cuales una parte, el almacenista, debe almacenar una cosa mueble o incorpórea para otra parte, el cliente»[206]. Aunque del concepto se podría deducir, los redactores optaron por explicitar que la regulación no se aplica a los inmuebles, a las cosas muebles o incorpóreas durante el transporte, y, tampoco a los bienes y valores «*money, securities or rights*», lo que se conoce en España por depósito mercantil.

La regulación de los PEL SC y del DCFR sobre el depósito está pensada para los contratos de depósito onerosos[207], pero se aplican, con sus matices, a los contratos gratuitos. El texto no levanta mayores cuestiones en relación con la normativa de los artículos 1758-1789 CC, aparte de que, en el Código español su tratamiento, como era de esperarse, está en un título separado de los contratos de servicios[208]. Cosialls Ubach asegura que algunos aspectos sobre la devolución del bien depositado están, incluso, mejor definidos en el Código patrio que en los PEL SC[209].

---

[206] Article 4:101: Scope of Application PEL SC

[207] En el Código Civil español, el contrato de depósito es esencialmente gratuito, es la obligación de cuidado y vigilancia de una cosa, por tiempo determinado y sin retribución. Entretanto, nada impide ser remunerado y así lo determina el artículo 1760 CC al afirmar que el depósito es gratuito «salvo pacto en contrario».

[208] Lo mismo ocurre en casi todos los ordenamientos de nuestro entorno, como, por ejemplo, Francia, donde el *Code* civil regula los contratos de depósitos en los artículos 1915 y ss.

[209] Cosialls Ubach, A.M. (2012), «Capítulo 5. Depósito», en Vaquer, Bosch y Sánchez, *Derecho Europeo de Contratos.* Tomo II, Atelier, p. 1258.

Partiendo del comentario supra, se puede concluir que una posible reforma del Código Civil español debería considerar los aspectos positivos ya regulados y solo cambiar la ubicación de dichos contratos, para considerarlos un tipo de servicio.

d) Contrato de Diseño

Son contratos de diseño aquellos en que una parte, el prestador, se obliga a diseñar para la otra, el cliente. La regulación contenida en los PEL SC se aplica al diseño de un bien inmueble, un bien mueble, una cosa incorpórea o incluso, al diseño de un servicio. En todos los casos, el objetivo del diseño debe ser la posterior construcción y, en el caso de un diseño de servicio, la ejecución de este.

El contrato de diseño, por su propia esencia, va dirigido a la ejecución del proyecto diseñado, aunque no tiene por qué ser el prestador del servicio de diseño el sujeto obligado a construir. En los casos en que el prestador sí se obligue, conjuntamente, a diseñar y también a ejecutar el diseño, se aplicarán las normas de los contratos mixtos contenidas en el II.- 1:107[210]. En este sentido, se aplicará la normativa del contrato de diseño a la parte relativa a este y la normativa relativa al contrato de construcción en su sección correspondiente. La idea de la regla general de los contratos mixtos es que cada tipo de servicio dentro del contrato siga las pautas de sus respectivas normas.

Aunque este apartado esté esencialmente dirigido a los servicios de los diseñadores y arquitectos, también se incluyen en él los de creación de bienes muebles o incorporales, tales como el diseño de moda, páginas webs o diseños artísticos. Es un contrato totalmente desconocido por el Código

---

210 Redacción del DCFR *Full edition* (2010).

Civil español, que ignora completamente la realidad de los servicios de los profesionales liberales[211].

Por otro lado, llama nuestra atención que los PEL SC hayan añadido el diseño de un servicio, una disciplina que está en auge y que ayuda a las organizaciones a mejorar la experiencia del servicio prestado[212] , pero que hasta este momento es insuficientemente discutido en la doctrina científica jurídica.

e) Contrato de Información

El contrato de información y asesoramiento[213], pese a su frecuencia en la realidad económica en el siglo XXI y también en la jurisprudencia, carece de regulación específica en el Derecho español, por lo que constituye un ejemplo de contrato atípico. Los PEL-SC lo contemplan como una modalidad de contrato de servicios y establecen pautas que pueden constituir una fuente de inspiración para el futuro del Código Civil español y, mientras este se reforma, servir de fuente para las decisiones judiciales[214].

---

211 Aunque debemos tener en cuenta la existencia de normativas sectoriales, principalmente en lo que concierne a la arquitectura, que regulan ámbitos de actuación y deberes del prestador de servicios, como, por ejemplo, la Ley de Ordenación de la Edificación.

212 Llop, R. (2013), «Del diseño como servicio al diseño de servicios de diseño», *Visual: Magazine de diseño, creatividad gráfica y comunicación*, n. 162, p. 1.

213 En el texto de los PEL SC se denomina únicamente «information» en cuanto que en el DCFR se denomina «information and advice», pero esta diferencia terminológica es irrelevante, pues en el contenido del texto los PEL SC también incluye al servicio que consiste en dar recomendaciones.

214 Hemos tratamos más detalladamente la regulación de esta modalidad contractual en nuestro trabajo: Kalil (2022), *Op. cit.*, pp. 394-414.

El objeto de estos contratos es la información fáctica, la información evaluativa o la recomendación. Sirva como ejemplo el servicio de consejo jurídico prestado por las abogadas y por los abogados, que consiste precisamente en un contrato de información ajustándose a los moldes de los PEL SC, aunque el contrato puede ser celebrado por cualquier prestador, sea profesional o no.

Sobre las informaciones en el seno del servicio de tratamiento médico, los PEL SC no mencionan si el capítulo se aplica o no. En este sentido difieren del DCFR, en el apartado 2 del IV.C.-7:101, que explícitamente excluye las informaciones médicas. El DCFR deja claro que todo asesoramiento o información que un profesional sanitario preste a su paciente queda expresamente excluido de la regulación del Capítulo y sobre tal servicio se aplica la regulación contenida en el Capítulo siguiente, dedicado al tratamiento médico.

f) Contrato de Tratamiento médico

El contrato de servicios médicos también es considerado por los PEL SC como un contrato de servicios[215], pero su contenido y trascendencia desbordan este trabajo, por lo que solo se esbozarán brevemente dos aspectos que resultan importantes en la regulación de los PEL SC. En primer lugar, lo que se refie-

---

215 En este punto no hay mayores divergencias en la jurisprudencia española, que viene considerando los contratos de servicios médicos como «arrendamientos» de servicios a lo largo de los años. La profesora ALONSO PÉREZ presenta un repertorio de sentencias que así lo clasifican: STS (Sala Primera) de 25 abril 1994, STS de 8 febrero 2005, STS (Sala de lo Civil) de 3 marzo 2010, además de las SAP Málaga (Sección 4ª), de 15 marzo 2012, SAP Badajoz (Sección 3ª) de 9 marzo 2007 (AC 2007\1174), SAP Álava (Sección 1ª), de 7 abril 2004 (AC 2004\1872), SAP Valencia (Sección 6ª), de 24 julio 2001 (AC 2001\2525). ALONSO PÉREZ (2019) *Op. cit.* p. 174.

re a la información sobre riesgos del tratamiento; en segundo lugar, si el profesional sanitario asume siempre una obligación de resultado.

El estándar de información sobre riesgos del tratamiento médico en medicina satisfactiva es el mismo que actualmente está vigente en España, es decir, impone al profesional el deber de información sobre todos los riesgos conocidos. Sin embargo, si se trata de medicina curativa, el estándar de información tiene un enfoque muy alejado del adoptado por el ordenamiento español. Tanto los PEL SC como el DCFR utilizan el concepto de «razonable» para establecer qué información debe ser transmitida al paciente. Según el artículo IV.C.-8:105 DCFR, el profesional tiene el deber de informar al paciente sobre cualquier riesgo o alternativa que pudiera «razonablemente» influir en su decisión[216].

En relación al segundo aspecto que se había destacado, Crespo Mora sostiene que la regulación del DCFR en materia de servicios médicos es otro indicio que corrobora su teoría de que el Marco Común reaviva la diferencia entre «obligaciones de medio» y «obligaciones de resultado». Esto es así porque, según la misma autora, el art. IV.C.-8:104 impone al prestador del servicio sanitario una obligación de cuidado y diligencia que responde a un estándar objetivo de diligencia, el de «un prestador del tratamiento razonable» que actúa con el cuidado y las habilidades apropiadas a las circunstancias[217].

Esta discusión iniciada por Crespo Mora tiene razón de ser y efectivamente demuestra la importancia de la categoría «obligación de medio» y «obligación de resultado», sin dejar

---

216 Cadenas Osuna, D. (2018), «El contrato de servicios médicos: la información sobre riesgos del tratamiento sanitario en el Draft Common Frame of Reference», *Actualidad jurídica iberoamericana,* n. 8, pp. 427-428.

217 Crespo Mora (2013), *Op. cit.,* p. 35.

de considerar que, en ambas medicinas, curativa y voluntaria, el prestador del servicio médico no estará vinculado, obligatoriamente, a la obtención de un resultado.

Finalmente, desde la perspectiva de los contratos de servicios, el ultimo instrumento importante en el marco europeo de modernización es el Anteproyecto de Código europeo de contratos, elaborado por la *L'Académie des Privatistes Européens* (Grupo de Pavía), también conocido como proyecto Gandolfi.

5.2 El Anteproyecto de Código europeo de contratos (Grupo de Pavía)

Previamente es importante indicar que aunque no sea un texto de *soft law*, por fines didáticos se puede estudiar el anteproyecto como tal. La *Académie des Privatistes Européens* nació a raíz de una conferencia organizada en la ciudad de Pavía en 1990. En dicho encuentro se ponderó sobre la necesidad real de una codificación europea de los contratos para facilitar el Mercado Único. Además del profesor Gandolfi, coordinador del proyecto, participaron otros juristas europeos y, en particular, el profesor José Luis De Los Mozos, catedrático de Derecho Civil y magistrado del Tribunal Constitucional español[218].

De acuerdo con la propuesta de Código Europeo de Contratos de la Academia de Pavía[219], el mercado interior exige un Derecho privado uniforme, en especial en materia de contratos;

---

218 Véase en general, DE LOS MOZOS, J. L. (1994), «La propuesta de un código europeo del "Convegno di Pavia" vista desde España», *Noticias de la Unión Europea*, nº 114, pp. 69-80.

219 En el año 2017 fueron publicadas los informes y propuestas (*relazioni e proposte*) para la regulación del Título 3 del Libro Segundo (contratos bancarios). Disponible en la página web de la academia: https://www.eurcontrats.eu/acd2/wp-content/uploads/2017/07/Code_II_3.pdf. GANDOLFI, G. (Coord.) (2017), *Codice Europeo dei Contratti* (accademia dei giusprivatisti europei). Giuffrè Editore.

para conseguir este objetivo, el primer paso sería elaborar un Código europeo con eficacia vinculante para las partes contratantes, si bien estas pueden excluirlo mediante pacto expreso[220]. Para lograrlo, el proyecto abandona algunas dicotomías rígidas que resultan fruto de la tradición, prioriza el cumplimiento específico y delega a segundo plano el resarcimiento del daño como remedio contractual.

Aunque la primera publicación haya sido en el año 2002, esta solo incluía la parte primera, sobre los contratos en general. El Libro Segundo sobre los contratos en particular todavía está siendo redactado y por el momento cuenta con tres títulos: el Título Primero, como era de esperar, está dedicado a la compraventa, publicado en el año 2007[221]; a continuación, en el Título Segundo trata todo lo relativo a los contratos de servicios y reserva el Título Tercero a los contratos bancarios[222].

El Título Segundo de dicho proyecto, publicado oficialmente en el año 2018[223], sigue la misma línea de los PEL SC en la parte general «*disposizioni comuni*», regulando los derechos y obligaciones de las partes en la fase precontractual, en la conclusión y ejecución del contrato. Con todo, divergen considerablemente en las modalidades especiales. El grupo de Pavía propone en su parte específica los contratos de mandato, comisión, agencia comercial, mediación de negocios,

---

220 Vattier Fuenzalida, C. (2008), «El Derecho europeo de contratos y el anteproyecto de Pavía», *Anuario de Derecho Civil*, tomo LXI, 2008, fasc. IV, p. 1845.

221 Texto disponible en: https://www.eurcontrats.eu/site2/newdoc/Norme%20_LibroII-italiano_.pdf (última visita: 4 de febrero de 2021)

222 Gandolfi, G. (Coord.) (2014), *Codice europeo dei contratti, Progetto preliminare, libro secondo, 2, Dei contratti di servizi.* Giuffrè Editore.

223 Texto disponible en: https://www.eurcontrats.eu/acd2/wp-content/uploads/2018/06/Norme_230-328.pdf (última visita: 2 de febrero de 2021)

construcción, contrato de servicio propiamente dicho, prestaciones intelectuales y de profesiones liberales, el depósito, el préstamo y el contrato de transporte.

El proyecto Gandolfi, con el objetivo de unificar progresivamente la normativa europea en materia de Derecho contractual, ha tenido poca aceptación porque no se trata de un texto propiamente de *soft law*, sino que pretende ser un marco regulatorio en los mismos moldes de la Convención sobre contratos de compraventa internacional de mercaderías (CISG)[224]. Esta pretensión es el origen de sus problemas de adaptación a las legislaciones internas de los países miembros de la UE.

Como indica ALONSO PÉREZ, la propuesta de la Academia de Pavía tampoco ha tenido influencia en la propuesta para la modernización del Derecho de obligaciones y contratos de la Comisión General de Codificación, porque su publicación es posterior a los trabajos desarrollados en ámbito nacional[225]. Sin embargo, la autora sí resalta el elevado interés del trabajo de la academia de Pavía en lo que se refiere a los contratos de servicios.

---

224 La Convención sobre la compraventa internacional es fruto de un esfuerzo legislativo de UNCITRAL y tiene carácter de *hard law* para los países firmantes. Entró en vigor el 1 de enero de 1988 (en España el 1 de agosto de 1991). Actualmente cuenta con 94 Estados parte. Se puede consultar la lista actualizada de firmantes en: https://uncitral.un.org/es/texts/salegoods/conventions/sale_of_goods/cisg/status (última visita: 05 de mayo de 2021) Para un estudio específico, véase: OLIVA BLÁZQUEZ, F. (2002), *Compraventa internacional de mercaderías*: ámbito de aplicación del Convenio de Viena de 1980. Tirant lo Blanch.

225 ALONSO PÉREZ, Mª.T. (2019), «El paralelismo entre obligaciones de medios/resultado y contratos de servicios/obra en las propuestas oficiales de modernización del Derecho español», *Revista de Derecho Civil*, vol. VI, núm. 2, p. 191.

5.3 Las principales características de la regulación de los contratos de servicios en los nuevos instrumentos de modernización

Los mencionados textos de *soft law* describen la figura jurídica objeto de la regulación, determinan qué modalidades de servicios están excluidas de tal aplicación, resuelven los posibles conflictos con otras figuras contractuales, establecen las reglas aplicables a los contratos de servicios en general y listan los contratos especiales de servicios, aunque en este último aspecto se aprecien bastantes diferencias entre la propuesta del Grupo de Pavía y los demás textos. No obstante, sin lugar a duda, la principal virtud de estos textos por ahora es la labor académica y de Derecho comparado que han desarrollado sus redactores para que los textos representen, en la medida de lo posible, la situación jurídica de cada país del ámbito comunitario. Además de eso, es necesario destacar su carácter dispositivo, dejando el protagonismo al principio de la autonomía de la voluntad de las partes[226].

5.3.1. El ámbito de aplicación

Como se ha mencionado anteriormente, ni los PEL SC ni el DCFR contienen una definición de «servicio», pero los textos sí describen el ámbito de aplicación de su regulación, por lo que se puede extraer, de un lado, su delimitación positiva a partir de los servicios a los que se aplica la normativa y, de otro lado, su delimitación negativa en base a los expresamente excluidos de su ámbito de aplicación.

a) Servicios incluidos

La delimitación positiva del ámbito de aplicación es la descripción de a qué tipos de contratos son aplicables las normas

---

226 De Barrón Arniches (2011b), *Op. cit.* p. 15.

contenidas en los PEL SC y en el DCFR. Con respecto al objeto del presente estudio, se aplica a los contratos en los que una parte, el proveedor del servicio, se obliga a prestar servicios a la otra parte, el cliente, a cambio de un precio. Del ámbito de aplicación se extrae el propio concepto de los contratos de servicio. Sin embargo, el DCFR añade en su artículo IV.C.-1:101(1)(b) que se aplica también a los contratos gratuitos.

De esta característica se pueden extraer dos conclusiones: la primera, la definición de «servicio» presentada por los instrumentos es, como mínimo, insuficiente. No se delimita el objeto del contrato y, como acertadamente afirma WILLEMS, es más bien trivial[227]. La segunda, que la regulación de los contratos de servicios se aplica tanto a los que se prestan a cambio de remuneración como a los gratuitos, pero con sus debidas adaptaciones; es decir, resulta evidente que las reglas referidas al precio y a los remedios sinalagmáticos no serían aplicables a los contratos de servicio gratuitos[228].

Es importante tener presente que, aunque el DCFR apueste por una regulación de contrato de servicios que abarque los contratos onerosos y gratuitos, la regulación gire en torno al contrato remunerado.

b) Servicios excluidos

Para delimitar el ámbito de aplicación no basta con describir los contratos que quedan expresamente incluidos, sino que también se requiere considerar los que quedan excluidos de dicha regulación. Los contratos expresamente excluidos están plenamente justificados en los comentarios oficiales al texto. Por un lado, los servicios financieros y de transporte no están

---

227 WILLEMS (2018), *Op. cit.*, p. 2081.

228 SEVERIN FUSTER (2014), *Op. cit.* p. 248.

siquiera regulados en el DCFR y el motivo es que «su naturaleza especial, o el hecho de que están sujetos, o deberían estar sujetos, a iniciativas del nivel europeo»[229].

Los contratos de garantías personales, a su vez, están regulados en el título G del libro IV del DCFR. Respecto a los contratos laborales, la razón es más que sabida y se ajusta perfectamente a nuestro ordenamiento interno, en el que el contrato de trabajo se encuentra regulado en el Estatuto de los Trabajadores y otras leyes especiales. Como bien señala GARCÍA RUBIO, «todas estas exclusiones obedecen a razones de política jurídica, lo cual no impide que sean modalidades de servicios en el sentido puramente económico»[230].

5.4 Integración de los textos de modernización en España

Todos los trabajos de *soft law* anteriormente citados pueden ser aplicados a los contratos de servicio, siempre que las partes deseen pactar. Aunque los instrumentos no son de aplicación obligatoria, una vez que las partes decidan incorporarlos al contrato, su complimiento es imperativo.

Actualmente, la aplicación de las citadas normas no presenta mayores incompatibilidades con el Derecho español, principalmente porque la regulación del CC en esta materia es prácticamente inexistente. Sin embargo, hay dos aspectos relativos al precio que sí son difíciles de justificar si se amparan exclusivamente en el Código Civil. Primero, la posibilidad de un contrato de servicios gratuito, debido a que la onerosidad

---

229 *Comments* IV.C.– 1:102 DCFR; VON BAR/CLIVE (2010), *Op. Cit.*, v. 2, p. 1600.

230 GARCÍA RUBIO, M.P. (2022), «Modernización de los contratos de servicios: un análisis crítico del DCFR» en INFANTE RUIZ, OLIVA BLÁZQUEZ (DIRS.) Y KALIL (COORD.), *La modernización de los contratos de servicios*, Tirant lo Blanch, p. 65.

es un elemento esencial, conforme el artículo 1544 CC. Segundo, resulta difícil de justificar el «*open price*», principalmente por la rigidez del Código español donde, como señala VÁZQUEZ-PASTOR, «ningún contrato puede existir sin un precio determinado o al menos determinable antes de perfeccionarse, de no ser así el contrato es considerado nulo»[231]. No obstante, es cierto que la doctrina jurisprudencial del TS ha ido progresivamente flexibilizando los criterios en cuanto a la fijación del precio[232].

A continuación, se procede entonces a analizar cómo ha ido evolucionando el proceso de modernización relativo a los contratos de servicios en España.

6. EL PROCESO DE MODERNIZACIÓN DE LOS CONTRATOS DE SERVICIO EN EL DERECHO ESPAÑOL

Aunque el Código patrio, en su parte relativa a los contratos de servicios, no haya sufrido alteraciones desde su promulgación, en menor o mayor medida, el impulso de la modernización de los contratos de servicios por parte de la UE ha tenido gran influencia en España. Por ello, se expondrá a continuación el alcance de la Directiva 2006/123/CE, la recepción de los nuevos instrumentos por parte de la jurisprudencia española y, por fin, las propuestas de reforma del Código Civil en materia de contratación de servicios.

---

231 VÁZQUEZ-PASTOR JIMÉNEZ, L. (2019), «La determinación del precio en el contrato de servicios», *Revista Aranzadi de Derecho patrimonial*, n.º 48, pp. RR-4.2.

232 A lo largo de la última década, el Tribunal Supremo viene elaborando criterios para determinar el precio en los contratos de prestación de servicios profesionales cuando éste no está fijado *a priori* por las partes. STS de 30 abril 2004.

6.1 La Directiva 2006/123/CE

La conocida como «Directiva de Servicios» adoptó una perspectiva amplia, considerando que no se refiere a un sector de servicios determinado, sino que está dirigida a los servicios en general. Pese a haber adoptado este enfoque más amplio, algunas de sus disposiciones pueden ser vinculadas al Derecho contractual, como son las relativas a las condiciones contractuales abusivas, los deberes de información precontractual y contractual. Sin embargo, las reglas sustantivas que regulan el contrato se dejan, casi que por completo, a las reglas dispersas de la legislación nacional de los Estados miembros.

En este sentido, VALPUESTA GASTAMINZA[233] afirma que la Directiva 2006/123/CE no se refiere a los aspectos propiamente contractuales de las relaciones de servicios, sino a la libertad de establecimiento y prestación de servicios en el mercado interior. Por ello, la mayoría de sus disposiciones van dirigidas a los Estados miembros y no a las partes contratantes. Dicho de otro modo, la directiva parte de un aspecto económico de «servicios» lo que, desde la perspectiva jurídica, no tiene mucha relevancia en la configuración de un «contrato de servicio».

La directiva ha sido transpuesta al ordenamiento español y entró en vigor a finales del año 2009 con el objetivo de conseguir un efectivo Mercado Común en el ámbito de los servicios. El hecho de que se trate de una Directiva-Marco, significa que no tiene por objeto fijar normas detalladas o armonizar la totalidad de las normas de los Estados miembros aplicables a las actividades de servicios.

El texto de la Directiva establece las disposiciones generales necesarias para facilitar el ejercicio de la libertad de establecimiento

---

233 VALPUESTA GASTAMINZA, E. (2011), «Capítulo 8. Libro IV. C. Servicios», en *Unificación del Derecho Patrimonial Europeo. Marco común de referencia y Derecho español*, Bosch Editor, p. 256.

de los prestadores de servicios y la libre circulación de dichos servicios. Entretanto, no afecta a la normativa de los Estados miembros en materia de Derecho penal ni a las normativas nacionales sobre Derecho laboral y de seguridad social, así como tampoco lo hace con el ejercicio de los Derechos fundamentales.

Desde otra perspectiva, la gran mayoría de los servicios no están contemplados por la directiva, bien porque ya cuentan con regulación especial, como sucede con los servicios financieros, bien por su trascendencia, como en el caso de los sanitarios. Por otro lado, considerando específicamente el deber de información, se podría decir que, en materia de contratación, uno de los únicos puntos importantes que hace referencia al deber de información precontractual es el artículo 22 de la Directiva. Como consecuencia de lo mencionado, se puede concluir que la directiva apenas contiene reglas sustantivas que afecten al contrato entre un proveedor de servicios y su cliente[234].

A falta de regulación específica, la modernización de los conceptos jurídicos en el ámbito de los contratos de servicios quedó a cargo de la jurisprudencia, que tomó como punto de apoyo importante los textos europeos y la legislación comparada.

6.2 Los instrumentos de modernización y la jurisprudencia española

Las bases asentadas por los tribunales españoles recogen, principalmente, aspectos de la formación del contrato, su incumplimiento y la responsabilidad contractual en el ámbito de los servicios profesionales de abogados, arquitectos y médicos.

---

[234] SCHAUER, M. (2008), «Contract law of the services directive», *European Review of Contract Law, n.* 1, p. 1; BARNARD, C. (2008), «Unravelling the services directive», *Common Market Law Review, Vol.* 45, n. 2, p. 323.

Aunque exista un consenso en la doctrina española acerca de la necesidad de reformar el Código Civil[235], la jurisprudencia ha sido capaz de mantener una línea de interpretación bastante coherente con la realidad jurídica de dichos contratos y también ha sabido actualizarse en la línea de los nuevos instrumentos[236].

Las principales sentencias donde se puede percibir dicho proceso de modernización utilizan como referencia los Principios de Derecho Europeo de Contratos (PECL), especialmente en los contratos bancarios y el artículo I.-1:103 (2) DCFR, sobre la doctrina de los actos propios[237]. Sin embargo, hasta la fecha no hay una sola jurisprudencia del TS que cite los PEL SC, así como tampoco que mencione el libro IV-C del DCFR[238].

En otro orden de cosas, el proceso modernizador de los contratos de servicio se puede ver en España a través de las diferentes propuestas para modernizar su Código Civil, cuyo análisis se muestra a continuación.

---

235 Por todos, Díez-Picazo, L. (2003), «Reforma de los Códigos y Derecho Europeo», *Anuario de Derecho Civil*, tomo LVI, fasc. 4, pp.1565-1574.

236 Aunque hay un largo camino a recorrer, como, por ejemplo, Sentencias del TS relativas al «precio cierto» en los contratos de servicios, principalmente en los contratos de servicios de abogados. En este sentido, véase Vázquez-Pastor (2019), *Op.cit.*

237 STS de 26 abril 2018. En materia de jurisprudencia de los tribunales españoles, solo en los últimos 10 años hemos recompilado 88 sentencias que hacen referencia al artículo I.-1:103 (2) del DCFR. (última visita: 19 de enero de 2021)

238 Encontramos tan solo 3 Sentencias que recogen el DCFR. Todas de la Sección 11ª de la Audiencia Provincial de Madrid de 13 marzo 2017, de 5 febrero 2020 y de 29 abril 2020.

6.3 Propuestas de modernización del Código Civil español

La primera propuesta de reforma, en el año 1994[239], tenía por objetivo la regulación de los artículos 1542 a 1603 del Código civil para, entre otras cosas, separar y clasificar los contratos de servicios, por un lado, y los contratos de obra por otro, categorizándolos como una obligación de medios y una obligación de resultado, respectivamente. Una propuesta excesivamente sencilla y que, lógicamente, no vio la luz.

En el año 2009 la Proposición de Ley de Reforma del Código Civil[240] únicamente buscaba cambiar la terminología anticuada de los artículos 1583 a 1587, el 1784 y el artículo 1967.3, pero ni siquiera modificaba el término «arrendamiento» de servicio. Esta proposición carece de propósitos prácticos, principalmente porque tales artículos están tácitamente derogados por la legislación especial laboral. Sin embargo, sí merecen un poco más de atención las propuestas que siguen:

6.3.1 La Propuesta de Modernización del Código Civil español en materia de Obligaciones y Contratos de la Comisión General de Codificación

El Título VI del Libro IV de la Propuesta de modernización del Código Civil español en materia de Obligaciones y Contratos de la Comisión General de Codificación[241], en adelante PMCC, regula las disposiciones de los contratos de servicios en el capítulo primero y de los contratos de obra en el segundo

---

239 Texto original de la propuesta disponible en: https://www.congreso.es/public_oficiales/L5/CONG/BOCG/A/A_058-01.PDF

240 BOCG n. 187-1, de 29 de mayo de 2009.

241 Puede consultarse el texto integral en: https://www.mjusticia.gob.es/es/areas-tematicas/actividad-legislativa/comision-general-codificacion/propuestas (última visita: 12 de marzo de 2021).

capítulo. Siguiendo la línea del DCFR, el mandato se regula separadamente en el Título IX.

Esta propuesta utiliza prácticamente la estructura del DCFR, tanto por su estructura y orden de las cuestiones tratadas, como por su contenido, de carácter más enumerativo y casuístico que sintético y gramatical.

Las disposiciones generales son aplicables a los contratos en los que una de las partes se obliga a prestar un servicio a la otra a cambio de una retribución, aunque cabe pacto en contrario. Es decir, se presume el carácter oneroso, pero se admite el contrato de servicios gratuito. Así mismo, las reglas dispuestas en la parte general tendrán carácter supletorio en todos aquellos contratos que tengan una regulación especial.

En cuanto a la modernización del concepto, la comparación de los artículos 1544 del Código Civil actual y 1581 del proyecto, en el Capítulo I del Título IV, no denota una revolución en la definición del contrato de servicios en relación con la de arrendamiento de obras y servicios. Se trata todavía de prestar un servicio, incluso una obra, a cambio de un precio o remuneración, salvo que haya un acuerdo de gratuidad en contrario — es la novedad del artículo 1582—. El contrato de obra, relativo a un bien, es una especialidad de contrato de servicio, regulado por el Capítulo II.

A diferencia del DCFR, la PMCC considera el contrato de servicio y el contrato de obra como contratos diferentes y presenta una lista de contratos considerados de obra, incluyendo prestaciones que tradicionalmente se han considerado propias de un contrato de servicios[242].

La referida propuesta fue elevada al Ministerio de Justicia, con carácter científico, independiente y no vinculante.

---

242 Solé Resina (2021), *Op. cit.*, p. en prensa

El objetivo del texto era el de constituir un referente para la reflexión jurídica[243] y hasta la fecha no ha sido presentado como proposición de Ley.

6.3.2 Propuesta de Código Civil de algunos profesores de la APDC

Esta propuesta de regulación de los contratos de servicio data de 2016[244] y marca el mismo camino del DCFR, dedicando el título VIII del Libro V a su regulación. El primer capítulo se destina a las disposiciones generales; el segundo a las disposiciones comunes; el tercero al contrato de obra (inmobiliaria, mobiliaria, intelectual); el cuarto a los contratos de servicios turísticos; el quinto a los contratos de consultoría y asesoramiento; el sexto al contrato de servicios médicos; el séptimo a los contratos de servicios de comunicaciones electrónicas y el octavo, por último, al contrato de mediación. El contrato de mandato se regula, separado de los contratos de servicio, en el título IX.

La propuesta de la APDC establece unas disposiciones comunes sobre los contratos de servicios y regula seguidamente algunas modalidades concretas de servicios. Esta estructura es la misma que se adopta en las otras propuestas académicas citadas, es decir, en los PEL SC, en el DCFR y en el Grupo de Pavía.

Determinar qué modalidades de servicios requieren una regulación especial y cuáles no la necesitan es el principal problema a la hora de modernizar el CC. Desde la perspectiva de

---

243 JEREZ DELGADO, C., PÉREZ GARCÍA M. J. (2009), «La Comisión General de Codificación y su labor en la modernización del Derecho de obligaciones» *Revista Jurídica Universidad Autónoma de Madrid*, n. 19, p. 166.

244 Asociación de Profesores de Derecho Civil (2016), *Propuestas de Código Civil. Libros Quinto y Sexto.* Tirant lo Blanch.

este estudio, la mayoría de las modalidades de contratos de servicios pueden y deben quedar reguladas por la normativa general de los contratos de servicio. Es más conveniente reducir al mínimo las modalidades con regulación específica a aquellas que de verdad la requieran, e incluir el máximo de tipologías en el marco de las disposiciones generales.

A modo de resumen, resulta necesario delinear el actual panorama de la regulación de los servicios en el ámbito nacional. Por un lado, la Directiva 2006/123/CE no trata la regulación contractual de los servicios. De igual manera, ninguna de las mencionadas propuestas de reforma del CC tuvo éxito hasta la fecha. En España se sigue aplicando un Código Civil antiguo, incapaz de responder a las cuestiones contemporáneas y, finalmente, la jurisprudencia española todavía no utiliza las reglas previstas en los instrumentos de *soft law* europeo en materia de servicios.

Desde esta perspectiva de poco avance en ámbito nacional, se podría cuestionar la posibilidad de retomar la unificación del Derecho de contratos europeo. Sin embargo, desde el punto de vista de este estudio se considera que este utópico objetivo no es el mejor camino, por las razones que se discuten a continuación.

6.4 Derecho privado común de Unión Europea ¿Armonización efectiva?

El deseo unificador no es iniciativa única de la UE, «sino que es anterior, e incluso con una proyección territorial más amplia, que desborda las fronteras comunitarias»[245]. Entretanto, la experiencia de unificación del Derecho parece demostrar

---

[245] Jiménez Buendía, J. A. (2014), *Utilización de los principios de Derecho europeo de contratos por los tribunales españoles.* [Tesis doctoral, Universidad Autónoma de Barcelona], p. 27.

que aún estamos lejos de lograr una regulación de Derecho privado común. La efectiva unificación está cargada de dificultades, muchas veces por la rigidez de los instrumentos y la exigencia de un alto nivel de compromiso por parte de los Estados[246].

Un proyecto que pretenda armonizar el Derecho privado debe incluir «la creación de una ciencia jurídica común que dé sentido y cohesión al nuevo ordenamiento jurídico europeo» para conseguir de esta forma la efectiva integración de las normas[247]. Esto facilitaría el Mercado Común y eliminaría las diferencias de regulación existentes en los diferentes ordenamientos jurídicos de los Estados miembros.

El proceso hacia la unificación del Derecho privado está sobre la mesa desde 1989, fecha en la que el Parlamento Europeo dio carta blanca para empezar la elaboración del Código europeo común de Derecho privado con el objetivo de facilitar el mercado único. Aunque tal propuesta no tuvo gran acogida, fue el primer impulso para que, a finales del año 2001, se presentara la Comunicación de la Comisión al Consejo y al Parlamento Europeo sobre Derecho contractual europeo[248].

Sin embargo, el sistema de armonización, objeto de atención del Parlamento Europeo y también de la doctrina, todavía no ha podido hacerse real y cuenta con algunas críticas por la forma en la que fue conducido. Como bien describe HEIN

---

246 CAMPUZANO DÍAZ, B. (2003), «El Derecho contractual europeo en el marco de la globalización», en CALVO-CARAVACA y BLANCO-MORALES, *Globalización y Derecho,* Colex. p. 75.

247 ARROYO I AMAYUELAS, E. *et al* (2002), «Estudio preliminar: las perspectivas de un Derecho privado europeo», en SCHULZE y ZIMMERMANN, *Textos básicos de Derecho Privado Europeo.* Recopilación. Marcial Pons, pp. 22-23.

248 *Diario Oficial n° C 255 de 13/09/2001. pp. 1-44.* Disponible en: https://eur-lex.europa.eu/legal-content/ES/TXT/PDF/?uri=CELEX:52001XC0913(02)&from=ES

KÖTZ, tal proceso se asemeja al «puntillismo»[249], esa técnica artística que permite realizar una obra mediante el uso de diminutos puntos, lo que dificulta tener una sistemática o estructura adecuada[250].

Es preciso valorar también que la unificación a gran escala del Derecho civil tiene una enorme carga histórica y política. Pese a que la unificación favorece las transacciones contractuales entre los Estados, es necesario enfatizar que, más que buscar dicha unificación, lo que se requiere es una modernización con efectos armonizadores. En opinión de la autora del presente estudio, resultaría mejor contar con instrumentos que marquen un camino viable, que disponer de textos jurídicos inalcanzables en la práctica. Además, el camino recorrido hasta aquí enseña que el proceso de construcción de un marco normativo unificador ha sido, en las palabras de OLIVA BLÁZQUEZ «un sonoro fracaso»[251].

---

249 KÖTZ *apud* SÁNCHEZ LORENZO, S. (2002), *Derecho privado Europeo,* Comares. p. 165.

250 Sobre el proceso de unificación véase: PÉREZ VELÁZQUEZ, J. P. (2013), *El proceso de modernización del Derecho contractual europeo.* Dykinson. / GARCÍA GARNICA, M. C. (2002) «Consideraciones sobre la unificación del Derecho privado europeo», *Aranzadi Civil,* 7-8, pp. 15 a 37. / PARRA LUCÁN, M.A. (2002), «Apuntes sobre la unificación del Derecho privado en Europa: ¿Es posible un Código civil europeo?» *Actualidad Civil* 3. pp. 1163-1176. / SÁNCHEZ RUIZ DE VALDIVIA, I. (2003), «La unificación del Derecho privado europeo: los principios de Derecho contractual europeo de la Comisión Lando» en SÁNCHEZ LORENZO y MOYA ESCUDERO (eds) *La cooperación judicial en materia civil y la unificación del Derecho privado en Europa.* Dykinson. pp. 235-262.

251 OLIVA BLÁZQUEZ, F. (2016), «Nuevos marcos normativos para los contratos nacionales e internacionales» en HORNERO, ESPEJO y OLIVA (DIRS.), *Derecho de contratos: nuevos escenarios y nuevas propuestas.* Aranzadi. p. 87.

En definitiva, aunque la modernización del contrato de servicio en España va a paso lento, es más factible que esperar la unificación del Derecho contractual europeo.

A modo de conclusión del capítulo, es necesario resaltar que el Código Civil español responde a la tradición romana de *locatio conductio,* ubicando, equivocadamente, los contratos de obras o servicios como «arrendamiento». Además, el CC posee una regulación en materia de contratos de servicios casi inexistente, utiliza términos ultrapasados, como «amo y criado», para referirse a relaciones que ya están reguladas por la legislación especial laboral, no da respuestas satisfactorias para cuestiones que atañen al desarrollo de la relación contractual entre prestador del servicio y cliente, principalmente en la contratación de servicios intelectuales. Todo el contexto de «inaplicabilidad» del CC en materia de contrato de servicios, revela la real necesidad de recurrir a los instrumentos de *soft law* europeos para tratar de comprender mejor el alcance de los contratos de servicios y encontrar una fuente normativa capaz de regular tales contratos.

Las cuestiones inherentes a este estudio conducen a la teoría del riesgo contractual aplicada a los contratos de servicios, por ello, las anteriores nociones sirven de marco inicial para seguir profundizando la presente investigación. Una vez delimitado el concepto de contrato de servicio en este capítulo, el siguiente paso es tratar los aspectos relevantes del riesgo contractual. El concepto de riesgo contractual suele ser mal interpretado y confundido con otras figuras similares por lo que, en las líneas que siguen, se presentará la cuestión desde una perspectiva amplia, sus orígenes, aplicabilidad y tendencia en Derecho español.

Capítulo II

Riesgo contractual: teoría, técnica y tendencia

1. EL CONCEPTO DE RIESGO CONTRACTUAL

Hechas las necesarias consideraciones acerca de los contratos de servicio en España y en la UE, así como la aplicabilidad de los instrumentos de modernización del Derecho contractual, se empleará la primera parte de este capítulo a realizar un acercamiento al riesgo contractual, porque para entender la esencia de la teoría del riesgo, tema central de este estudio, es primordial acotar el propio concepto de riesgo[252] contractual.

El riesgo contractual puede ser estudiado desde una perspectiva amplia, que englobe las cuestiones relativas a las causas que generan la frustración[253] del contrato y, que respondan a sucesos anteriores, coetáneos o sobrevenidos. Por otro lado, puede ser estudiado en sentido estricto, dedicado al análisis de

---

252 La primera definición de «riesgo» en la RAE es «contingencia o proximidad de un daño». La palabra tiene un sinfín de connotaciones, pero es preciso no desviarse del aspecto contractual de este estudio. Por ello, cada vez que se usa la palabra «riesgo», esta se refiere al riesgo de que el contrato fracase.

253 Es importante mencionar que aquí no se debe confundir el uso de la locación frustración con la institución de la *frustration,* propia del Derecho Inglés (*vid.* capítulo 4). En este capítulo se utiliza el significado ofrecido por la RAE, es decir, privar a alguien de lo que esperaba, dejar sin efecto, malograr un intento o dejar sin efecto un propósito contra la intención de quien procura realizarlo.

los eventos que causan la imposibilidad de cumplir la obligación por una circunstancia sobrevenida y no imputable a ninguna de las partes[254].

El riesgo contractual, en sentido amplio, es el riesgo del fracaso de las expectativas que una o ambas partes habían pretendido con el contrato. Tal fracaso contractual puede tener como origen factores anteriores a la perfección del contrato, en el momento de celebrarse o en un evento sobrevenido: es el riesgo de que un evento dificulte o imposibilite las obligaciones establecidas inicialmente por los contratantes[255]. En este sentido, DELFINI señala que la expresión correcta es «riesgo en las obligaciones»[256], pues no se manifiestan exclusivamente en la fase de ejecución del contrato, denominación esta que se pasará considerar equivalente a «riesgo contractual en sentido amplio» desde ahora.

En el concepto de riesgo en las obligaciones pueden quedar comprendidas innumerables hipótesis de frustración de la operación. Puede responder a los casos en los que, después de la perfección del contrato, la relación contractual no sea ejecutada, o incluso, después de ejecutado el contrato, sus efectos deban ser anulados. En resumen, englobado dentro del ámbito del riesgo en las obligaciones está todo y cualquier suceso que altere la expectativa que los contratantes tenían en el momento de celebrarse el contrato.

Así pues, el legislador o las partes determinan las consecuencias que deberán o que podrán resultar de la insatisfacción de los intereses de aquellas, como consecuencia de la existencia de ciertas circunstancias anteriores, coetáneas o posteriores

---

254 GAVIDIA SÁNCHEZ, J. V. (1987), «Presuposición y riesgo contractual», *Anuario de Derecho Civil*, tomo XL, fasc. 2, p. 586.

255 ALPA, G. (1980), «Rischio contrattuale» *Novissimo Digesto Italiano*, vol. VI. Utet, p. 584.

256 DELFINI, F. (1999), *Autonomia privata y rischio contrattuale*, Giuffrè, pp. 13 y ss.

a la perfección del contrato. En el Derecho español encontramos en primer lugar, dentro de los eventos que ocasionan el fracaso que son anteriores o coetáneos a la perfección del contracto, la inexistencia de la causa, el error, los vicios o defectos del objeto, entre otros. En segundo lugar, entre los eventos ocurridos con posterioridad a dicha perfección, podemos mencionar, por ejemplo, la extinción de la relación contractual, resolución por incumplimiento, mutuo disenso, ejercicio de la facultad de denuncia unilateral reconocida por la ley, etc.

La distribución del riesgo será diferente en función del momento del evento, pero las partes pueden establecer mecanismos de asignación del riesgo en el contrato siempre que no sobrepasen los límites de la autonomía privada establecidos en el artículo 1255 CC. De este modo, las partes podrán excluir o modificar la aplicación de las normas legales sobre distribución de riesgos o hacer uso de ciertos instrumentos previstos en la ley con carácter dispositivo, como, por ejemplo, la condición suspensiva o resolutoria. También podrán pactar otros instrumentos no previstos en ley, como la facultad unilateral de denuncia, las cláusulas de garantía, etc.

Además, las partes también pueden modificar la relación contractual de común acuerdo o, incluso, ponerle fin, también de común acuerdo. Detrás de todas estas previsiones o posibilidades se plantean cuestiones sobre el riesgo contractual en su sentido amplio, porque confluyen al fracaso contractual[257].

En sentido diferente, con la expresión «riesgo contractual en sentido estricto» que, desde ahora, se considera en este estudio equivalente a la de «riesgo contractual», se pretende

---

257 Excede en mucho de los objetivos de este trabajo el análisis detallado de todas las instituciones y fenómenos en el ámbito del riesgo contractual en sentido amplio. La importancia y la extensión de estas cuestiones hacen necesario un estudio pormenorizado sobre la eficacia e ineficacia del contrato.

circunscribir su ámbito a la superveniencia de eventos extraños a la voluntad de los contratantes que generan la imposibilidad de cumplir la prestación.

El riesgo contractual en sentido estricto no comprende las instituciones reguladas por la ley que se refieren a circunstancias anteriores o coetáneas a la celebración del contrato como pueden ser la inexistencia de la causa o imposibilidad del objeto. Así mismo, están fuera del ámbito del riesgo contractual las instituciones que entrañan vicios o defectos originarios o estructurales que afectan al contrato como acto o norma. De igual modo ocurre con las instituciones que contemplan eventos sobrevenidos cuando estos dependen de la voluntad o del comportamiento de las partes como, por ejemplo, el incumplimiento culpable, denuncia, mutuo disenso, fuera del ámbito del riesgo en sentido estricto.

En definitiva, puede afirmarse que el riesgo en las obligaciones abarca tanto los supuestos en que la operación económica tenga algún defecto estructural originario, como aquellos en los que la operación económica se frustra por la sobrevenida de eventos que derivan de la voluntad de las partes. En cambio, el riesgo contractual solo comprenderá aquellas situaciones sobrevenidas que afecten la posibilidad de cumplir y que no deriven del comportamiento ni de la voluntad de los contratantes, es decir, es el fracaso del contrato por causas no imputables a ninguna de las partes[258].

Según CARRASCO PERERA, el riesgo contractual es «la posibilidad del fracaso contractual y las técnicas de imputación del riesgo constituyen los mecanismos diseñados por las partes, o supletoriamente por la ley, para asignar a una, o ambas, de las partes el efecto perjudicial de la contingencia del fracaso»[259]. Este concepto es propio del riesgo en las obligaciones, pero no del riesgo contractual.

---

[258] GAVIDIA SÁNCHEZ (1987), *Op. cit.*, pp. 525-600.

[259] CARRASCO PERERA (2021), *Op. cit.*, p. 1048.

El riesgo contractual es el peligro de que un evento sobrevenido haga imposible la ejecución de la prestación de una de las partes. Se trata, por consiguiente, del riesgo de la imposibilidad de cumplimiento de una obligación por causa no imputable, que se vislumbra en nuestro Código Civil en los artículos 1182 y 1184.

Entretanto, es importante matizar que alguna sentencia[260] así como también varios autores[261] defienden que, dentro del

---

260 Dos mercantiles había firmado un contrato de promesa recíproca de compraventa de una planta sótano destinada a aparcamiento. La promesa era para el caso de que la parte vendedora resultara adjudicataria de un solar de propiedad del Ministerio de Administraciones Públicas. Una vez constatado la adjudicación, la parte compradora insta cumplir el contrato para adquirir todas las plazas de aparcamiento de que conste la primera planta de sótano. En consecuencia, la obligación de parte vendedora es la de vender una construcción sobre un solar y esa obligación solo puede llevarse a cabo o cumplirse efectuando la construcción porque solo así podrá vender aquello a lo que se obligó transmitir. Entretanto, el ayuntamiento denegó el permiso para edificar el solar donde construir el aparcamiento y la parte vendedora se negó a cumplir el contrato de promesa de compraventa. La parte compradora interpone demanda exigiendo el cumplimiento del contrato. El Juzgado de Primera Instancia nº 20 de Valencia dictó sentencia a favor de la resolución del contrato, afirmando que la dificultad extraordinaria se equipara a la imposibilidad sobrevenida de los artículos 1182 y *ss.* CC. Entretanto, la Audiencia Provincial de Valencia estima el recurso de apelación interpuesto por la parte compradora, considerando que se puede construir en otro solar de propiedad de la mercantil demandada. El caso llega al TS quién revocó la mencionada sentencia de AP por considerar que la dificultad extraordinaria se equipara a la imposibilidad por descompensación de las obligaciones recíprocas y por lo tanto confirma la sentencia de 1ª instancia. STS de 5 junio 2014.

261 En este sentido, Gavidia Sánchez afirma que un evento que haga excesivamente onerosa la ejecución del contrato actúa en la esfera del riesgo contractual. Gavidia Sánchez (1987), *Op. cit.,* p. 589. También en la misma línea, Terraza Martorell y Gómez Calero defiende que la prestación que se vuelve excesivamente onerosa

ámbito estricto del riesgo contractual, también estaría incluido el aumento de la «gravosidad» de la propia prestación pendiente de cumplimiento. Tal hipótesis debe ser tratada con cautela, porque las circunstancias extraordinarias e imprevisibles que modifican la situación económica de los contratantes no inciden en el contrato, sino en el ámbito particular de las partes. La dificultad extraordinaria solo debe ser equiparable a la imposibilidad cuando, cualquier otra persona razonable en el mismo contexto, se encontrase también en una situación de dificultad extraordinaria[262].

De ahí que la jurisprudencia haya reiterado en muchas resoluciones que no cabe equiparar imposibilidad a dificultad de cumplir[263], debiéndose aplicar criterios objetivos en su apreciación para catalogar una dificultad como extraordinaria. Además, alguna sentencia subraya que la obligación que se puede cumplir con mucho esfuerzo no es equivalente a la obligación imposible[264].

Es importante señalar que lo que afecta personalmente al deudor, sin que a su vez afecte al propio contenido de la prestación, no puede ser considerado imposibilidad de cumplir y,

---

debería ser equiparada a la imposibilidad de la prestación. TERRAZA MARTORELL, J. (1951), *Modificación y resolución de los contratos por excesiva onerosidad o imposibilidad en su ejecución. Teoría de la cláusula rebus sic stantibus.* Bosch Editor, p. 160; GÓMEZ CALERO, J. (1971), «La "prestación exorbitante" y su posible incidencia en la relación arrendaticia urbana» *Revista de Derecho Patrimonial,* pp. 927 a 930.

262 En este sentido, el legislador alemán, en la gran reforma del Código civil de 2002, optó por incluir en el § 275 el concepto de «extrema dificultad de cumplir», equiparando así tales situaciones a la imposibilidad, para determinar de este modo la liberación del deudor.

263 STS de 30 de abril de 2002 mencionando la clásica sentencia del TS de 10 marzo 1949.

264 STS de 19 de mayo de 2015 afirma que las sobrevenidas adversidades no son caso fortuito y por lo tanto, no liberan el deudor pecuniario.

por lo tanto, no es riesgo dentro del contrato[265], sino un problema de incumplimiento. Por ello, es necesario realizar algunas consideraciones sobre la diferencia entre el riesgo contractual y el incumplimiento.

1.1 Distinción entre riesgo contractual e incumplimiento

Si bien el riesgo contractual tiene vinculación con el aspecto más general de la inejecución de las obligaciones, de ninguna manera se identifica con ella. De hecho, para plantear la cuestión del riesgo es necesario que la parte deudora de la prestación sobre la cual recae el evento sobrevenido, no se haya retrasado en el cumplimiento de su obligación. Como veremos a continuación, para analizar el problema del riesgo, la causa del evento no puede ser imputable a las partes, por lo que en el momento del evento sobrevenido la parte deudora no puede haberse constituido en mora, pues es un comportamiento culposo.

El incumplimiento contractual no puede confundirse con el riesgo en sentido estricto porque debemos tener claro que solo después de haber excluido la imputabilidad del incumplimiento es cuando tiene sentido proponerse la cuestión del riesgo contractual[266]. Esto es, tras haber verificado que no hubo incumplimiento antes del evento, es cuando se puede proponer la cuestión del riesgo en sentido estricto y la problemática de su distribución[267].

---

265 Castiñeira Jerez, J. (2015), *La inexigibilidad de la prestación contractual ante la alteración sobrevenida de las circunstancias.* [Tesis Doctoral, Universitat Ramon Llull], p. 32.

266 Aunque es importante matizar que, se entendemos el incumplimiento en sentido amplio como lo define Pantaleón Prieto, el incumplimiento absorbería la teoría del riesgo. Pantaleón Prieto, F. (1993), «Las nuevas bases de la responsabilidad contractual». *Anuario de Derecho Civil,* tomo XLVI, fasc. pp. 1732-1733

267 Betti, E. (1956), «Periculum–Problema del rischio contrattuale in diritto romano classico e giustinianeo», *Studi in onore di Pietro de Francisci,* vol. I, Giuffrè, pp. 135-136.

El esquema conceptual que distingue la cuestión del riesgo del problema de la responsabilidad se explica del siguiente modo: hay un problema de responsabilidad cuando se discute sobre la imputabilidad del incumplimiento, teniendo como consecuencia que el deudor sea llamado al resarcimiento del *id quod interest.* Por el contrario, hay un problema de riesgo contractual cuando, devenida imposible una de las prestaciones por hecho no imputable al deudor, se determine la suerte de la obligación de la contraparte, estableciendo si tal prestación debe o no considerarse todavía debida. BETTI afirmaba precisamente que el problema del riesgo, en sentido estricto, termina donde empieza el de la responsabilidad por incumplimiento[268].

Así, no debe confundirse la problemática derivada del riesgo contractual con aquella de la responsabilidad. Si bien es cierto que en caso de riesgo contractual también se procede a establecer la afectación del patrimonio de una de las partes, es necesario recordar que en el caso de riesgo por imposibilidad, tal desplazamiento patrimonial no deriva de la responsabilidad por incumplimiento que pueda imputarse al deudor[269], sino de la necesidad de asignar el riesgo a una de las partes.

La naturaleza de las obligaciones supone una interdependencia entre ellas; así, en determinados casos, la imposibilidad de una de las prestaciones no extingue la obligación del deudor, que permanece sujeto a la acción incluso si la imposibilidad no depende de su propia conducta. Por ello, las consecuencias deben ser determinadas de forma distinta según qué imposibilidad haya o no derivado de un evento que el deudor habría podido

---

268 *Ídem.*

269 CHAMIE, J.F. (2010), *La adaptación del contrato por eventos sobrevenidos. De la vis cui resisti non potest a las cláusulas de hardship.* [Tesis Doctoral. Universita Degli Studi Di Roma Tor Vergata], p. 20

impedir si su conducta hubiese estado acorde con el modelo requerido para ese particular tipo de obligación[270].

Está claro que cuando el fracaso contractual ocurre por causa no imputable a ninguna de las partes no se puede utilizar la teoría general del incumplimiento, porque tal teoría está pensada para los casos en que es posible imputar responsabilidad al incumplidor. Pues bien, entonces ¿cómo se deben determinar las consecuencias del fracaso por razones no imputables a ninguna de las partes?

Resolver el problema del riesgo contractual consiste en determinar si el acreedor de la obligación imposible también queda liberado o todo lo contrario, debe mantener su obligación[271]. En este sentido, verificada la imposibilidad sobrevenida y la correspondiente liberación del deudor, es necesario precisar si el acreedor de la prestación imposible todavía debe cumplir su contraprestación, aunque no reciba nada a cambio[272].

Siendo las cosas así, ¿qué pasará con la contraprestación de la prestación que acaeció imposible de cumplir por una circunstancia sobrevenida y no imputable a las partes? El Código Civil español no ofrece respuesta en su parte general, pero sí responde la cuestión en el marco de algunos tipos contractuales.

Una vez concretado el concepto de riesgo contractual hay que señalar que, para estudiar la teoría del riesgo contractual, es necesario comprender el alcance de las «variantes» que pueden ser consideradas a efectos de imposibilitar la prestación.

---

270 Vacca. L. (2000), «Considerazioni in tema di risoluzione del contratto per impossibilità della prestazione e di ripartizione del rischio nella 'locatio conductio'», en *Iuris Vincula Studi in onore di Mario Talamanca VIII*, Napoli, p. 260 y *ss*.

271 Celebi, O. (2010), *La repartition des risques dans le contrat* [Tesis Doctoral. Université Panthéon-Sorbonne, Paris I], pp. 9-10.

272 Chamie (2010), *Op. cit.*, p. 65

Es decir, cuáles son los eventos y en qué contratos se permite analizar el riesgo contractual. Por ello, las siguientes líneas procederán a delimitar un poco más su ámbito de aplicabilidad.

2. ÁMBITO DE LA TEORÍA DEL RIESGO CONTRACTUAL

Conceptuado el riesgo contractual como el peligro de que un evento sobrevenido haga imposible la ejecución de la prestación de una de las partes por causa no imputable a ninguna de ellas, se puede resumir el problema central de la teoría del riesgo contractual: ¿La parte contratante obligada al pago de una cantidad de dinero en contraprestación de una cosa determinada o un servicio debe pagar o no, a pesar de haberse extinguido, por imposibilidad sobrevenida, el Derecho a exigir la entrega del bien o la prestación del servicio al que se había obligado la contraparte? Es más, ¿si aquella ya había pagado la cantidad se puede o no obtener su restitución?

Que la imposibilidad sobrevenida de la prestación es causa liberatoria del deudor es algo que se desprende de lo establecido en los artículos 1182 y 1184 CC y de todos los ordenamientos de Derecho continental, que se analizarán más adelante. Lo que falta por saber es qué sucede con la otra obligación, con la de la contraparte[273]. Determinar la suerte de la contraprestación es lo que interesa a la teoría del riesgo contractual. Es lo que también se conoce con la expresión «*periculum obligationis*»: El riesgo de pérdida de la contraprestación cuando la prestación deviene imposible[274].

---

[273] Código Civil español no lo regula.

[274] En la doctrina francesa, el riesgo de la retribución se denomina «riesgo del contrato», en contraposición a «riesgo de la cosa», que designa el riesgo de la materia. En este sentido, véase LECLERC, F. (2007), *Droit des contrats spéciaux,* L.G.D.J, p. 357.

Es más, dado que en las operaciones económicas más frecuentemente formalizadas en contratos sinalagmáticos una de las prestaciones es una cantidad de dinero, y que la prestación pecuniaria nunca resulta objetivamente imposible de cumplir[275], la imposibilidad incidirá en la obligación de dar cosa determinada o de hacer.

La teoría del riesgo contractual no se aplica a cualquier frustración del contrato, sino que requiere de tres presupuestos: Primero, solo las contingencias que tienen lugar después de la conclusión del contrato y durante el proceso de ejecución son relevantes para este análisis, porque, como ya se ha subrayado en el apartado anterior, el ámbito del riesgo contractual está circunscrito a los eventos sobrevenidos. Segundo, el evento debe incidir sobre obligaciones que todavía están pendientes de ejecución, nunca prestaciones ya concluidas. Además, solamente se puede estudiar el problema en los contratos sinalagmáticos, ya que el riesgo de la imposibilidad en los contratos unilaterales, al no haber obligaciones recíprocas, debe ser soportado por el acreedor[276]. A continuación, se ofrece un análisis de cada uno de ellos.

2.1 El momento del evento

Lo que sucede antes de la perfección del contrato no es una cuestión de riesgo contractual. De hecho, si el objeto del contrato es una cosa o servicio originalmente imposible, estaríamos en el ámbito del riesgo en sentido amplio, y, en todo

---

275 Carrasco Perera (2021), *Op. cit.*, p., 1081.

276 «Si es un contrato unilateral, quien soporta el riesgo es el acreedor – *res perit creditoris.* Una vez que la prestación no puede ser satisfecha, la parte que debería recibirla se ve privada del provecho que esperaba del contrato. La solución no presenta, así, mayor dificultad» Gomes, O. (2007), *Contratos.* 26ª ed. Forense, p. 213.

caso, el contrato es nulo por fuerza del artículo 1272 CC[277]. Lo que ocurre antes o al tiempo de concluir el contrato, o afecta al contrato como acto (por ejemplo, la nulidad por imposibilidad originaria de la prestación) o le afecta como norma (así, por ejemplo, en la rescisión por lesión a representados o a terceros), quedando fuera del ámbito del riesgo contractual en sentido propio.

Lo que pueda suceder después de cumplida la obligación y ejecutada la prestación tampoco es una cuestión de riesgo contractual. La destrucción o pérdida de la cosa entregada o servicio ya recibido no afecta al proceso de ejecución de un contrato, porque el que las padece no lo hace en calidad de contratante acreedor, sino en la de propietario o poseedor, la máxima *res perit domino.* Por lo demás, no cabría hablar de imposibilidad de la prestación, sencillamente porque ya no hay tal. Por todo ello, en sede de riesgo contractual solo es relevante la imposibilidad de la prestación que todavía es debida.

2.2 Obligaciones de tracto sucesivo

Las anteriores consideraciones llevan a afirmar que en los contratos de ejecución instantánea no se plantea el problema de riesgo contractual. La razón de tal aseveración es que para que se pueda tratar el problema del riesgo es necesario que entre la perfección del contrato y su ejecución exista un intervalo de tiempo. Se precisa que, al menos, una de las prestaciones todavía no haya sido ejecutada.

En definitiva, es imperativo que la relación obligatoria que surge del contrato permanezca viva durante algún tiempo en,

---

[277] Igualmente, en el Derecho alemán, si la prestación es imposible *ab initio,* el contrato es nulo. LARENZ, K. (1958), *Derecho de obligaciones.* Tomo I. (trad. SANTOS BRIZ). Madrid: Revista de Derecho Privado, p. 101.

al menos, uno de sus polos. Si el cumplimiento del contrato coincide en el tiempo con su conclusión, aquello no es posible. En otras palabras, si no hay crédito no hay riesgo contractual, aunque haya existido un contrato. Si lo que ha tenido lugar es un intercambio de bienes coetáneo, por ejemplo, no cabe hablar de riesgo contractual porque, como se ha explicitado, no hay crédito.

En cambio, el ámbito de aplicabilidad del riesgo contractual es el de los contratos en los que la ejecución de, al menos, una prestación, queda aplazada en el tiempo y, sobre todo, en aquellos que tienen por objeto prestaciones periódicas o continuadas. En tales casos sí hay un intervalo de tiempo lo suficientemente apreciable entre la perfección del contrato y su ejecución total, por lo que sí hay crédito.

2.3 Contratos sinalagmáticos

El problema del riesgo contractual solo surge cuando del contrato devienen obligaciones recíprocas, por lo que se trata de una dificultad propia de los contratos sinalagmáticos que, según define CASSIN, es aquel que «crea obligaciones para las partes contratantes que son genética y funcionalmente dependientes unas de otras»[278]. Esto significa, en primer lugar, que el contrato ha de ser oneroso en el sentido de que por él deben resultar gravadas ambas partes. En segundo lugar, ha de ser bilateral, esto es, de él han de nacer obligaciones para todas las partes. Y, en tercer lugar, cada una de las prestaciones objeto de una obligación ha de ser contraprestación de la otra y esta de aquella. En resumen, el riesgo contractual es instituto aplicable únicamente a los contratos sinalagmáticos.

---

278 CASSIN, R. (1914), *De l'exception tirée de l'inexécution dans les rapports synallagmatiques.* [Tesis Doctoral, Université de Paris], p. 3.

En los contratos no sinalagmáticos normalmente solo una de las partes asume una obligación, o bien, si ambas resultan obligadas, las prestaciones no son objeto de contraprestación, solo de compensación. Así, en tales casos, el riesgo es siempre del acreedor de la prestación principal o única que se ha vuelto imposible.

Sin embargo, en los contratos sinalagmáticos, donde ambos contratantes son, respectivamente, acreedores y deudores, y sus prestaciones son prestación y contraprestación recíprocas, el riesgo contractual se presenta. Por lo que se refiere al riesgo de la imposibilidad, se trata de determinar si, liberada una de las partes de cumplir su obligación por imposibilidad sobrevenida de la prestación por causas no imputables a aquella, sigue estando la otra parte obligada a ejecutar la contraprestación; o si, por el contrario, queda también liberada de cumplir y tiene derecho a recuperar lo que dio anticipadamente.

En resumen, para confirmar que se está ante un problema de riesgo contractual, deberá presentarse un supuesto conformado por los siguientes elementos:

(a) Que se trate de un contrato sinalagmático.

(b) Que exista imposibilidad de cumplir una de las prestaciones.

(c) Que la contraprestación aún sea posible de cumplirse.

(d) Que no exista culpa de las partes[279].

---

279 En esta tesis se defiende la línea planteada por ZUSMAN TINMAN, quien defiende que, aunque caso fortuito, fuerza mayor e inexistencia de culpa, no son lo mismo, para la teoría del riesgo, caso fortuito o fuerza mayor sería un concepto particular dentro del concepto general de la ausencia de culpa, es decir, si queda demostrada la ausencia de culpa, no tiene por qué responder a suceso de fuerza mayor o caso fortuito, aunque los casos más evidentes de imposibilidad respondan a los sucesos fortuitos, es decir, imprevisibles e

(e) Que la imposibilidad sea subsecuente al nacimiento de la obligación.

Presentes estos cinco elementos, se puede afirmar que se trata de un problema que reclama solución mediante la teoría del riesgo.

3. LA TEORÍA DEL RIESGO CONTRACTUAL

Como es bien sabido, la teoría del riesgo sitúa su aplicabilidad en los contratos sinalagmáticos, acuerdos estos en los que las obligaciones creadas son recíprocas, pues cada uno de los contratantes es, a la vez, acreedor y deudor; sus obligaciones tienen por causa las del otro contratante de forma que cada cual se compromete con el otro porque el otro se obliga con él. A partir de esta afirmación, se plantea la cuestión: extinguida la obligación a cargo de una de las partes, ¿qué ocurre con la obligación, aún posible que tiene como contrapartida la obligación extinguida? ¿Seguirá vigente, por ser aún posible? ¿O desaparecerá, en virtud de la correlatividad de las obligaciones nacidas en un contrato sinalagmático?

La teoría del riesgo está destinada, precisamente, a solucionar este problema, es decir, pretende decidir si la obligación del acreedor (a su vez deudor) permanece vigente o si debe seguir la suerte de la del deudor y extinguirse también. De ahí que Grimaldi afirme que «la teoría de los riesgos solo se utiliza para determinar si el contrato debe resolverse o no en caso de imposibilidad de ejecución por parte de una de las partes»[280].

---

inevitables. Véase, Zusman Tinman, S. (1980), «La teoría del riesgo», *Revista de la Facultad de DerechoDerecho,* n. 34, p. 80. No obstante, Carrasco Perera, afirma que la imposibilidad debe siempre responder a un caso fortuito Carrasco Perera (2021), *Op. cit.,* pp. 1081-1084.

280 Grimaldi, C. (2009), «La force majeure invoquée par le créancier dans l'impossibilité d'exercer son droit», *Recueil Dalloz,* p. 1298. Esta

Cuando hay un fracaso contractual imputable, la parte deudora responde por, básicamente, todas las consecuencias advenidas de su mora o de su culpa, pero en el caso del fracaso no imputable, la duda recae sobre el destino de la relación jurídica obligacional. ¿Qué debería hacer la parte acreedora de la obligación de hacer, cuyo cumplimiento se vuelve imposible?

Para solucionar las preguntas planteadas, es preciso antes hacer un recorrido histórico sobre las diferentes respuestas que se pueden dar a estas preguntas. Este recurso está justificado porque el Derecho romano construyó soluciones que fueron recogidas a lo largo de la historia por los diferentes ordenamientos.

3.1 La solución del Derecho romano

En el marco del estudio sobre el contenido de la responsabilidad del deudor frente al acreedor por el incumplimiento de su obligación y las respuestas acuñadas por los juristas romanos, la doctrina moderna empieza a buscar diferentes soluciones cuando no fuera factible imputar al deudor la culpa por la imposibilidad sobrevenida[281]. Como ya se ha defendido, tal situación no podía (ni puede) ser resuelta dentro del ámbito de la responsabilidad.

Pues bien, si una parte sigue obligada a ejecutar su prestación o, en todo caso, no puede obtener su restitución, a pesar de no recibir ya la contraprestación, aquella será la que soporta el riesgo contractual, lo que los romanos llamaron la regla *periculum est creditoris.*

---

también es la postura del profesor francés GENICON, quién defiende que los aspectos de la teoría del riesgo deberían ser tratados dentro de la resolución por no ejecución. GENICON, T. (2007), *La résolution du contrat pour inexécution,* L.G.D.J, pp. 94-111.

281 NEME VILLARREAL, M.L. (2008), «Los principios generales del Derecho y el problema de los riesgos por pérdida de la cosa debida», *Revista de Derecho privado,* n. 15, pp. 60-61.

a) Periculum est creditoris

De acuerdo con la regla *est creditoris,* será el acreedor de la obligación que se hace imposible quien asuma las consecuencias de la imposibilidad. Esto significa que el acreedor debe ejecutar su contraprestación a pesar de que la obligación debida no se haya ejecutado. La doctrina señala que, en estos casos, aunque una de las prestaciones se haya vuelto imposible, el contrato persiste, luego el acreedor debe cumplir su obligación.

Utilizar esta regla consagra el principio de conservación del contrato (*favor contractus*) y permite que el deudor de la prestación hecha imposible exija el cumplimiento de la contraprestación, aun cuando se queda liberado de cumplir su parte. De este modo, si se emplea la regla a *periculum est creditoris,* la parte acreedora de la obligación cuyo cumplimiento se vuelve imposible, estará obligada a mantener su contraprestación, es decir, debe cumplir su obligación y pagar el precio convenido.

Según Neme Villarreal el argumento de esta regla se funda en los principios de la buena fe y la equidad, ya que permite equilibrar las cargas de las partes en términos de riesgo y beneficio de la operación, considerando la función económico-social del contrato[282].

Si es, por el contrario, quien queda liberado de su obligación por la imposibilidad sobrevenida de su prestación el que pierde también el derecho a exigir la contraprestación o debe restituir lo recibido, sobre él habrá recaído el riesgo contractual, o la regla *periculum est debitoris*[283].

---

282 Neme Villarreal (2008), *Op. cit.*, pp. 66-67.

283 Albaladejo, M. (2011), *Derecho Civil. II. Derecho de Obligaciones*, Bosch, p. 527.

b) Periculum est debitoris

Si se sigue la regla *periculum est debitoris* es el deudor de la prestación que resulta imposible quien debe asumir las consecuencias económicas. En este caso, el acreedor no se encuentra obligado a ejecutar su contraprestación, por lo que la doctrina ha entendido que el contrato dejaría de existir.

Para los defensores de esta regla, la pérdida fortuita de la cosa específica o la imposibilidad del servicio acarrea la extinción de la deuda y, debido a ello, la contraprestación no tiene razón de ser, por lo cual el acreedor de la obligación imposible también queda liberado de cumplir, sin que deba nada a cambio.

En otras palabras, el prestador/vendedor queda libre de toda responsabilidad y, por la disolución del vínculo, la obligación correlativa del cliente/comprador asimismo desaparece. La base para sostener esta regla se encuentra en el artículo 1124, que permite la resolución del contrato.

La *periculum est debitoris* tiene mayor aceptación en la doctrina moderna, por la íntima interdependencia de las obligaciones recíprocas. La mayor parte de los autores defienden que es la que debe extrapolarse a todas las obligaciones que se vuelven imposibles, sea de dar, de hacer o de no hacer porque es la más equitativa y coherente con la naturaleza de los contratos bilaterales[284].

Finalmente, si ninguna de las partes debe asumir el riesgo se estaría aplicando la regla *periculum nemo tenetur,* lo que a efectos

---

[284] CABANILLAS SÁNCHEZ afirma que, se justifica en la medida que «no puede admitirse que el deudor consiga una utilidad mayor que la que hubiese obtenido si el contrato hubiese sido ejecutado de forma regular», CABANILLAS SÁNCHEZ, A. (1989), «La imposibilidad sobrevenida de la prestación por falta de cooperación del acreedor» en *Homenaje al profesor Juan Roca Juan*, Servicio de Publicaciones de la Universidad de Murcia, p. 128.

prácticos es insostenible, pues una de las partes será económicamente perjudicada por la frustración de la operación.

c) Periculum nemo tenetur

La regla *periculum nemo tenetur* sostiene que ninguna de las partes debe asumir el riesgo. La pérdida es la misma para ambas partes que se ven privadas de la ventaja que esperaban del contrato[285]. No obstante, como ya se ha indicado, en la práctica es imposible que nadie asuma el riesgo. Para considerar que las partes quedan recíprocamente liberadas de sus obligaciones, se estaría afirmando que el deudor de la prestación imposible, al quedar liberado de su obligación de dar o hacer, no tiene derecho tampoco a exigir la contraprestación, con lo cual se convertiría, de tal modo, en la parte que asume el riesgo de la contraprestación.

Para Deshayes, los riesgos del contrato se comparten entonces, «ninguna de las partes puede percibir el beneficio estipulado para su beneficio, pero, a cambio, ninguna de las partes tiene que cumplir el servicio a cargo de él»[286]. Entretanto, el efecto práctico del *periculum nemo tenetur* es exactamente el mismo que el *periculum est debitoris.*

3.1.1 La evolución de las reglas utilizadas

Al tratar sobre la problemática asociada a los contratos bilaterales, conviene recordar que el carácter independiente que se atribuía en el Derecho romano clásico a las obligaciones contraídas por cada una de las partes, fue cediendo

---

285 Radouant, J. (1920), *Du cas fortuit et de la force majeure.* [Tesis Doctoral. Université de Paris], p. 264-265.

286 Deshayes, O. (2009), «Théorie des risques», *Recueil Dalloz,* mai/2009, p. 3.

paulatinamente terreno hasta que, en el Derecho justinianeo, se consagra como regla su interrelación.

Sin embargo, dicha interrelación estaba limitada al ámbito de la compraventa y no garantizaba a las dos partes una posición equilibrada. Por ello, los juristas medievales darían impulso a un proceso evolutivo tendente a mitigar esta asimetría, al colocar a ambos, vendedor y comprador, en la posición de tener que cumplir su propia prestación antes de poder ejercer la acción de reclamación del cumplimiento correspondiente a su contraparte. Al mismo tiempo, tendieron a propagar a todos los contratos sinalagmáticos las excepciones de incumplimiento, en principio, exclusivamente previstas para la compraventa[287].

Desde tal perspectiva evolucionó, en lo referente a la distribución del riesgo por la imposibilidad sobrevenida, la concepción de obligaciones recíprocas desarrollada por los romanos, lo que tiene una implicación directa en la solución presentada. Trataron de resolver la cuestión circunscrita al ámbito de la compraventa y pensando en proteger al comerciante de los riesgos de la navegación[288]. De este modo, en el Derecho romano clásico podemos encontrar, desde la jurisprudencia de QUINTO MUCIO en los siglos II al I a.C.[289], la atribución del riesgo al comprador, es decir, la prevalencia de la regla *periculum est creditoris*[290].

---

287 RODRÍGUEZ ROSADO, B. (2013), *Resolución y sinalagma contractual.* Marcial Pons, pp. 21-22

288 GROSSO, G. (1963), *Sistema Romano dei contratti,* Giappichelli, pp. 212-213

289 CARDILLI, R. (1995), *L'obbligazione di «Praestare» e la responsabilità contrattuale in diritto romano.* (II secolo a. C. -II secolo d. C.) Giuffrè, pp. 427- 428.

290 En términos de compraventa, *periculum est emptoris.*

La razón de ser de la regla *periculum est creditoris*, según BURDESE, estaría relacionada con las particularidades concretas del negocio celebrado, relativas a la especial cualidad de la cosa vendida, como puede ser la naturaleza perecedera del objeto vendido y, en algunos eventos, la naturaleza del propio contrato[291]. Por otro lado, se corrobora la idea de GROSSO al afirmar que la regla *periculum est creditoris* constituye un residuo de una originaria independencia de las dos obligaciones que se citaron a principio.

En todo caso, desde esta disertación se defiende que dicha regla estaba justificada porque, si bien la cosa permanece en posesión del vendedor hasta que se produzca la efectiva entrega, el contrato de compraventa se ha perfeccionado con el acuerdo sobre el precio y la cosa, de manera que la regla *periculum est creditoris* encuentra justificación precisamente en la buena fe. En otras palabras, el comprador, desde el mismo momento de la celebración del contrato, aunque no sea el propietario de la cosa vendida (hasta la *traditio*), es el destinario de la cosa y debe ser quien naturalmente afecte su pérdida, cuando esta no se deba a culpa del vendedor.

Esta regla fue pensada y desarrollada para los contratos de compraventa; no obstante, según RODRÍGUEZ ROSADO, los textos romanos no solo atribuían esta solución a la compraventa, sino que también lo hacían a los contratos innominados[292], compeliendo a una parte a cumplir pese a que la otra quede liberada por la imposibilidad de la prestación[293].

---

291 BURDESE, A. (1998), *Manuale di diritto privato romano.* Utet, p.462

292 Circunscrito a las obligaciones de dar. ZIMMERMANN, Z. (1996), *The Law of Obligations (Roman Foundations of the Civil Traditions),* Oxford, pp. 810-811.

293 RODRÍGUEZ ROSADO (2013), *Op. cit.,* p. 27.

Por otro lado, las reglas ensayadas en el Derecho romano para los contratos de arrendamiento de cosas fueron en dirección contraria, prevaleciendo la regla p*ericulum est debitoris*. Su razón está en el dominio de la cosa (*res perit domino)*: si la cosa objeto del arrendamiento se perdiera, el riesgo lo soportaría el deudor, es decir, el arrendador en calidad de dueño.

La fórmula diseñada en el Derecho romano para resolver el problema del *periculum* en la compraventa ha dado origen a insatisfacción después de la Edad Media. Se puede decir que tal descontento evolucionó hacia una abierta discrepancia, que encuentra plasmación en los textos de DONELLI y de CUYACIO[294]. Dichos autores del humanismo jurídico consideraban lógico y coherente con la estructura contractual que ninguna de las partes pudiera exigir la prestación de la otra sin cumplir la suya. Una propuesta que, aunque no logró arraigar en la compraventa, sí propició la búsqueda de un enfoque diferente para ofrecer respuesta a esta debatida cuestión[295].

De diferente modo, atendiendo a los autores pandectistas, casi todos suscribían la opinión de que en los contratos sinalagmáticos el peso de la imposibilidad sobrevenida debería recaer sobre el acreedor sin opción, por su parte, de librarse

---

294 CALVO ESPIGA, A. (2005), «Sobre el método en el estudio del Derecho civil: una aproximación a la Historia» *Anuario de Derecho civil,* tomo LVIII, fasc. 4, p. 1645.

295 DONELLI se apartaba completamente de solución medieval y propuso aplicar de modo general la regla *periculum est debitoris* cuando en un contrato innominado la prestación de la otra parte hubiese devenido imposible sin su culpa. Con ese paso, lógico en sí, se consolidaba la idea de que en los contratos innominados el riesgo de la imposibilidad de la prestación recaía sobre el deudor. Al aplicar esta regla, ambas partes quedaban liberadas de su deber de prestación cuando la de una parte se vuelve imposible. DONELLI, H. (1841), «Commentariorum de jure civili», *Opera omnia,* Tomo III, p. 1243

del cumplimiento de su propia prestación[296]. Sin embargo, en algunos de sus más destacados representantes, WINDSCHEID Y MOMMSEN, se detecta un cambio diametral de posicionamiento, que encuentra un definitivo reflejo con la consagración en el BGB del principio de correlación entre la imposibilidad de la prestación del deudor y la extinción de la correspondiente a la otra parte, es decir, el triunfo de la regla *periculum est debitoris*[297].

Como resultado de la construcción doctrinal, en la etapa codificadora, la fórmula propuesta por el Derecho romano fue adoptada íntegramente por el Código Civil español[298]. En la compraventa civil prevalece la regla *periculum est creditoris,* con sus excepciones. Por el contrario, si se habla del arrendamiento de cosa, prevalece la regla *periculum est debitoris* (aunque no haya un precepto explícito), como también ocurre con el contrato de ejecución de obra. Respecto a los demás contratos nominados y a los contratos innominados, el Código Civil no resuelve la problemática.

Antes de exponer tendidamente la actual situación normativa del riesgo en los citados contratos, es necesario aclarar dónde está plasmado el problema del riesgo contractual en la parte general del CC. También, para evitar confusión, se procederá a dilucidar lo que no es un problema de riesgo contractual.

3.2 El riesgo contractual en el Código Civil español

Se puede afirmar que problema del riesgo se encuentra en el Código Civil español especialmente en los artículos 1182 y 1184, relativos a la imposibilidad de la prestación. El artículo 1182 dis-

---

[296] RODRÍGUEZ ROSADO (2013), *Op. cit.*, pp. 43-48.

[297] Tendremos la oportunidad de analizar en el capítulo dedicado al estudio del riesgo en el Derecho comparado en el capítulo 4.

[298] En este sentido, véase RODRÍGUEZ ROSADO (2013), *Op. cit.*, pp. 66-67.

pone que la obligación que consista en entregar una cosa determinada queda extinguida cuando esta se perdiere o destruyere sin culpa del deudor y antes de haberse este constituido en mora; el artículo 1184 determina que «quedará liberado el deudor en las obligaciones de hacer cuando la prestación resultare legal o físicamente imposible». A su vez, el artículo 1452, respecto a la compraventa, y el artículo 1595, respecto al contrato de obra, también tratan sobre el problema del riesgo contractual.

Por otro lado, contrariamente a lo que se pueda pensar, el artículo 1105 no contiene regla alguna que trate sobre el riesgo. La liberación del deudor por caso fortuito, prevista en el artículo 1105 CC, representa la exoneración del deudor en sede de responsabilidad. Es decir, al determinar que «nadie responderá de aquellos sucesos que no hubieran podido preverse, o que, previstos, fueran inevitables», el CC exonera al deudor ante la responsabilidad de indemnizar al acreedor.

Precisamente, la regla contenida en el artículo 1105 está ubicada en el CC en el campo de responsabilidad civil contractual porque trata de establecer que no se puede imputar responsabilidad por daños causados por sucesos imprevisibles o inevitables. En otras palabras, la aplicación del 1105 CC deriva en la exoneración de responsabilidad del deudor que es víctima de lo imprevisible o inevitable. Esta regla está en la esfera de los daños por el incumplimiento y sirve para excusar la falta de cumplimiento, no para liberar al deudor de tener que cumplir.

Entendemos que el artículo 1105 CC no atiende a los problemas del riesgo por dos razones principales: primero, porque la exoneración de la responsabilidad no tiene por qué ser también liberatoria del cumplimiento; solo será tal si el caso fortuito deriva también en la imposibilidad, conforme dictan los artículos 1182 a 1886. Segundo, porque como ya se ha defendido, el riesgo no está en la esfera del incumplimiento, sino que es anterior a él.

Es cierto que la imposibilidad sobrevenida de la prestación también exonera al deudor de su responsabilidad, pero lo contrario no es cierto, así como tampoco todo caso fortuito tendrá efecto liberatorio. Para que se produzca la liberación, el evento debe ocasionar la imposibilidad de cumplir en los moldes de los artículos 1182 y 1184. Si el caso fortuito no imposibilita la prestación, por la literalidad del artículo 1105, el deudor sigue obligado a cumplir, por lo que no estamos en el ámbito de aplicación de la teoría del riesgo contractual.

Dicho esto, se procederá a analizar detalladamente los artículos 1182 y 1184, sobre la liberación del deudor en las obligaciones de dar y de hacer.

3.2.1 Los artículos 1182 y 1184 CC y la imposibilidad de la prestación

Los artículos 1182 y 1184 CC representan el problema del riesgo contractual en las obligaciones de dar cosa determinada y hacer, respectivamente. No obstante, exteriorizan el problema sin resolverlo. La imposibilidad sobrevenida de la prestación deja explícitos los preceptos, libera al deudor de su cumplimiento, pero no dice quién asumirá el riesgo de la contraprestación. Es decir, el CC confiere a la parte que sufre la contingencia la liberación de su deuda, pero no define si esta tendrá derecho a exigir su crédito o si, por otro lado, también perderá dicho derecho.

No hay duda de que el mandato legal contenido en estos artículos consagra el principio *ad imposibilia nemo tenetur*, a pesar de no determinar la suerte de la contraprestación. Si se realiza una interpretación estricta del artículo 1184 CC, en rigor solo se extingue la obligación de dar cosa determinada o hacer para el deudor que sufre la imposibilidad sobrevenida, pero no para el deudor recíproco que, en principio, conserva intacto su deber de prestación.

Se quedó a cargo de la jurisprudencia del Tribunal Supremo el resolver dicho problema. Históricamente, el TS ha entendido que la liberación del deudor también acarrea la privación del derecho a exigir la prestación correlativa[299]. Por razones de equidad y de justicia, el acreedor tiene derecho a solicitar la resolución contractual[300], por lo que, en todos aquellos contratos en los que no hay una norma específica, prevalece la regla *periculum est debitoris.*

Hay autores que afirman que esta solución encuentra fundamento en la interpretación del artículo 1124 CC[301]. Para esta corriente doctrinal, si la parte puede instar a la resolución del contrato cuando, después de exigir el cumplimiento, este resulta imposible, también tiene el derecho a pedir directamente la resolución cuando ya sabe que la prestación es imposible. En

---

299 STS de 22 de octubre de 2013: «La imposibilidad de cumplir la prestación debida, cuando no sea originaria, sino sobrevenida respecto del momento de perfección del contrato fuente de la obligación, además de absoluta, definitiva y no imputable al deudor, libera al mismo -artículos 1182 y 1184 del Código Civil (Digesto, 50.17.185: *impossibilium nulla obligatio est*)- y, en caso de que la relación de obligación sea sinalagmática, constituye causa de su resolución, ya que determina una situación de incumplimiento -pese a no ser éste atribuible al obligado-».

300 LINACERO DE LA FUENTE, M. (2007), *Los riesgos en el contrato de compraventa. La reforma del artículo 1452 del Código civil.* Colegio de Registradores de la Propiedad y Mercantiles de España. p. 23 y *ss.*

301 Entre los defensores de esta interpretación, el profesor DÍEZ-PICAZO (2008), *Op. cit.*, pp. 837-839. / ALONSO PÉREZ, M. (1972), *El riesgo en el contrato de compraventa.* Montecorvo, p. 140. / CAVANILLAS MÚGICA (2013), «Los riesgos en la compraventa: perciulum est emptoris, genus numquam perit y sinalagma contractual», en CARRASCO PERERA (dir.), *Tratado de la compraventa,* Tomo II, Aranzadi, p. 1689. / CLEMENTE MEORO, M. E Y NIETO MONTERO, J. J (2014), «El contrato de compraventa», en YZQUIERDO TOLSADA (dir.), *Contratos. Civiles, mercantiles, públicos, laborales e internaciones, con sus implicaciones tributarias.* Tomo I. Aranzadi, p. 71.

este sentido, las sentencias de la Sala 1ª del Tribunal Supremo de 5 de julio de 1941, 22 de junio de 1949 y 2 de enero de 1961, declaran que, en los negocios jurídicos con obligaciones recíprocas, un hecho obstativo que de modo absoluto, definitivo e irreformable imposibilite cumplir la prestación, da derecho a la acción resolutoria regulada en el artículo 1124 CC. En este sentido, concluye el TS, que «debe restablecerse el estado anterior al vínculo contractual deshecho por modo resolutorio, con la consecuencia natural y lógica, del reintegro, a cada uno de los interesados, en las cosas y valor de las prestaciones que aportaron por razón del contrato»[302].

Tal interpretación garantiza que la relación podrá ser resuelta cuando ocurra un suceso obstativo, que impida el cumplimiento de manera absoluta. Esta doctrina reconoce y establece la regla *periculum est debitoris,* por la cual será el deudor de la obligación quien asuma el riesgo de la imposibilidad y, consecuentemente, no tendrá derecho a su contraprestación.

A pesar de la doctrina asentada en el TS, no hay un solo mandato legal general que establezca que el riesgo de la contraprestación deba ser asumido por el deudor de la prestación imposible (*periculum est debitoris*) o que, por el contrario, el contratante y acreedor de la prestación imposible siga obligado a cumplir su parte (*periculum est debitoris*). De hecho, a tenor de los artículos 1182 y 1184, se permitiría, en todo caso, la interpretación en el sentido de la regla *periculum est creditoris,* pues lo único a que alude es a extinción de la obligación del deudor, pero no sugiere que la imposibilidad sobrevenida extinga la relación obligatoria en su conjunto[303].

---

302 STS 23 de noviembre de 1964. (ROJ 1267\1964)

303 En este sentido, Moreno-Torres Herrera, Mª. L. (1996), «Otros efectos de la pérdida fortuita», *Anuario de Derecho Civil,* tomo XLIX, fasc. I, p. 191.

A falta de una regla general en el Código, la doctrina y jurisprudencia española se ha visto obligada a recurrir a expedientes de diversa índole para ajustar el impacto contractual de la imposibilidad, desde la (re)interpretación de la voluntad contractual hasta la desaparición sobrevenida de la causa, pasando por la diferencia entre imposibilidad objetiva y subjetiva[304]. No obstante, se puede decir que la regla *periculum est debitoris* estuvo y permanece reconocida en base a la regla del sinalagma, por lo que se analizará dicha regla a continuación.

3.2.2 La regla del sinalagma

La regla del sinalagma determina que solamente el riesgo de la prestación específica es del acreedor, quien dejará de recibir lo que esperaba recibir por el contrato (la cosa, la obra, el servicio)[305]. Si se sigue esta regla, el riesgo de la imposibilidad es siempre del prestador (*periculum est debitoris*), que no cobrará lo pactado y, en caso de haber cobrado, deberá restituir lo recibido anticipadamente.

No obstante, hay circunstancias en las que el acreedor queda obligado a cumplir, aunque sea parcialmente: son aquellas situaciones en las que el acreedor ya recibió una parte de la prestación, tuvo alguna ventaja con la pérdida de la prestación o usó con provecho la cosa o el servicio[306]. El problema de utilizar esta regla es que, debido a la ausencia de regulación en el Derecho español, su efecto no es automático, ni exacto. ¿Cómo puede saberse cuándo y en qué medida el acreedor permanece obligado?

---

304 DÍEZ-PICAZO (2008), *Op. cit.*, pp. 688-692.

305 CARRASCO PERERA (2021), *Op. cit.*, pp. 1052-1055.

306 Puede consultarse otros ejemplos en CARRASCO PERERA (2021), *Op. cit.*, pp. 1052-1053.

La regla del sinalagma es el principal fundamento de los juristas que sostienen que el *periculum* debe ser asumido por el deudor. En este sentido, BIROCCHI defiende que cada una de las prestaciones tiene su causa en la obligación recíproca, por lo que, cuando una de ellas es de imposible cumplimiento, la otra debe cesar. Dicho de otro modo, desaparecida la causa en una de las obligaciones por la imposibilidad de cumplir, el sinalagma que unía a ambas desaparece también y tendrían que extinguirse ambas obligaciones[307].

La consecuencia de todo ello es que, tras la imposibilidad sobrevenida de la prestación, la doctrina y jurisprudencia de este país entiende que las partes pueden ejercitar las correspondientes acciones resolutorias, liberándose de este modo de la obligación cuyo cumplimiento se ha hecho imposible[308].

La regla del sinalagma, señala CARRASCO PERERA, está expresada con justa precisión en el artículo 1595 CC[309], único texto que determina el efecto de la imposibilidad de la prestación en el caso de que la imposibilidad sea subjetiva, es decir, por muerte o por incapacidad del prestador para completar la

---

307 BIROCCHI, I. (1989), *Rischio contrattuale* (diritto intermedio), en *Enciclopedia del Diritto,* LX, Milano, p. 1142

308 No obstante, se puede encontrar en la doctrina extranjera entendimiento contrario, como, por ejemplo, el jurista chileno RODRÍGUEZ GREZ, quien sostiene que, «celebrado el contrato que da nacimiento a las obligaciones contrapuestas, cada una de ellas cobra vida propia e independiente y deben, por tanto, analizarse en forma separada y cumplirse o no cumplirse en función del grado de diligencia y cuidado que corresponde a cada parte. Por ende, es perfectamente legítimo que una de ellas se extinga sin responsabilidad para el deudor y la otra debe ser ejecutada en beneficio del primero conforme a las normas generales que gobiernan la materia». RODRÍGUEZ GREZ, P. (2008), *Extinción no convencional de las obligaciones,* vol. 2. Editorial Jurídica de Chile. p. 124.

309 CARRASCO PERERA (2021), *Op. cit.,* p. 1053.

obra. El mencionado artículo determina que el riesgo de la contraprestación recae sobre el prestador, quien no tendrá derecho a la contraprestación, y tan solo podrá exigir el valor de la obra ya ejecutada, lógicamente, por fuerza del principio general del derecho de la prohibición del enriquecimiento sin causa.

Esto consagra la regla *periculum est debitoris*, determinando que será el deudor de la contraprestación quien asumirá el riesgo. No obstante, la literalidad del artículo motiva que solo se aplique a los casos de imposibilidad de cumplir derivada de muerte o incapacidad del obrero, pero no determina qué regla seguir en los casos de imposibilidad objetiva, por ejemplo. A modo de ilustración, ¿cuál sería la solución para los casos en que la obra es imposible de ejecutar a raíz de una modificación urbanística sobrevenida? El Código Civil no lo dice, como se verá más detalladamente en el capítulo 3 del presente estudio.

Por contra, la regulación específica de la compraventa en el CC distribuye los riesgos contractuales conforme a la solución ofrecida por el Derecho romano. Pese a no ser el objeto de este trabajo, se expondrá la cuestión en la compraventa[310], dado que se trata del contrato sinalagmático por excelencia.

---

[310] Hay abundante doctrina a respecto, para consultar, véase: COSSIO, A. (1944), «Los riesgos en la compraventa civil y en la mercantil», *Revista de Derecho Privado*, n. 326, pp. 598-621. / ARIAS RAMOS, J. (1947) «La doctrina del riesgo en la compraventa romana» en *Estudios sobre el contrato de compraventa*, Colegio Notarial de Barcelona, pp. 99-122. / ALONSO PÉREZ, M. (1972), *Op. cit.* / LINACERO DE LA FUENTE, M. (2007), *Los riesgos en el contrato de compraventa. La reforma del artículo 1452 del Código civil.* Colegio de Registradores de la Propiedad y Mercantiles de España. Para consultar doctrina en la última década, véase: ABRIL CAMPOY, J. M. (2011), *La atribución del riesgo al comprador*, Tirant lo Blanch.

3.2.3 La regulación del riesgo en la compraventa

a) La compraventa civil – el artículo 1452 CC.

Aunque no sea este el lugar para estudiar la génesis del artículo 1452 CC, se analizará a continuación el panorama actual establecido por el ordenamiento patrio. Según el artículo 1452, después de perfeccionado el contrato, si la venta es de cosa específica o se vende alzadamente y como unidad un género limitado, se aplica la regla *periculum est creditoris* y se impone al comprador el pago del precio. De igual modo, si la venta es de cosa genérica, pero se pierde después de que haya sido especificada, también se aplica la mencionada regla.

De la propia redacción de la norma también se extrae su delimitación negativa. Cuando la compraventa es de cosa genérica vendida en relación a sus especificidades (peso, número y medida) y todavía no ha sido especificada, el riesgo de la imposibilidad recae sobre el vendedor.

Este precepto, desde una perspectiva doctrinal, ha sido duramente criticado. Para Carrasco Perera esta regla es un error de planteamiento[311]; Cavanillas Múgica afirma que es uno de los conceptos más abstrusos del código[312]; para Linacero de la Fuente, la regla es injusta y contraria a la equidad[313]; Pintó Ruiz pone de manifiesto que es repugnante que se obligue a alguien a efectuar una prestación con la seguridad de que la contraprestación no va a prestarse[314]. Pese a dichas críticas, algunos autores justifican la norma afirmando que el contrato de compraventa es un contrato consensual, por lo que a partir

---

311 Carrasco Perera (2021), *Op. cit.,* p. 1057.

312 Cavanillas Múgica (2013), *Op. cit.,* p. 1689.

313 Linacero de la Fuente (2007), *Op. cit.,* p. 23.

314 Pintó Ruiz, J. J. (1975), «Resolución del contrato y la regla "Periculum est emptoris"», *Revista jurídica de Cataluña,* Vol. 74, n. 4, p. 704.

de la perfección, se atribuye al comprador la «propiedad» del bien[315]. En palabras de CARRASCO PERERA, la regla es injusta e ilógica, por lo tanto, aunque se elija el artificioso argumento del contrato consensual para justificar que, «ya que es dueño, sufre el riesgo», no hay cómo sostenerla[316].

De hecho, la PMCC modifica completamente el texto del CC para asignar al vendedor toda pérdida o deterioro fortuito de la cosa, que ocurra antes del momento relevante. Tal momento puede ser la puesta a disposición del comprador, la entrega en poder del primer transportista o la traslación hasta el lugar previsto en el contrato. Además, según la propuesta, no basta la simple puesta a disposición, ya que el vendedor debe asegurarse de que el acreedor reciba la cosa o haya incidido en retraso en su recepción, para considerar que el riesgo ha sido trasladado[317].

En resumen, la asignación del riesgo en la compraventa depende del momento a partir del cual el acreedor ya es considerado dueño de la cosa y debe asumir los riesgos de su pérdida.

---

315 ROCA SASTRE, R.M. (2009) «El riesgo en el contrato de compraventa», ROCA SASTRE Y PUIG BRUTAU, *Estudios de Derecho privado,* 2ª ed. Tomo I, Aranzadi, pp. 454 y *ss.* ARIAS RAMOS, J. (1947) «La doctrina del riesgo en la compraventa romana» en *Estudios sobre el contrato de compraventa,* Colegio Notarial de Barcelona, pp. 99-122.

316 El autor utiliza como ejemplo la situación en que el que compró un traje que un tercero roba, se encuentre sin traje, pero con la obligación de pagarlo. En un caso, cuando se roba en tránsito; en otro, incluso si se produce un robo en la tienda del sastre. Al comprador del traje robado no le hace más feliz el saber que cuando el traje fue robado de la tienda del sastre, era su traje el que robaba, y que por eso lo paga, aunque nunca lo llegara a vestir ni a tocar antes del siniestro. CARRASCO PERERA (2021), *Op. cit.*, pp. 1057-1059.

317 Véase apartado XIII de la exposición de motivos de la PMCC en: https://www.mjusticia.gob.es/es/AreaTematica/ActividadLegislativa/Documents/1292430960594-Propuesta para la modernizacion del Derecho de obligaciones y contratos. Ano 2009.PDF, pp. 27-28

Ya sea a partir de la perfección del contrato, desde la entrega al porteador o de la *traditio*, habrá que determinar cuál es el «momento relevante» para trasladar los riesgos al comprador. La línea presentada por la PMCC sigue, de esta forma, los moldes ya establecidos para la compraventa mercantil y la compraventa internacional de mercadería, así como también lo estipulado en el DCFR. De este modo, en los instrumentos de la modernización del Derecho contractual, el traslado del riesgo se hará a partir de determinado «momento relevante», que nunca será la simple perfección del contrato.

Respecto a la compraventa al consumo, lo disciplinado en el artículo 66 *ter* del texto refundido de la Ley General para la Defensa de los Consumidores y Usuarios y otras leyes complementarias, en adelante TRLGDCU, regula un supuesto concreto de compraventa con transporte del bien. En este caso, el riesgo es del vendedor hasta el momento en que el consumidor adquiere la posesión del bien. Asimismo, como indica MORALES MORENO, en toda venta de consumo los riesgos corresponden al vendedor hasta que se produzca la entrega. Para el autor, el artículo 1452 CC se entiende derogado en los contratos de consumo[318]. No obstante, como bien señala SÁNCHEZ LERÍA, la mayoría de las ventas de bienes de consumo son instantáneas y, por lo tanto, no plantean problema de riesgo contractual, pues este requiere de un lapso temporal entre la perfección y la ejecución del contrato. Igualmente, la autora recuerda que estos contratos no suelen tener como objeto una cosa específica, por lo cual, en todo caso, el artículo 1452 CC no se aplicaría[319].

---

318 MORALES MORENO, A.M. (2003), «Adaptación del Código Civil europeo: la compraventa», *Anuario de Derecho Civil*, tomo LVI, fasc. IV p. 1628.

319 SÁNCHEZ LERÍA, R. (2017), «La transmisión del riesgo al comprador consumidor en las compraventas con transporte de mercancías: art. 66 ter TRLGDCU», *Revista de Derecho Civil*, vol. IV, n. 1, pp. 11-13.

Algunos autores aseguran que en la compraventa al consumo, la transferencia del riesgo queda absorbida por la falta de conformidad. El vendedor que no cumple con su obligación de entrega, incluso por pérdida fortuita, también incumple el contrato bajo un concepto objetivo de incumplimiento[320]. Señala TOMÁS MARTÍNEZ que la regla *periculum est emptoris* ha sido abandonada en el ámbito de consumo[321], de modo que el consumidor no debe responder por el riesgo de pérdida hasta la entrega y conformidad del bien adquirido.

b) La compraventa mercantil en España

El Código de Comercio español (CCom) determina que, en la compraventa mercantil, el momento relevante para trasladar los riesgos es aquel en el que la mercancía es puesta a disposición del comprador. A partir de este momento, el comprador responde por cualquier pérdida o destrucción de la cosa vendida (arts. 331 a 335 CCom). Entretanto, la regulación matiza algunos aspectos en relación a la compraventa a gusto o a prueba.

En los casos de compraventa a gusto o sujeta a prueba, el momento relevante no es la puesta a disposición, sino el examen de la mercancía. De este modo, el riesgo sigue siendo del vendedor (*periculum est debitoris*) si se pierde la cosa antes de que el comprador tenga la oportunidad de examinarla (art. 334.2 CCom). Igualmente, los artículos 331 y 335 CCom refuerzan la misma regla *periculum est debitoris*, permitiendo al comprador resolver el contrato y recuperar lo pagado cuando

---

320 TOMÁS MARTÍNEZ, G. (2014), «La transferencia del riesgo del precio y la transmisión de propiedad: hacia una definitiva desconexión conceptual y temporal en sede de armonización europea», *Anuario de Derecho Civil*, tomo LXVII, fasc. I. pp. 152-153.

321 TOMÁS MARTÍNEZ (2014), *Op. cit.*, p. 153.

la cosa se ha perdido fortuitamente antes de la entrega. Con independencia de la culpa del deudor, la imposibilidad de la prestación frustra la finalidad del contrato para el acreedor, y puede, por ende, resolverlo.

c) Regla en la compraventa internacional de mercaderías

La Convención de Viena (CISG), «el texto más importante que se ha creado en el ámbito de la unificación material del Derecho privado»[322], determina que, en la compraventa internacional de mercadería, el momento relevante a partir del cual el comprador asume el riesgo de la imposibilidad sobrevenida es aquel en que la mercancía es puesta a su disposición o es entregada al porteador. En este sentido, los artículos 66 a 69 establecen que, hasta la puesta a disposición, el riesgo es del vendedor y a partir de entonces se traslada al comprador (*periculum est creditoris)* quien deberá cumplir, aunque la cosa se pierda[323]. En definitiva, la misma regla del CCom.

Sin embargo, conviene precisar, de entrada, el alcance del «riesgo» en la CISG. El art. 66 no define el concepto sino que fija sus efectos, es decir, si la pérdida o deterioro sobreviene después de la transmisión del riesgo, el comprador no queda liberado de pagar, salvo que la pérdida se deba a acto u omisión del vendedor. Se trata, por tanto, del riesgo de la contraprestación (el precio), no del riesgo de las mercaderías en cuanto tal. Además, la responsabilidad del vendedor por

---

322 Oliva Blázquez, F. (2014), «l Anteproyecto de Código Mercantil en el contexto del proceso internacional de unificación del Derecho privado de los contratos», *Revista de Derecho Civil,* Vol. 1, n. 3, p. 40.

323 Para un estudio completo sobre la transmisión del riesgo en la Convención de Viena, véase, Oliva Blázquez, F. (2000), *La transmisión del riesgo en la compraventa internacional de mercaderías.* Tirant Lo Blanch.

falta de conformidad existente en el momento del traspaso del riesgo permanece incólume (CISG art. 36), de modo que en esos supuestos no está en juego una regla de riesgos, sino un incumplimiento del vendedor.

La Convención no formula un concepto general sobre el momento exacto en que el riesgo se transmite, en su lugar describe las situaciones comerciales más frecuentes y para cada una determina el momento en que el comprador empieza a soportar el riesgo. Esta metodología es una de las contribuciones técnicas más notables del texto uniforme[324]. Esta arquitectura de la CISG descansa en criterios de control, soporta el riesgo quien está en mejor posición de custodiar las mercaderías y de asegurarlas frente a eventos fortuitos, lo que explica la preferencia por el momento de entrega al transportista o de puesta a disposición, y no por la transmisión dominical o por la mera conclusión del contrato.

La regla de riesgos no blinda al vendedor frente a vicios o inconformidades existentes en el momento del traspaso

---

[324] a) Ventas con transporte: Cuando el contrato implica transporte, el criterio funcional es la puesta a disposición del porteador. El riesgo se transmite al entregar las mercaderías al primer transportista (art. 67 CISG), con la consecuencia de que, desde ese punto, impera la regla «periculum est creditoris», el comprador no podrá resolver por imposibilidad sobrevenida si el siniestro acaece en tránsito, debiendo satisfacer el precio. b) Ventas sin transporte: En los supuestos en que las mercaderías se ponen a disposición del comprador en un lugar determinado (art. 69 CISG), el riesgo se desplaza cuando la cosa está disponible para su toma de posesión (y, en su caso, cuando el comprador debió hacerse cargo y no lo hizo), reproduciendo la misma lógica de puesta a disposición. c) Mercaderías vendidas en tránsito: Como regla, el riesgo se transmite desde la perfección del contrato (art. 68 CISG), con las matizaciones previstas en el propio precepto. Se trata de la figura paradigmática en la que la imputación legal evita que la parte que recibe finalmente cosas ya siniestradas rehaga unilateralmente el equilibrio de la operación.

del riesgo: conforme al art. 36 CISG (y a la lógica paralela del DCFR), el vendedor responde por esas faltas aunque se manifiesten después. Lo que el art. 66 excluye es la exoneración del comprador por pérdidas sobrevenidas y fortuitas no imputables al vendedor.

Aunque el esquema legal sea supletorio, la práctica mercantil pacta el momento del traspaso de riesgos mediante cláusulas de entrega, que operan como concreciones de la «puesta a disposición» en cada modalidad. Con todo, la división contractual de riesgos de tránsito es tratada como excepcional respecto de la regla general, salvo pacto claro en contrario.

En defintiva, la CISG consolida un sistema funcional, hasta la puesta a disposición el riesgo permanece en el vendedor, desde entonces, el comprador lo asume y debe pagar aunque las mercaderías perezcan fortuitamente, aunque, sin perjuicio de la responsabilidad del vendedor por falta de conformidad existente al momento del traspaso. A su vez, el DCFR reordena el mismo problema con la noción de control y el momento relevante, que clarifican el diálogo entre entrega, conformidad y riesgo. El DCFR es un poco menos detallista a la hora de regular la materia, y la elección de las palabras puede generar cierta confusión, como se verá a continuación.

d) La regulación del DCFR en relación al riesgo en la compraventa

El DCFR define el momento relevante como el instante de la adquisición de posesión, considerando que quien tiene el control físico de la cosa debe responder por los sucesos que incurran sobre ella[325]. El artículo IV.A. 5:102 dispone que el

---

[325] Sánchez González, M. P. (2012), «Capítulo 5. Transmisión del riesgo», en Vaquer Aloy, Bosch Capdevila y Sánchez González (coords.), *Derecho Europeo de Contratos: Libros II y IV del Marco Común de Referencia*, Tomo II, Tirant lo Blanch, p. 935.

riesgo se transmite al comprador cuando este toma posesión de los bienes o de los documentos que los representan, o sea, a partir de la *traditio*.

A pesar de que las palabras empleadas no sean las mismas utilizadas en la CISG, el efecto práctico es el mismo. Cuando la cosa deja de estar en la esfera de control del vendedor (ya no tiene la posesión del objeto), el riesgo debe ser asumido por el comprador.

Finalmente, aunque no se trate de un problema de la teoría del riesgo, es impensable estudiar el riesgo contractual y no abordar las cuestiones pertinentes a la asignación del riesgo y la alteración sobrevenida de las circunstancias. Especialmente en contextos de crisis económica, cuando afloran los temas pertinentes a la cláusula *rebus sic stantibus*[326] en la jurisprudencia española. Por ello, se realizarán a continuación algunos comentarios sobre el impacto de los eventos sobrevenidos que cambian las circunstancias iniciales del contrato. Se entiende necesario hacer este recorte porque siempre que se estudia la teoría del riesgo contractual, se deja margen para los cuestionamientos sobre su aplicabilidad a los supuestos en que el suceso sobrevenido modifica extraordinariamente las circunstancias, resultando su cumplimiento más gravoso para una de las partes, aun cuando no imposibilita la prestación en los moldes de los artículos 1182 y 1184.

---

326 Es importante señalar que, pese a que la denominación «cláusula» es incorrecta, tanto autores como la jurisprudencia siguen utilizándola y, por ello, en esta tesis también se mantiene la denominación clásica a fin de presentar la doctrina. En este sentido, ver AMUNÁTEGUI RODRÍGUEZ, C. (2003), *La cláusula rebus sic stantibus*. Tirant lo Blanch, pp. 32-33.

4. EL CAMBIO DE CIRCUNSTANCIAS

Se parte de la premisa de que si no existe imposibilidad de la prestación en sentido estricto, no se puede hablar de imposibilidad sobrevenida[327]. Dicho esto, existen sin embargo otras instituciones concomitantes que tratan de dar respuesta a sucesos sobrevenidos que dificulten el cumplimiento de la prestación. En la línea tenue entre los eventos sobrevenidos que generan imposibilidad y los que alteran las condiciones iniciales del acuerdo, se elaboran diferentes teorías que pretenden atender aquellas situaciones en las que un hecho sobrevenido, imprevisible o inevitable, altera de modo fundamental la prestación convenida. Es necesario recoger este tema aquí porque el resultado de aplicar las diferentes teorías puede ser el mismo obtenido de la imposibilidad, esto es, liberar el deudor de la prestación que se ha vuelto impactada por la contingencia.

Cuando un evento sobrevenido altera el equilibrio de las prestaciones o agrava sustancialmente una de ellas, no existe mecanismo reconocido por el Código Civil para modificar las cláusulas contractuales. No se está ante una imposibilidad sobrevenida, aunque el evento dificulte extremadamente su cumplimiento. Pese a ello, como se ha podido exponer al inicio de este capítulo, hay autores que sostienen que la excesiva dificultad de cumplir debe ser equiparada a la imposibilidad, y, por tanto, avalarían el uso de la teoría del riesgo contractual para tratar de dar solución al problema.

Entretanto, no se defiende esta conclusión, esencialmente por tres motivos: primero, porque la enorme dificultad de cumplir con una obligación, en la práctica, responde a una dificultad económica, y, como es ampliamente sabido, las obligaciones pecuniarias nunca pueden ser consideradas imposibles

---

[327] También se puede referir a la expresión «irrealizabilidad» utilizada por CASTILLA BAREA (2000), *Op. cit.*, p. 55.

de cumplir. Si el deudor no puede pagar o cumplir porque su situación económica no le permite atender el pago de sus deudas, debe incumplir y declararse en concurso.

Segundo, si se equipara la prestación que se ha vuelto excesivamente onerosa con la prestación imposible, se estaría afirmando que el deudor de ella queda liberado de cumplir (1182 y 1184 CC) y exonerado, por tanto, de la responsabilidad (1105 CC); pero, a la vez, puede ser que el acreedor siga obligado a pagar el precio, como, por ejemplo, en la compraventa de cosa específica (1452 CC).

Tercero y último, cuando una prestación deviene imposible, no se puede obligar a las partes a renegociar pero, en sentido contrario, cuando la prestación aún es posible pero muy gravosa, el mejor remedio es la renegociación y solo en último caso la resolución contractual[328]. En este sentido la regulación del cambio de circunstancia dispuesta en diferentes ordenamientos prevé la renegociación como primera opción[329].

Para estos casos, en los que un evento sobrevenido rompe gravemente el equilibrio de las prestaciones y no se puede imputar la contingencia a la conducta de ninguna de las partes, la solución se encuentra en las diferentes teorías desarrolladas para adaptar el contrato.

---

328 En sentido contrario, DÍEZ-PICAZO sostiene que la resolución debe considerarse como regla general en los contratos sinalagmáticos. Para el autor, «el reajuste o la revisión judicial del contrato, que lo reconduzca a la equidad, puede ser excepcionalmente aplicado en las relaciones obligatorias simples o con obligaciones a cargo de una sola de las partes cuando el daño provenga de una excesiva onerosidad sobrevenida». DÍEZ-PICAZO (2008), *Op. cit.*, p. 1081.

329 En este sentido, en Alemania, el § 313 BGB; en Italia, los artículos 1467 y *ss* Codice Civile; en Francia, artículo 1195 *Code Civil* y en Portugal, los artículos 437 y *ss Código civil.*

Respecto a este punto, existen en la doctrina jurídica muchas teorías que se emplean para justificar la modificación de lo pactado cuando un suceso sobrevenido altera extraordinariamente las circunstancias. En España, la cláusula *rebus sic stantibus*[330]; en Italia la *eccessiva onerosità sopravvenuta*; en Francia, la *théorie de l'imprévision;* en Alemania, la teoría de la base del negocio (*Geschäftsgrundlage);* en el *common law* inglés o americano, la *frustration of purpose* o *impracticability*. En definitiva, este amplio abanico de nombres busca definir en esencia lo mismo: permitir que la parte afectada por el evento sobrevenido renegocie los términos del contrato o, incluso, avalar la resolución del contrato con exoneración de responsabilidad.

Tales construcciones doctrinales no deben confundirse con la teoría del riesgo, que trata tan solo, reiteramos, de dar solución al problema del cumplimiento de la contraprestación de la prestación imposible. Las teorías desarrolladas para dar solución a la alteración de las circunstancias son un tema tan extenso que es digno de un estudio específico en el capítulo 5, dedicado al Derecho comparado, pero parece adecuado exponer aquí la cimentada en España, la famosa *rebus sic stantibus.*

---

330 De acuerdo con la catedrática de lengua española Henríquez Salido, «la construcción de participio presente en caso ablativo (stantibus), integrante de una oración compleja, no se encuentra en el conjunto de reglas y máximas de los juristas romanos ni en el Digesto». De acuerdo con la autora, su origen tiene un oscuro origen romano y medieval (posiblemente algún glosador o comentarista), pero su formulación podría corresponder a algún jurista o tratadista de los siglos XVI-XVII. Henríquez Salido, M.C. *et al.* (2016), «La cláusula *rebus sic stantibus* en la jurisprudencia actual», *Revista de Llengua i Dret, Journal of Language and Law,* n. 66, p. 191.

4.1 La modificación de lo pactado: cláusula rebus sic stantibus

El contrato hace ley entre las partes, así determina el artículo 1091 CC. Una expresión jurídica reiterada en diferentes Códigos para expresar uno de los principios más importantes en el Derecho civil, el *pacta sunt servanda*[331]. Garantizar que lo acordado entre las partes tiene fuerza vinculante para ambas, es garantizar la seguridad jurídica. Los pactos alcanzados nacen del consentimiento de las partes y deben ser respetados hasta que la obligación se extinga[332]. No obstante, se dan en ocasiones circunstancias excepcionales, extraordinarias e imprevisibles, que modifican de manera sustancial el equilibrio de las prestaciones acordadas en el contrato. De ahí que la doctrina y la jurisprudencia hayan desarrollado las diferentes teorías citadas previamente para tratar de solucionar el problema derivado del desequilibrio contractual por una sorprendente dificultad de cumplir.

A pesar de que en España no se encuentra regulada tal circunstancia en el CC, se puede citar a modo de ilustración la regulación de otros ordenamientos jurídicos[333] que prevén que las circunstancias que modifican sustancialmente el contrato, pueden dar lugar a la obligación de renegociar. En Alemania, la *Geschäftsgrundlage* está consagrada en el § 313 BGB; en Italia, la *eccessiva onerosità sopravvenuta* fue plasmada en los artículos *1467 y ss* del *Codice Civile* y en Francia se puede comprobar la recepción de la *théorie de l'imprévision* en el artículo 1195 *Code Civil*, tras la reforma de 2016.

---

331 LACRUZ BERDEJO, J. L. *et al.* (2011), *Elementos de Derecho civil II*, Derecho de obligaciones, vol. I, 5ª ed. Dikynson. p. 117.

332 *Ibid.*, pp. 330- 331.

333 Además de la previsión de la *hardship* en instrumentos internacionales como, por ejemplo en los Principios UNIDROIT sobre los contratos comerciales internacionales (PICC), en los PECL y en el Anteproyecto de Código europeo de contratos (Grupo de Pavía).

Entretanto, a pesar de que la cláusula *rebus sic stantibus* sea reconocida en la jurisprudencia española, el CC no tiene ninguna disposición legal que determine el (re)equilibrio del contrato alterado de modo fundamental por eventos sobrevenidos. Resulta evidente por tanto que, en España, ha sido la jurisprudencia la encargada de dar forma, modificar los criterios, cambiar de sentido[334] y perfilar el contenido de la cláusula *rebus sic stantibus*[335]. En las líneas que siguen se presentan algunas de las características que marcan la construcción de la cláusula *rebus sic stantibus* en la doctrina española.

Primero, es importante subrayar que la citada cláusula intenta «restablecer el equilibrio que existió inicialmente entre las prestaciones de los contratantes, destruido como consecuencia de un cambio imprevisible de las circunstancias»[336]. Segundo, estos cambios no pueden ser imputables a las partes[337]. En concreto, no se puede invocar la cláusula en casos de incumplimiento unilateral e injustificado[338]. Tercero, el evento debe romper gravemente el equilibrio de las prestaciones recíprocas[339], debe producir una excesiva onerosidad en el cumplimiento. No obstante, el cambio no es lo suficiente para producir la imposibilidad de cumplimiento de la obligación[340].

---

334 Para un análisis de los cambios en la doctrina del TS véase, entre otros, VÁZQUEZ-PASTOR JIMÉNEZ, L. (2015), «El "vaivén" de la moderna jurisprudencia sobre la cláusula «rebus sic stantibus», *Revista de Derecho civil*, vol. II, núm. 4, pp. 65-94.

335 Para un estudio completo sobre la cláusula *rebus sic stantibus* véase, AMUNÁTEGUI RODRÍGUEZ, C. (2003), *La cláusula rebus sic stantibus*. Tirant lo Blanch.

336 MARTÍNEZ-VELENCOSO, L. Mª. (2003), *La alteración de las circunstancias contractuales. Un análisis jurisprudencial*. Civitas, p. 74.

337 STS de 19 abril 1985.

338 STS de 15 noviembre 2000.

339 STS de 28 enero 1970.

340 CARRASCO PERERA (2021), *Op. cit.*, p. 1099.

El TS señala que, «es extravagante el recurso a la cláusula *rebus sic stantibus* si hay una frustración total del fin del contrato»[341].

Las dos notas que más destacan en la aplicación de la famosa *rebus sic stantibus,* es el carácter imprevisible y extraordinario de la circunstancia y la capacidad de convertir la prestación en excesivamente onerosa para el deudor, exorbitante y fuera de todo cálculo[342]. Estas notas llaman poderosamente la atención porque son precisamente lo que distinguen la modificación de las circunstancias y la imposibilidad sobrevenida. Por un lado, el CC no determina que el origen de la imposibilidad sea un evento imprevisible, sino que concurra culpa del deudor. La imprevisibilidad no es una característica determinante de la imposibilidad sobrevenida. Por otro lado, en la imposibilidad no es necesario que el evento sobrevenido cause un desequilibrio entre las partes, la excesiva onerosidad causada por el evento no es el detonante de la liberación del deudor, sino la imposibilidad, física o legal, de cumplir con lo pactado.

Por ello, el ámbito de aplicación de la cláusula *rebus sic stantibus* o de cualquier otra teoría similar, no es el de las obligaciones devenidas imposibles, sino el de las prestaciones con un grave desequilibrio sobrevenido, situaciones estas que reclaman la adaptación del contrato. La mayor prueba de ello son las normas contenidas en los Códigos Civiles de Francia, Italia y Alemania, que regulan en preceptos diferentes e individuales cada uno de los escenarios citados.

En otro orden de ideas, hay acontecimientos que alteran las circunstancias contractuales, pero que no están considerados como causa de imposibilidad o de modificación del contrato. Son aquellos eventos causados por un cambio económico que genera la dificultad de cumplir con el precio pactado.

---

341 STS 27 octubre 1986.

342 Estos presupuestos están recorridos en la STS de 17 mayo 1957.

4.2 El cambio económico

El Tribunal Supremo mantiene que la alteración de la situación económica no responde a la calificación de «alteración extraordinaria e imprevisible». Por ejemplo, la pérdida de una subvención no puede ser considerada un evento imprevisible a fines de imposibilitar el cumplimiento en un contrato de compraventa. O circunstancias como la pérdida del trabajo o los grandes gastos derivados de una enfermedad, no pueden ser causa de la imposibilidad de cumplir con un contrato de arrendamiento.

En este sentido, en la sentencia de 17 de noviembre de 2000 el Tribunal Supremo decidió que el cambio de una situación económica es un riesgo inherente al contrato. En el caso, la empresa nacional de electricidad, Endesa, había firmado un contrato de suministro de carbón térmico por 15 años. Al cabo dos años, la empresa de electricidad empezó a rehusar recibir los suministros. Demandada por la empresa suministradora, Endesa invocó la cláusula *rebus sic stantibus*, alegando el desequilibrio contractual. Según Endesa, el precio fijado para la compra del carbón era el precio oficial señalado en cada momento por la Administración y, al no contarse con una subvención, aquel resultaba encarecido. El TS determinó que Endesa cumpliera con el contrato, considerando que la falta de subvención no era un acontecimiento imprevisible, sino un riesgo industrial inherente a un tipo de actividad.

De manera general, se puede afirmar que el TS entiende que los problemas económicos que puede atravesar una empresa no son considerados un cambio del equilibrio contractual[343], como tampoco lo son los riesgos de la caída de precios[344] o el incremento de los costes[345].

---

343 STS de 8 julio 1991.

344 STS de 23 junio 1997.

345 STS de 27 mayo 2002.

En sentido opuesto, hay eventos económicos que sí pueden ser el detonante por el cual la situación inicial de los contratantes cambie radicalmente y convierta la obligación en excesivamente gravosa para una de las partes. En estos supuestos, se podrían aplicar mecanismos como, por ejemplo, la mencionada cláusula *rebus sic stantibus,* para minorar el perjuicio de una de las partes u obligar a ambas a renegociar[346]. No obstante, «la existencia de una crisis económica no puede tratarse de un alegato genérico y puramente teórico», es necesario aportar pruebas objetivas sobre la incidencia de dicha crisis en el caso particular[347]. De hecho, esta fue la gran discusión sobre la dificultad de hacer frente a los alquileres[348] de los locales comerciales durante el pasado estado de alarma en España[349].

4.3 Cambio de circunstancias y riesgo asignado o derivado del contrato

Muchas crisis mundiales pueden considerarse como un evento imprevisible e inevitable para todas las partes que firman un contrato. Pocos contratantes en el mundo podrían

---

346 Sentencia del 8 enero de 2021, del Juzgado de Primera Instancia núm. 4 de Gandía (Valencia).

347 VIVAS TESÓN, I. (2013), «Crisis económica y alteración extraordinaria de las circunstancias del contrato: ¿pacta sunt servanda?». *Revista de Derecho, Empresa y Sociedad (REDS),* n. 1, pp. 113-130.

348 Véase también la sentencia del Tribunal Regional Superior de Frankfurt, de 19 de marzo de 2021-2 U 143/20, por la que se confirma que el arrendador de un local comercial tiene derecho al pago total del alquiler en el período de las restricciones de actividad impuestas por el covid, considerando que no hubo ruptura de la base del negocio. Disponible en: https://openjur.de/u/2334377.html (última visita: 1 de junio de 2021)

349 En este sentido, véase las consideraciones de CARRASCO PERERA (2021), *Op. cit.,* pp. 1094-1098.

prever el alcance del COVID-19[350], por ejemplo. Entretanto, que algún evento sobrevenido pueda afectar al cumplimiento de la obligación es algo que cualquier contratante debe saber y, frente a ello, el contrato es el mejor instrumento para asignar los riesgos de una contingencia imprevisible. Por ello, antes de verificar la imposibilidad sobrevenida o acudir a la cláusula *rebus sic stantibus* habrá que comprobar si era posible anticipar los efectos de un suceso imprevisible, pero probable[351].

En tal sentido, la jurisprudencia del Tribunal Supremo, al analizar la aplicación del cambio de circunstancia, habla precisamente del riesgo normal del contrato. El TS deja claro que es imprescindible saber cuáles son los riesgos asignados al cumplimiento del contrato, ya sea por su expresa previsión o por su vinculación con los riesgos propios que se deriven de la naturaleza y sentido de la relación obligatoria contemplada en el contrato[352]. Así, para la aplicación de la cláusula *rebus sic stantibus,* queda excluido el riesgo normal inherente o derivado del contrato[353].

Hay riesgos que son derivados del propio contrato; se trata de peligros considerados típicos e implícitos en la actividad, como, por ejemplo, el deslizamiento en la construcción del canal, que corre a cargo de quien está obligado a construir la obra; la muerte del siervo en el transporte marítimo, que está

---

350 Este acrónimo (formado en inglés a partir de *Corona Virus Disease* y *2019*) se usa normalmente en masculino (*el COVID-19*) por influjo del género de *coronavirus* y de otras enfermedades víricas, que toman el nombre del virus que las causa. Fuente: https://www.rae.es/

351 Gómez Ligüerre, C. (2020), «Fuerza mayor», *InDret,* n. 2, p. 10.

352 SSTS de 30 de junio 2014, 24 de febrero 2015 y de 20 de julio 2017.

353 Kalil, A. (2020), «Los contratos incompletos como mecanismo de gestión de riesgos: tratamiento en los nuevos instrumentos de modernización del Derecho de contratos» *Anuario de Derecho Civil.* tomo LXXIII, fasc. III, p. 1177.

a cargo del transportador como peligro propio de su actividad; el hurto de los vestidos entregados para lavar y tinturar, que debe correr a cargo del lavandero, etc.

No se puede emplear el desplazamiento del riesgo para tratar de justificar una modificación del contrato por un evento sobrevenido que estaba dentro del ámbito del riesgo de la propia actividad. No se puede, por tanto, hablar de cambio de circunstancias cuando el riesgo forma parte del propio negocio celebrado.

En otro orden de ideas, MARTÍNEZ-VELENCOSO destaca que el *Code* napoleónico no contenía la cláusula *rebus sic stantibus*, hecho que explica el motivo por el que el Código Civil español no contenga ninguna institución similar, sino más bien al contrario, «se reafirme el principio *pacta sunt servanda*»[354]. Por ello, resulta de gran importancia la construcción jurisprudencial al respecto.

Conscientes de la crisis que se está viviendo en la actualidad (no solamente sanitaria) mundial y con el propósito de situar el manejo de la cláusula *rebus sic stantibus* por parte del Tribunal Supremo, resulta apropiado realizar un recorrido histórico que evidencie la actuación de la jurisprudencia durante tres periodos concretos de crisis, con el objetivo de vislumbrar cómo la aplicación de la cláusula ha estado influenciada por dichos eventos.

4.4 Tres crisis económicas, la cláusula rebus sic stantibus y el Tribunal Supremo español

La cláusula *rebus sic stantibus* permite al deudor de una prestación mitigar el alance de una obligación que se ha vuelto excesivamente gravosa por un evento sobrevenido, imprevisible o

---

354 MARTÍNEZ-VELENCOSO (2003), *Op. cit.*, pp. 73-74.

inevitable. Aunque se puedan utilizar otras teorías importadas del Derecho comparado[355], el resultado práctico es el mismo, es decir, adaptar el contrato para forzar la renegociación o, en último caso, resolverlo.

4.4.1 La crisis financiera tras la Guerra Civil española

La primera sentencia en abordar frontalmente la *rebus sic stantibus* fue la de 14 de diciembre de 1940, tras la Guerra Civil española. El Tribunal se pronuncia en el famoso caso «Altos Hornos de Vizcaya», en relación con un conflicto surgido a raíz de la subida de precios del mineral tras la Guerra Civil. La demandada alegaba la alteración de las circunstancias como fundamento para resolver el contrato; sin embargo, dicha premisa no fue admitida por el alto Tribunal, sosteniendo que la alteración del precio no había llegado a ser tan excepcional como para ser equiparable a la imposibilidad[356].

En la STS del 17 de mayo de 1941 el Tribunal volvió a referirse a la cláusula *rebus sic stantibus* para negar su aplicación, considerando que la subida de las tarifas ferroviarias no era totalmente imprevisible. En ambas sentencias citadas, el TS consideró que la cláusula tenía un carácter rigurosamente excepcional, sometiendo su aplicación a unos requisitos muy estrictos y además interpretados con mucho rigor[357].

En el célebre «pleito Carbonell», la entrega del aceite había quedado interrumpida por la Guerra y, aunque la sentencia no

---

[355] En este sentido, hay Sentencias que utilizan la teoría de la frustración del fin del contrato, STS 27 de octubre de 1986 o la teoría de la base del negocio, STS 14 de diciembre de 1993, pero los efectos, insisto, es el mismo.

[356] Díez-Picazo, L. (1996), «La cláusula "rebus sic stantibus"», *Cuadernos de Derecho Judicial*, pp. 671-672.

[357] SSTS de 14 de diciembre de 1940 y de 17 de mayo de 1941.

hable expresamente de la cláusula *rebus sic stantibus,* fue la base de la STS de 13 abril 1944 que permitió reducir la cantidad de aceite que había de entregarse.

En la sentencia de 17 de mayo de 1957, asentando su carácter excepcional, el TS estableció tres requisitos para la aplicación de la *rebus sic stantibus:* Primero, que la alteración extraordinaria de las circunstancias se produzca en el momento de cumplir el contrato. Segundo, que exista una inmensa desproporción entre las prestaciones de las partes contratantes. Tercero, que la circunstancia sobrevenida sea radicalmente imprevisible. Finalmente, la posterior sentencia de 6 de junio de 1959, completa estos requisitos con el cuarto, a saber, que no exista otro medio para remediar el perjuicio.

La línea jurisprudencial de España siempre mantuvo la cláusula *rebus sic stantibus* como «cláusula peligrosa y que, su admisión debe ser cautelosa»[358], posición que fue mantenida durante muchísimos años. De hecho, incluso cuando ya el país estaba inmerso en la crisis del 2008, la mayoría de las sentencias defendían su carácter singular[359]. A raíz del diluvio de asuntos derivados de los problemas ocasionados por la crisis financiera, las SSTS de 17 y 18 de enero de 2013[360] reafirmaban que la crisis económica no era admisible para la aplicación de la cláusula *rebus sic stantibus,* pues la prestación de entrega de cantidad dineraria nunca perece. Además, las referidas sentencias afirmaban que, «la cláusula es ajena a la esencia del caso fortuito o fuerza mayor».

Este panorama dio un giro completamente inesperado con la STS de 30 de junio de 2014, que se analiza a continuación.

---

358 STS de 17 de mayo de 1957

359 STS de 8 de octubre de 2012 (AR 2012/9027).

360 SSTS de 17 de enero de 2013 y de 18 de enero de 2013.

4.4.2 La post burbuja inmobiliaria del año 2008

La crisis financiera vivida por casi todos los países del mundo trajo consecuencias directas en la jurisprudencia del Tribunal Supremo español, quien sin embargo ha tardado en cambiar de postura respecto a la aplicabilidad de la cláusula *rebus sic stantibus*. No fue hasta el año 2014 que el TS consagró la generalización de tal cláusula. En las sentencias del 30 de junio y 15 de octubre de 2014, el Tribunal asumió los efectos que una alteración sobrevenida de las circunstancias, derivada de la crisis económica, había de tener en los contratos, inclusive en las relaciones jurídicas entre empresarios[361].

La sentencia del 30 de junio de 2014[362] defiende una configuración plenamente normalizada de tal cláusula, con «una progresiva objetivación de su fundamento técnico de aplicación». El principal fundamento de la doctrina del TS es el de adaptar la doctrina sobre la cláusula *rebus sic stantibus* a la realidad de la crisis económica y, a su vez, a los principales textos de armonización. Para Henríquez Salido, «se dulcifica sustancialmente su consideración, desde una valoración casi peyorativa a una normalizada apreciación»[363].

Pasados los grandes ruidos de la crisis, el TS decide dar un paso atrás en los criterios asentados y pasa a considerar que, en el marco de una actividad empresarial, la crisis financiera no puede considerarse imprevisible o inevitable[364].

---

361 Luna Yerga, A. y Xiol Bardají, M. (2015), «Rebus sic stantibus: ¿un paso hacia atrás?», *Indret*, n. 2. p. 8.

362 Para un estudio de la sentencia, véase Raventós Soler, A., Luna Yerga, A. y Xiol Bardají, M. (2015), «Cuesta abajo y sin frenos. Comentario a la sentencia de la sala primera del tribunal supremo, de 30 de junio de 2014 (RJ 2014/3526)» *Aranzadi doctrinal*, n. 3, pp. 2-15.

363 Henríquez Salido, M.C. *et al.* (2016), p. 199.

364 STS del 11 de diciembre de 2014.

Sin vaticinar la crisis del COVID-19, la sentencia del 6 de marzo de 2020[365] ha querido alejarse de la doctrina normalizada sobre imprevisibilidad del evento (de hecho, no cita las sentencias del 2014) para ceñirse a la «frustración del fin del contrato». AVILÉS GARCÍA afirma que, la STS de 6 de marzo de 2020 recoge la doctrina tradicional de la *rebus sic stantibus*, pero sin desdecirse o desmarcarse abiertamente de ninguno de los recientes planteamientos normalizados a partir de 2014. Por supuesto, no se sabe cómo será la doctrina del TS de ahora en adelante, pero sí se cuenta con sentencias de Juzgados de Primera Instancia a este respecto, que se comentan a continuación.

4.4.3 La cláusula rebus sic stantibus y los efectos del COVID-19

En España, el Real Decreto-ley 15/2020, de 21 de abril, de medidas urgentes complementarias para apoyar la economía y el empleo, en el apartado II del Preámbulo, afirma que, «ante esta situación, procede prever una regulación específica en línea con la cláusula *rebus sic stantibus*, de elaboración jurisprudencial, que permite la modulación o modificación de las obligaciones contractuales si concurren los requisitos exigidos: imprevisibilidad e inevitabilidad del riesgo derivado, excesiva onerosidad de la prestación debida y buena fe contractual». Esta necesaria introducción se debe a que el ordenamiento patrio no dispone, como ya se ha mencionado, de una norma general en materia de alteración sobrevenida de las circunstancias,

---

365 Véase, AVILÉS GARCÍA, J. (2021), «Cláusula "rebus sic stantibus" precovid-19 cierre y apertura de una nueva encrucijada jurisprudencial. Comentario a la STS de 6 de marzo de 2020 (RJ 2020,879)» *Cuadernos Civitas de jurisprudencia civil*, n. 115, pp. 83-112.

de modo que toda la construcción de la *rebus sic stantibus* ha sido obra de la doctrina y de la jurisprudencia[366].

Siguiendo la «orientación» del Real Decreto-Ley, la Fundación FIDE ha elaborado una propuesta que consta de un artículo único con siete apartados para regular la aplicabilidad de la cláusula *rebus sic stantibus* a las situaciones propias derivadas directamente del COVID-19 o de la situación económica causada por la pandemia[367]. De acuerdo con la fórmula

---

366 Respecto a la contratación civil, el Real Decreto-ley 11/2020, de 31 de marzo, por el que se adoptan medidas urgentes, regula un conjunto de medidas que afectan a los contratos de arrendamiento de vivienda habitual, préstamos hipotecarios y personales y viajes combinados. En las palabras de García Rubio, regulación sobradamente justificada por considerar que las circunstancias reflejaban la alteración de las condiciones del contrato por una causa sobrevenida. García Rubio, M.P. (2020), «Medidas en materia de contratos por el COVID-19 en España», *Revista de Derecho Civil*, Vol. 7, Nº. 2, p. 16.

367 Carrasco Perera manifiesta su desacuerdo con la propuesta y califica de «entrometerse hasta las cejas predicando lo que venga en gana» De hecho, el autor admite no entender como «una Institución seria, de reputado mérito, que cumple una importante función social en la difusión y análisis del Derecho, como es la fundación FIDE, se haya visto necesitada de constituir en su seno un (sic) "gabinete de crisis", como si se tratara de una agencia del poder gubernamental, para estudiar y preparar un proyecto de Real Decreto-Ley sobre la cláusula *rebus,* revitalizada para los tiempos del COVID. Y es posible que la propuesta no caiga en saco rato, dada la compulsión de nuestro gobierno COVID a llenar y llenar páginas de BOE cuando no hay otra cosa mejor que hacer». Carrasco Perera, A. (2020), «Al fin la madre de todas las batallas del covid 19: "rebus sic stantibus". con ocasión de una reciente propuesta institucional», *Publicaciones jurídicas.* Centro de Estudio de Consumo. p. 2. Disponible en: http://centrodeestudiosdeconsumo.com/images/Al fin la madre de todas las batallas del covid 19- rebus sic stantibus.pdf (última visita: 30 de junio de 2020).

expuesta por FIDE, la parte que sufre la excesiva onerosidad tiene derecho a solicitar la renegociación.

La aplicación de la cláusula *rebus sic stantibus* en los contratos afectados por esta crisis sanitaria sin precedentes, se quedó a cargo en un primer momento de los Juzgados de Primera Instancia[368], que se decidieron por la aplicabilidad de la cláusula en los contratos de arrendamiento de locales comerciales. Las sentencias consideran que la pandemia alteró la base del negocio y produjo graves perjuicios para los arrendatarios. Reconocieron, además, que se dan los demás presupuestos de aplicación de la cláusula *rebus sic stantibus* y, por tanto, determinan la renegociación del contrato para reducir las rentas pactadas.

Con el paso del tiempo, el tema llegó al Tribunal Supremo principalmente en pleitos de desahucio, con reclamación de rentas. En la emblemática Sentencia del 24 de julio de 2024, entiende que la pandemia por Covid-19 pueda considerarse fuerza mayor que justifique el incumplimiento de la obligación de pago de la renta en un arrendamiento de local de negocio. Según el TS, para que el arrendatario quede liberado de su obligación por fuerza mayor, es preciso que la prestación sea imposible (artículos 1182 y 1184 CC). Y en este caso la prestación debida por el deudor arrendatario, en cuanto deuda de dinero, sigue siendo posible, y de ahí que rechace la alegación de fuerza mayor.

Según el Tribunal, las circunstancias no son propiamente un problema de fuerza mayor, sino que vienen a coincidir sustancialmente con la doctrina de la cláusula *rebus sic stantibus*, pues lo que justificaría la falta de pago correcto por su parte

---

368 Sentencia de 8 enero 2021 del Juzgado de Primera Instancia núm. 20 de Barcelona y Sentencia de 1 de mayo 2021, del Juzgado de Primera Instancia núm. 4 de Gandía (Valencia)

serían las dificultades a las que se enfrentó para obtener ingresos como consecuencia de las medidas gubernativas adoptadas por razón de la Covid-19.

Teniendo en cuenta todo lo expuesto a lo largo de este capítulo, puede concluirse que, solamente en el ámbito de un contrato sinalagmático, de tracto sucesivo y en el que aún exista una obligación pendiente de cumplimiento, surge el problema del riesgo contractual en sentido estricto. Esto es, la posibilidad de tener que cumplir la propia obligación habiéndose extinguido el derecho a percibir la contraprestación. Se verifica que, pese a la ausencia de regulación en el Código civil, la jurisprudencia española ha considerado que la regla que debe prevalecer es la *periculum est debitoris* y que la imposibilidad sobrevenida es causa de la resolución contractual. El fundamento de esta decisión reside justamente en el sinalagma funcional: por lo tanto, ante la imposibilidad de cumplir, el sinalagma que unía a ambas partes desaparece también y tendrían que extinguirse ambas obligaciones.

Tras el análisis del riesgo contractual desde una perspectiva general, sería necesario adentrarse en el problema de la distribución del riesgo, tratando específicamente los contratos de servicios. Ya se confirmó que el Código Civil español, concretamente en el artículo 1184 para las obligaciones de hacer, no determina la suerte de la contraprestación en las obligaciones bilaterales pero, como se verá a continuación, tampoco regula de manera satisfactoria la parte especial sobre la contratación de servicios, por lo que se procederá a desmenuzar dicha problemática en el siguiente capítulo.

Capítulo III

El riesgo contractual en los contratos de servicio

1. UBICACIÓN DEL PROBLEMA

Tras haber explicado la evolución de la teoría del riesgo, su correcta ubicación y su naturaleza jurídica, así como la diferencia entre la cláusula *rebus sic stantibus* y la teoría del riesgo, restaría por analizar diligentemente el problema del riesgo dentro de los contratos de servicios. Es sumamente importante advertir que el presente trabajo pretende responder a las cuestiones relativas a los contratos civiles de servicios, es decir, los celebrados en el marco de las relaciones entre particulares y regulados por el Código Civil español. La razón de este recorte se debe a que, de un lado, los contratos de servicios públicos están regulados por la propia normativa administrativa y, de otro, a los contratos celebrados con consumidores debe aplicarse el TRLGDCU, para así responder a los principios de protección de consumidores y usuarios marcados por la UE.

Todas las observaciones hechas en el capítulo anterior sobre la imposibilidad sobrevenida, llevan a afirmar que en un contrato de servicio, la imposibilidad de cumplir recae sobre la obligación debida por el prestador del servicio. La frustración significa la no realización del servicio y esto torna imprescindible la tarea de determinar quién debe soportar el *periculum obligationis* generado por la «interrupción» definitiva de la obligación. Esta ardua tarea, sumada a la falta de desarrollo legal para los contratos consistentes en una obligación de hacer, genera «una extraordinaria confusión a los efectos de delimitar el contenido del riesgo contractual»[369].

Como se ha señalado previamente, para delimitar el riesgo en los contratos sinalagmáticos es necesario tener claro que el prestador del servicio es deudor de la actividad y acreedor de la contraprestación. A su vez, el cliente es acreedor de la prestación específica y deudor de la retribución, normalmente dineraria. Por ello, la pregunta que debe plantearse es la siguiente: en caso de imposibilidad de la ejecución del servicio, por causas no imputables a las partes, ¿cómo se asigna el riesgo de la contraprestación? El Código Civil español no recoge tal cuestionamiento y a esta pregunta solo caben tres posibles respuestas:

a) Nadie asume el riesgo, ambas obligaciones se extinguen–*periculum nemo tenetur* (en el plano teórico, porque en la práctica alguna parte siempre saldrá perjudicada).

b) El cliente asume el riesgo. Ante la imposibilidad de recibir el servicio, el cliente sigue obligado a pagar el precio convenido–*periculum est creditoris.*

c) El prestador asume el riesgo. Ante la imposibilidad de prestar el servicio, la obligación del cliente también se extingue y el prestador no recibe su contraprestación y debe restituir lo que había cobrado anticipadamente–*periculum est debitoris.*

La última opción parece más lógica: la persona que no recibe el servicio, incluso por causa no imputable, no debe pagar lo que había pactado, y puede recuperar lo pagado anticipadamente. Al utilizar la regla *periculum est debitoris,* el reparto de los riesgos quedaría de la siguiente manera: hecha imposible la ejecución del servicio, por un evento sobrevenido no imputable

---

369 ALEMÁN MONTERREAL (1996), *Op. cit.*, p. 108.

a las partes, el riesgo obligacional de la contraprestación (normalmente dinero) será del prestador del servicio quien, al quedar liberado de su prestación, no podrá exigir el pago de la contraprestación y además deberá restituir lo cobrado. Esta opción trae como resultado lógico la extinción del vínculo contractual.

Esta medida encontró su fundamento en el sinalagma genético y, según TAMAYO LOMBANA, «es una solución absolutamente lógica y ajustada a la equidad». Para el autor, cuando las obligaciones son recíprocas, «si una de ellas falta, cae toda la operación»[370]. Igualmente, DÍEZ-PICAZO puntúa que, en un regular desarrollo de las relaciones basadas en el sinalagma genético «...la subsiguiente desaparición de uno de los deberes de prestación lleva aparejada la consecuencia de que el otro, aislado, carezca por completo de sentido y razón de ser»[371].

De acuerdo con RODRÍGUEZ ROSADO, «el sinalagma genético se refiere al hecho de que, en los contratos consensuales, el nacimiento de la obligación de cada parte depende del recíproco nacimiento de la otra»[372], lo que implica que las obligaciones de las partes ya nacen condicionadas entre sí. El carácter recíproco de las obligaciones, según la doctrina mayoritaria, implica el mutuo condicionamiento, por lo cual «cada una de ellas no tiene razón de existir sin la otra»[373]. Las dos obligaciones que nacen del contrato bilateral son constitutivas del mismo en su esencia[374].

---

370 TAMAYO LOMBANA, A. (2005), *La responsabilidad civil extracontractual y la contractual.* Ediciones Doctrina y Ley, pp. 430-431.

371 DÍEZ-PICAZO (2008), *Op. cit.*, p. 433.

372 RODRÍGUEZ ROSADO (2013), *Op. cit.*, p. 11.

373 ENNECCERUS, N. Y LEHMANN, H. (1933), *Recht der Schuldverhältnisse.* (versión española traducida y anotada por PÉREZ GONZÁLEZ, B. Y ALGUER, J.) 1ª ed. Vol. I, Bosch Editor, p. 243.

374 RIVERO LAMAS, J. (1972), «Tipificación y estructura del Contrato de Trabajo», *Anuario de Derecho civil,* Tomo XXV, fasc. I, p. 163.

ALONSO PÉREZ afirma que la bilateralidad del contrato está directamente referida a la presencia en su génesis de dos partes que se obligan a realizar unas prestaciones recíprocas, debidas por el vínculo jurídico creado y tendentes a operar un intercambio de bienes o servicios de aquellos por estos[375]. Entretanto, el mismo autor propone abandonar los términos bilaterales o sinalagmáticos para hablar, sencillamente, de contratos con obligaciones correlativas[376].

Desde el punto de vista doctrinal, la teoría del sinalagma encontró poca oposición. En España, TRAVIESAS criticaba que las obligaciones recíprocas se sirvieran mutuamente de causa, proponiendo en su lugar la denominación de reciprocidad necesaria. En Alemania, DERNBURG, autor pandectista, estimaba que el contrato bilateral se sustanciaba en un cambio de prestaciones, pero se negaba a conceder un carácter de dependencia o subordinación entre las prestaciones obligatorias[377].

Aunque ha habido críticas al concepto de sinalagma genético, principalmente en lo relativo a la necesaria dependencia recíproca de las obligaciones, en España la posición de la doctrina y también del Tribunal Supremo es unánime respecto a su uso como fundamentación en la teoría del riesgo.

El TS afirma que, «no es lícito ni jurídico»[378], en el marco de un contrato bilateral, someter al deudor al cumplimiento de

---

375 ALONSO PÉREZ, M. (1967), *Sobre la esencia del contrato bilateral*, Secretariado de Publicaciones e Intercambio Científico, Universidad de Salamanca, pp. 10-12.

376 *Ibid.*, pp. 42 y *ss.*

377 RIVERO LAMAS (1972), *Op. cit.*, p. 164.

378 STS de 10 diciembre 1963: «pues no es licito ni jurídico que -cual declaran las sentencias de 16 de mayo de 1941, 4 de febrero de 1947 y 24 de septiembre de 1963 -en materia de obligaciones recíprocas un contratante pueda por fuerza mayor dejar de cumplir el servicio prometido y a la vez exigir el pago del precio estipulado para la prestación no efectuada, y ello es así porque se produce

una obligación que ha perdido su contraprestación. Para CARRASCO PERERA, es jurídicamente reprobable que el acreedor de la obligación imposible siga obligado a cumplir el pago[379].

Pese a unanimidad en la solución, el Código Civil español no regula en materia de las obligaciones bilaterales, por lo que la construcción de la solución al problema del *periculum obligationis* ha sido producto de la doctrina y de la jurisprudencia. Por ello, es necesario hacer un recorrido sobre las características del evento que puede dar lugar a la asignación del riesgo contractual en los contratos de servicios. Además, es necesario situar la escasa regulación del CC sobre el riesgo de la contraprestación en tales contratos y ubicar las respuestas ofrecidas por la jurisprudencia española en relación a la contraprestación de obligaciones imposibles en los contratos de servicios.

2. DELIMITACIÓN

Hay múltiples situaciones en las que, acontecimientos ajenos a la voluntad de los sujetos, provocan que los compromisos contraídos por estos no lleguen a realizarse. Dicho esto, para que un evento sea capaz de imposibilitar la obligación y, en consecuencia, liberar al deudor, tal suceso debe poseer unas características determinadas. En el presente trabajo se han sintetizado dichos aspectos, de modo que se puedan delimitar las peculiaridades del evento capaz de obstaculizar la ejecución del servicio y al mismo tiempo exonerar y liberar al deudor[380].

---

una ineficacia contractual por hechos sobrevenidos con posterioridad a la celebración del acto, que provocan la casación de sus efectos bien por aplicación del artículo 1.124 o en caso de arrendamiento, por la del 1.295 del Código Civil».

379 CARRASCO PERERA (2021), *Op. cit.*, p. 1052.

380 CASTILLA BAREA realiza un resumen de los elementos calificativos de la imposibilidad sobrevenida que nos sirve de apoyo. Según la autora, los elementos son: a) la pérdida o *irrealizabilidad* (*sic*) de la

2.1 El carácter sobrevenido de la circunstancia

Según la RAE, sobrevenir significa «acaecer o suceder además o después de otra». Por lo tanto, toda contingencia que ocurra antes de la perfección del contrato no puede ser considerada riesgo, por el simple hecho de que el evento debe ser sobrevenido, es decir, debe ser un suceso que ocurra, ineludiblemente, después de que las partes hayan pactado[381].

El hecho de que los eventos deban ser sobrevenidos es un dato fundamental, se trata de la *distantia temporis* entre el momento de la celebración y el de la ejecución del contrato, durante la cual se verifican los eventos que imposibilitan el cumplimiento de la prestación. No es un requisito exclusivo de la imposibilidad de ejecutar un servicio, sino de ejecutar cualquier obligación, sea de dar o de hacer. De acuerdo con el TS, respecto a la observación temporal de la imposibilidad, ha de venir referida al momento en que se requiere al deudor el cumplimiento[382]. CASTILLA BAREA subraya que el suceso debe ser verificado con anterioridad al momento del cumplimiento o durante su desarrollo[383]. Aplicado específicamente a los contratos de servicios, el criterio temporal no entraña mayores cuestionamientos.

En otro orden de cosas, también se valora si el evento causa una frustración relevante hasta el punto de, realmente,

---

prestación; b) la comprobación de un caso fortuito o fuerza mayor; c) la presencia o ausencia de pactos de responsabilidad civil; d) la ausencia de culpa o dolo e) la ausencia de mora; f) la procedencia de la obligación de un delito o falta y, g) la inexistencia de dos obligaciones incompatibles sobre la misma cosa. CASTILLA BAREA (2000), *Op. cit.*, p. 45.

381 Si el deudor asume una obligación que resulta originalmente imposible, no será aplicable el artículo 1184 CC, sino el 1272 CC y, consecuentemente el contrato es nulo.

382 STS de 23 de febrero de 1995.

383 CASTILLA BAREA (2000), *Op. cit.*, p. 43.

imposibilitar el cumplimiento. Se puede realizar una clasificación respecto a la imposibilidad relativa o absoluta; definitiva o transitoria; legal o material, y finalmente, objetiva o subjetiva, según los criterios que se señalan a seguir.

2.2 *La frustración relevante*

Constatado que evento es posterior a la perfección del contrato, se debe proceder al análisis de la magnitud del evento para confirmar si, efectivamente, es capaz de impedir la consecución del servicio.

No toda continencia sobrevenida tiene influjo en la prestación asumida en el contrato; por ello, para considerar que dicho contrato ha fracasado, y por lo tanto la prestación es realmente imposible, es necesario que el evento sobrevenido tenga el poder de frustrar significativamente la prestación. Existen determinadas circunstancias que no son tan relevantes como para alterar las reglas del contrato, luego no son objeto de asignación de riesgo y, por lo tanto, deben ser asumidas por quien sufre el evento.

Con el propósito de facilitar la metodología, se puede realizar, por un lado, una clasificación excluyente: imposibilidad relativa o absoluta e imposibilidad definitiva o transitoria; y por otro, una clasificación en función del tipo de imposibilidad liberatoria: legal o material y objetiva o subjetiva, según los criterios que se señalan abajo.

2.3 *El carácter de la imposibilidad que libera al deudor*

a) Absoluta o relativa

Se dice que hay imposibilidad absoluta o total cuando el evento afecta a toda la prestación; en cambio, esta será relativa o parcial cuando el evento solo inviabiliza una parte del todo[384]. El evento que tiene el poder de liberar el deudor debe impedir toda la prestación, la frustración debe ser absoluta. Este es el entendimiento de la jurisprudencia española, fundamentalmente porque la imposibilidad que alcanza solamente a una parte de la prestación debe ser objeto de adaptación del contrato, para preservar al máximo su viabilidad. Se defiende, por tanto, que en caso de imposibilidad relativa, se empleen otros mecanismos que permiten cumplir la prestación y adaptar la contraprestación como, por ejemplo, la disminución proporcional del valor.

El concepto de imposibilidad de cumplimiento queda pues definido como un impedimento absoluto que recae sobre toda la obligación y por ello el deudor queda liberado. Por tanto, solo la imposibilidad definitiva extingue la obligación. Si esto consistiera en un *facere*, es necesario que el servicio no sea posible ni siquiera a costa de mayores gastos y desventajas.

El Código Civil no regula la imposibilidad sobrevenida parcial, lo que significa que la solución debe ser casuística, atendiendo a la circunstancia de cada caso. Y siempre considerando que, para aplicar el artículo 1184 CC, la imposibilidad debe ser absoluta.

b) Imposibilidad definitiva o transitoria

Para considerar la liberación del deudor, es necesario que la imposibilidad sea definitiva e insuperable, puesto que si se trata de una dificultad meramente transitoria, el efecto que tiene es únicamente suspensivo de la obligación[385].

---

384 MORENO QUESADA, L. (1983), «La imposibilidad originaria de la prestación», *Revista de la Facultad de Derecho de la Universidad de Granada*, n. 2, p.98.

385 STS de 13 marzo 1987. véase: JORDANO FRAGA, F. (1987), «Imposibilidad temporal liberatoria de la obligación en un contrato sinalagmático (Comentario a la S.T.S. de 13 de marzo de 1987)», *Cuadernos Civitas de Jurisprudencia Civil*, nº 13, pp. 4423-4436.

El Código patrio tampoco regula los supuestos de imposibilidad transitoria, pero el *Codice Civile* italiano confirma para tal caso que la solución adecuada al problema es la mencionada suspensión de la obligación. El artículo 1256 *Codice* establece que, cuando la imposibilidad es solo temporal, el deudor queda eximido de responsabilidad por demora, pero debe cumplir tan pronto como le sea posible. En cambio, si la imposibilidad transitoria persiste hasta que el deudor ya no puede realizar la prestación[386] o el acreedor ya no tiene interés en obtenerlo, la obligación se extingue[387].

El impedimento no solo no debe ser removible en la actualidad, sino que también debe ser insuperable mientras el acreedor pueda tener interés en la ejecución y el deudor pueda considerarse obligado a realizarla. De este modo, los dos elementos para configurar la imposibilidad liberatoria del artículo 1184 son el carácter absoluto y el definitivo. Una vez se ha comprobado que el evento inviabiliza la prestación completa y permanentemente, se podrán clasificar los sucesos sobrevenidos en función de la siguiente tipología.

2.4 Tipos de imposibilidad que liberan el prestador del servicio

a) Legal o material

La imposibilidad es material o física cuando la inejecutabilidad recae sobre el cuerpo físico que forma la prestación o

386 En estos supuestos, la obligación que al principio era temporalmente imposible, pasa a ser definitivamente imposible. Lo comentarios al artículo trae como ejemplo el caso de un entrenador de un animal raro que no puede ser obligado a realizar el espectáculo después de que el único espécimen que posee ha muerto.

387 Se puede pensar, por ejemplo, en la actuación de un cantante programado para el Año Nuevo pero que solo es posible a partir del 3 de enero.

sobre la persona del deudor[388]. Por otra parte, la imposibilidad es legal o jurídica cuando la imposibilidad deriva de una decisión del poder público, de la norma jurídica[389].

Es importante resaltar que la imposibilidad legal que extingue la obligación debe ser aquella que impide la ejecución de esta y no la que afecta la posibilidad de su uso por parte del acreedor. Así decidió la jurisprudencia italiana en un curioso caso de una parte que compra un horno para instalar en una panadería pero se negó a ejecutar el contrato, alegando que, al no haber obtenido las autorizaciones necesarias para la ampliación del local, no podía utilizar dicho horno[390].

Ambas imposibilidades, material y legal, tienen el poder de tornar la prestación imposible, pero su análisis depende del caso concreto. A su vez, la imposibilidad también puede responder a sucesos que afectan a la prestación de manera objetiva o subjetiva.

b) Imposibilidad objetiva o subjetiva

El evento que recae en el contenido de la prestación, en sí misma considerada, será calificado como objetivo; por otro lado, cuando el suceso incide sobre la persona del deudor, es subjetivo[391].

Es necesario aclarar que no se trata del ámbito de los elementos de la imposibilidad que siempre tienen un elemento objetivo, que es la imposibilidad de realizar el servicio en sí, considerado en sí mismo, y el elemento subjetivo de la ausencia

---

388 CASTILLA BAREA (2008), *Op. cit.*, p. 150.

389 MORENO QUESADA, L. (1983), *Op. cit.*, pp. 98-103.

390 Casación Civil, Sección II, sentencia n. 9304 de 9 de noviembre de 1994.

391 DÍEZ-PICAZO (2008), *Op. cit.*, p. 690.

de culpa por parte del deudor en cuanto a la determinación del evento que hizo imposible la actuación. Respecto a los elementos, la imposibilidad debe ser siempre objetiva, es decir, la imposibilidad depende de un impedimento inherente al contenido de la prestación[392].

En este sentido, cuando se describe el tipo de imposibilidad como objetiva o subjctiva se hace referencia a si el evento afecta al objeto de la prestación o al sujeto deudor de ella. El mejor ejemplo de imposibilidad subjetiva es la muerte del deudor. En otras palabras, la imposibilidad puede ser subjetiva cuando se trata de una de las partes del contrato y determina la extinción porque la persona es decisiva y nadie más pudo completar la obra; u objetiva, cuando la imposibilidad de continuar el trabajo no responde a la capacidad del prestador.

En resumen, el evento debe ser verificado siempre después de la perfección del contrato y, además, la imposibilidad debe ser absoluta, definitiva, física o legal, objetiva o subjetiva y resulta imprescindible que dicha imposibilidad no resulte imputable[393], por lo que a continuación se procede a analizar esta última característica.

2.5 La imposibilidad de cumplir debe responder a un evento no imputable

Cuando el deudor se encuentra en la imposibilidad de cumplir su obligación, se debe verificar que el evento sobrevenido no sea consecuencia de su culpa, así como tampoco pueda ser imputable al acreedor. Por ello, si el deudor estaba constituido

---

392 DIEZ-PICAZO (2008), *Op. cit.*, p. 651.

393 «para que la imposibilidad sobrevenida de la prestación opere el efecto liberatorio resulta imprescindible que dicha imposibilidad no resulte imputable al deudor». STS de 6 junio 2016.

en mora[394], si el deudor actuó dolosamente, si el deudor cumplió defectuosamente, si el acreedor se ha recusado a recibir el servicio o si el deudor provocó el impedimento[395], no se situaría el contrato en el ámbito de la teoría del riesgo, sino en la esfera del incumplimiento contractual.

Entretanto, si la imposibilidad responde a una causa que no se puede imputar a ninguna de las partes, supondría entonces que la prestación devino imposible «sin culpa» y, por lo tanto, es un problema de la teoría del riesgo. En este punto es importante aclarar que, «sin culpa de las partes» no significa que el suceso deba responder, necesariamente, a un caso fortuito o fuerza mayor.

2.5.1 Concepto de caso fortuito o fuerza mayor

Las primeras definiciones de casos fortuitos se encuentran en el *Corpus Iuris Civilis* de Justiniano, que se refiere a los mismos como «acontecimientos que no pueden preverse ni resistirse»[396]. En el Digesto se confirma que los mismos, para considerarse fortuitos, no pueden resistirse por la fuerza del hombre, y se añade que no deben ser causados por obra humana. En síntesis, en el Derecho romano, el caso fortuito se define como «el hecho irresistible, impredecible y en el cual el agente no tuvo ninguna culpa»[397].

---

394 STS de 23 febrero 1994.

395 «No podemos olvidar que fue el propio recurrente quien provocó el nacimiento de un impedimento legal (el de la expropiación forzosa posterior) ante el incumplimiento en el plazo prevenido de las obligaciones que le incumbían en cuanto a la entrega de la finca en el plazo pactado». STS de 15 diciembre 1987.

396 DE NARDI, L. (2020), «El caso fortuito: fundamentos culturales y religiosos de una categoría jurídica y de una cosmovisión» *Derecho PUCP: Revista de la Facultad de Derecho.* nº. 84, p. 339.

397 *Ibid.*, p. 340.

En España, Castán Tobeñas define caso fortuito como «el acontecimiento no imputable al deudor, imprevisto, o previsto pero inevitable, que imposibilita el cumplimiento de la obligación»[398]. Son acontecimientos independientes de la voluntad del deudor que deben ser, obligatoriamente, imprevistos; o si previstos, inevitables. La doctrina francesa, a su vez, sitúa el caso fortuito como un hecho ajeno o extraño al deudor[399], lo que sucede independientemente de la voluntad del obligado.

En sentido opuesto, también cabe entender «caso fortuito» como lo define Albaladejo, «un hecho no atribuible a culpa del deudor, que hace imposible el cumplimiento de la obligación»[400]. El autor sostiene que, dada la variabilidad del grado de diligencia que debe proporcionar el deudor, el concepto de caso fortuito solo puede ser ofrecido desde una delimitación negativa. Esta es la opción, por ejemplo, del BGB, que identifica el caso fortuito con la imposibilidad de realizar la prestación.

Otro aspecto destacable en esta materia es si caso fortuito y fuerza mayor son equivalentes o responden a conceptos diferentes. Una parte de la doctrina sostiene que son nociones distintas[401], mientras que otro sector afirma que distinguir ambos conceptos carece de trascendencia normativa[402].

---

398 Castán Tobeñas, J. (2008), *Derecho civil español, común y foral.* 17.ª ed. Reus, p. 256.

399 Planiol, M. y Ripert, G. (1931), *Traité pratique de droit civil français.* Obligations tomo VI, p. 531

400 Albaladejo (1994), *Op. cit.*, p. 172.

401 Para consultar la doctrina contraria, véase nota 453 Castán Tobeñas (2008), *Op. cit.*, p. 262.

402 Jordano Fraga, F. (1985), «Las reglas generales de la responsabilidad contractual en el sistema del Código civil español», *Anuario de Derecho civil,* Tomo XXXVIII, fasc. II, p. 380.

Entre los defensores de la primera corriente, SÁNCHEZ ROMÁN sostiene que los términos representan conceptos diferentes. Respalda este autor que el caso fortuito está vinculado normalmente a la acción de una fuerza o catástrofe natural: el terremoto, la tempestad, la lluvia, el granizo, la inundación, la alteración natural de las cosas, la enfermedad, la muerte y los hechos de los animales de los que el deudor no sea responsable[403]. En cambio, la fuerza mayor es afín a la intromisión de un factor externo o a cargo de un tercero, provendría de una acción humana no imputable al deudor, que puede ser legítima, como una disposición del poder público, o ilegítima, como el robo, el secuestro o la guerra[404].

En sentido opuesto[405], se verifica que el sector mayoritario de la doctrina considera que los conceptos de caso fortuito y fuerza mayor son plenamente identificables, constituyendo ambas situaciones una misma cosa e insistiendo en que la divergencia es más de terminología que de esencia[406]. Además, defienden que la diferenciación carece de efectos prácticos, ya que en ambos casos se habla de causas no imputables al deudor.

No se pueden catalogar los fenómenos como caso fortuito/fuerza mayor de manera abstracta pero, por supuesto, hay sucesos que se podría decir que son identificados en la juris-

---

403 En este sentido, la cosmovisión antigua atribuía los sucesos de caso fortuito a la ira divina. De NARDI afirma que para los romanos estos acontecimientos eran un producto de la voluntad divina y que por esta razón se decidió convertirlos en una excusa contractual. De NARDI (2020), *Op. cit.,* pp. 341-342.

404 SÁNCHEZ ROMÁN, F. (1899), *Estudios de Derecho civil.* Tomo IV: Derecho Civil Español común y foral. Parte especial. Rivadeneyra, p. 311.

405 También en la doctrina francesa, CARBONNIER señala que son «expresiones prácticamente sinónimas». CARBONNIER, J. (1960), Derecho civil. Tomo II. (versión española traducida y anotada por ZORRILLA RUIZ), Bosch Editor, p. 577.

406 CASTÁN TOBEÑAS (2008), *Op. cit.,* pp. 260-264.

prudencia como tal. Por ejemplo, los fenómenos meteorológicos[407], las guerras[408] y las modificaciones normativas[409] caracterizan, en abstracto, caso fortuito, aunque su calificación final dependerá del caso concreto.

Sin embargo, de manera unánime en la mayoría de los supuestos, la modificación de la normativa administrativa ha sido interpretada por los Tribunales como caso fortuito. A modo de ejemplo, en la STS de 30 de noviembre de 1990, el Tribunal Supremo entendió que la normativa urbanística sobrevenida que impedía la constitución de un nuevo edificio era un evento fortuito que traía como consecuencia la imposibilidad de cumplir. De este modo, conforme a la regla del sinalagma, determinó la resolución del contrato con la respectiva devolución de los pagos anticipados[410].

2.5.2 La ausencia de culpa

Dentro de este orden de ideas, a efectos de la imposibilidad sobrevenida, se pueden considerar el caso fortuito y la fuerza mayor como equivalentes, pues sus efectos serán idénticos. No obstante, si se prefiere la definición de caso fortuito como un hecho «impredecible o irresistible»–interpretación de la mayoría de los autores y de la jurisprudencia en España – se debe aclarar

---

407 STS 22 de octubre de 1971.

408 STS 3 de octubre de 1994.

409 STS 14 de enero de 1936.

410 Sobre la imposibilidad de cumplir por razones de modificaciones de normativa, véase CASTILLA BAREA, M. (2008), «La desaparición sobrevenida de la causa y la imposibilidad sobrevenida fortuita en la compraventa a consecuencia de la modificación del planeamiento urbanístico» en GÓMEZ GÁLLIGO Y CUADRADO IGLESIAS (COORD.) *Homenaje al profesor Manuel Cuadrado Iglesias*. Vol. 2. pp. 1433-1449.

que este no posee identidad de contenido con la imposibilidad sobrevenida inimputable, contemplada en el artículo 1184 CC.

La exoneración de la responsabilidad del deudor regulada en el 1105 CC exige la ocurrencia de caso fortuito (evento inesperado o inevitable) y elimina la posibilidad de que el acreedor reclame al deudor una indemnización por los daños y perjuicios causados por el acontecimiento. Esta exoneración de responsabilidad no siempre comporta la liberación del deudor, con la consecuente extinción de la obligación. En cambio, la apreciación de la imposibilidad de la prestación del artículo 1184 CC no requiere que el acontecimiento responda exclusivamente al caso fortuito[411]. Ello se extrae de la propia redacción de los mencionados artículos sobre la imposibilidad, al no referirse a la imprevisibilidad o inevitabilidad como requisito de la liberación del deudor.

Se entiende que muchos autores afirmen que la ocurrencia de caso fortuito es imprescindible para liberar el deudor, porque la idea de culpa se contrapone a la de caso fortuito en el artículo 1183 CC. «[…] se presumirá que la pérdida ocurrió por su culpa y no por caso fortuito [...]». De este modo, todo lo que no sea fortuito es culpa del deudor. Entretanto, dejar de incluir expresamente el caso fortuito como «única causa no imputable» en los artículos 1182 y 1184 CC no parece que sea un simple olvido del legislador[412].

El caso fortuito es el mejor ejemplo de la "no culpa del deudor", la más común, pero cualquier otro supuesto en que se demuestre la ausencia de culpa, también valdría para la liberación de la obligación. Este también es el posicionamiento del

---

411 En sentido opuesto, DÍEZ-PICAZO afirma que la imposibilidad sobrevenida debe ser fortuita. DÍEZ-PICAZO, (2008), *Op. cit.*, p. 692.

412 Aunque la doctrina y jurisprudencia ha hecho coincidir el concepto de «no imputabilidad» con los de caso fortuito y fuerza mayor, no se puede afirmar que el Código civil así lo determine.

gran jurista y sociólogo francés JEAN CARBONNIER, quien subraya que, además del caso fortuito, la ausencia de culpa es causa de liberación del deudor por imposibilidad sobrevenida[413].

A pesar de estar de acuerdo con que las diferencias terminológicas entre caso fortuito y fuerza mayor no son irrelevantes para el estudio de la liberación del deudor, no se puede sostener aquí que la expresión «sin culpa» signifique precisamente la existencia de un caso fortuito. Habrá supuestos en los que una contingencia sobrevenida suceda sin culpa del deudor pero que no sea un evento necesariamente imprevisible o irresistible[414].

En esta línea, OSTERLING mantiene que el caso fortuito y el de fuerza mayor son conceptos particulares dentro de la acepción general de la ausencia de culpa y, es exactamente esa ausencia de culpa, y no el caso fortuito o fuerza mayor, la regla general que libera al deudor de cumplir[415]. En la ausencia de culpa, el deudor no está obligado a probar que el evento era imprevisto o inevitable, el deudor simplemente está obligado a probar que prestó el cuidado y la diligencia que exigía la naturaleza de la obligación y que correspondía a las circunstancias de tiempo y de lugar.

En síntesis, no hay que demostrar que el acontecimiento que ocasionó la inejecución de la prestación era imprevisible o inevitable, sino que lo que es preciso evidenciar es que se actuó

---

413 CARBONNIER (1960), *Op. cit.*, pp. 585-586.

414 De hecho, la doctrina del Supremo sostiene que, «un cierto grado de previsibilidad de que podían sobrevenir circunstancias que hicieran imposible la prestación no debe excluir la operatividad de lo dispuesto en el artículo 1184, sino que lo esencial es que realmente se produzca la imposibilidad objetivamente sin culpa del deudor y que no haya incurrido éste en morosidad». STS de 23 de febrero de 1995.

415 OSTERLING, F. (1967), *Inejecución de las Obligaciones Contractuales en el Código Civil Peruano de 1936. La Indemnización de Daños y Perjuicios.* [Tesis Doctoral, Pontificia Universidad Católica del Perú] p. 27.

con el cuidado y la diligencia debida. El deudor que no puede cumplir su obligación ya sea debido a un caso fortuito, fuerza mayor o simplemente cuando no sea culpable por la imposibilidad, queda automáticamente liberado[416].

Esta posición es también la defendida por JORDANO FRAGA, quien asume que la noción de causa no imputable al deudor engloba todos los supuestos en que la imposibilidad sobrevenida no sea referible al deudor[417]. La ausencia de culpa es un concepto más amplio que engloba al fortuito, dado que la diligencia se mantiene todavía (arts. 1103 y 1104 CCC) como el criterio de imputación prevalente. La noción de causa no imputable abre la puerta a una más amplia consideración y clasificación de los eventos que, en base a un juicio de responsabilidad, no pueden ser imputados al deudor[418].

En sentido similar, CASTILLA BAREA subraya que el acontecimiento fortuito tiene un ámbito más amplio que la ausencia de culpa en la imposibilidad sobrevenida, por lo que, para la autora, los conceptos no son plenamente identificables[419]. Se defiende por tanto que el juicio de imputabilidad negativo (presupuesto de la liberación) se hace con arreglo al criterio general de cuidado y diligencia, aunque tendencialmente coincide con el caso fortuito o fuerza mayor.

Este no es, sin embargo, el entendimiento del Tribunal Supremo, quien reiteradamente afirma que para que se dé una verdadera situación de liberación del deudor es necesario que

---

416 ZUSMAN TINMAN (1980), *Op. cit.*, p. 79.

417 JORDANO FRAGA (1985), *Op. cit.*, p. 379.

418 *Ídem.*

419 No obstante, la autora defiende que el caso fortuito es un elemento de la imposibilidad sobrevenida. Afirmación que, por las razones descritas, no concordamos. CASTILLA BAREA (2008), *Op. cit.*, p. 58-61.

el motivo de no poder cumplir sea imprevisible o irresistible[420]. La finalidad de este estudio es determinar la suerte de la contraprestación cuando el deudor queda liberado, por lo tanto, aunque no se coincida con la postura de la jurisprudencia, se tratará la solución para los casos en que la imposibilidad sobrevenida del artículo 1184 haya sido reconocida y efectivamente el deudor quede liberado, para entonces decidir si el acreedor sigue obligado o no a cumplir su parte[421].

Hechas las consideraciones sobre la delimitación del evento capaz de liberar el deudor de ejecutar el servicio, hay que hacer notar cómo el código civil regula las consecuencias de la imposibilidad sobrevenida respecto a los contratos de servicios.

3. LA FALTA DE REGULACIÓN EN EL CÓDIGO CIVIL DEL RIESGO CONTRACTUAL EN LOS CONTRATOS DE SERVICIO

Como ya se ha verificado previamente, el Código Civil español no establece una regla general para la distribución del riesgo. Los preceptos que determinan la extinción de la obligación imposible no regulan la suerte de la contraprestación, básicamente porque los preceptos generales del CC están pensados para las obligaciones unilaterales[422] y por ello, en las obligaciones bilaterales el problema no queda resuelto. Además,

---

420 Por todas, véase la STS de 30 abril 2002: «para aplicar la imposibilidad es preciso que no haya culpa del deudor, y no la hay cuando el hecho resulta imprevisible e irresistible».

421 El problema de los riesgos difiere del de fuerza mayor «en el sentido de que no nos preocupa la liberación del deudor, sino la liberación del acreedor de sus obligaciones correlativas» DEMOGUE, R. (1931), *Traité des obligations en général, effet des obligations*, tomo VI, citado por CELEBI, O. (2010), *Op. cit.*, p. 10.

422 MORENO-TORRES HERRERA, (1996) *Op. cit.*, p. 189.

como subraya DÍEZ-PICAZO, «el concepto de imposibilidad de la prestación se diseñó pensando en las obligaciones de dar cosas específicas y encuentra grandes dificultades de adaptación a una economía de intercambio de servicios»[423].

El silencio del Código en la parte general podría haber sido decidido en los contratos nominados, como de facto sucede en la compraventa; sin embargo, en el ámbito de los contratos de servicios ya se ha visto que la regulación especial del CC es prácticamente nula.

Frente a este panorama, se podría afirmar que el único artículo del Código Civil en el que se plantea la cuestión del riesgo en un contrato de servicio es el artículo 1595, y tampoco lo hace del todo. Se reitera aquí la advertencia inicial de que el concepto de contrato de servicios que se maneja en este trabajo es el contrato como categoría, como género, por lo tanto, la ejecución de obra es una especialidad del género servicio. Por ello, se pasará a analizar el citado precepto.

3.1 El contrato de ejecución de obra

Hay autores que sostienen que los artículos 1589, 1590 y 1595 CC versan sobre el riesgo contractual[424]; sin embargo esto no es así, pues los artículos 1589 y 1590 no tratan dicha problemática.

La regla contenida en el artículo 1589 CC expresa la responsabilidad por la pérdida de los materiales puestos en una obra, determinando que el prestador del servicio sufrirá la pérdida de los mismos en caso de que la obra se destruya. Ello no es solución para el *periculum obligationis*, sino para el *periculum rei*, puesto que norma no determina la solución para la imposibilidad de ejecutar el servicio. De hecho, ni siquiera

---

423 DÍEZ-PICAZO (2008), *Op. cit.*, pp. 689-690.

424 Por todos: ALBALADEJO (1994), *Op. cit.*, p. 273.

prevé la posibilidad de que la ejecución sea imposible, tan solo establece la responsabilidad por la pérdida de los materiales utilizados. Si los materiales son del contratista, la cosa se pierde siempre para su dueño (*res perit domino*) y el artículo 1589 solo reitera esta premisa[425].

El significado literal del principio *res perit domino* es que la pérdida de una cosa, objeto de propiedad privada, debe ser asumida por su propietario[426]. El artículo 1589 CC lo que afirma es, por tanto, la transcripción de un principio que obliga a atribuir el riesgo de pérdida de la cosa a la persona que era el propietario en el momento de su pérdida, ya que no hay razones legales para transferir el riesgo a la otra parte que no es el propietario de los materiales[427].

Respecto al artículo 1590 CC, cuando el contratista se obliga únicamente a la ejecución del trabajo y la obra se destruye antes de haber sido entregada, el prestador del servicio no puede reclamar la contraprestación. Volvemos a la misma razón del 1589, no se da el supuesto de que la obligación del contratista se haya vuelto imposible[428]. La norma puede ser considerada más o menos justa, pero su función es la de resolver el problema relativo al *periculum rei,* porque lo que se pierde es la cosa, aunque sea producto del servicio. En el artículo 1590 CC no hay un problema de imposibilidad de ejecución, y por lo tanto, no es *periculum obligationis*.

De la lectura del artículo, se percibe que el precepto ni siquiera determina si el contratista está obligado a repetir la ejecución del servicio o no, pero sí está claro que el servicio no

---

425 No obstante, la posición mayoritaria se sitúa como Albaladejo, quien entiende que el artículo 1589 es una norma de distribución del riesgo. *Ídem.*

426 Celebi, O. (2010), *Op. cit.,* p. 307.

427 *Ídem.*

428 Castilla Barea (2000), O*p. cit.,* pp. 451 y *ss.*

es material o físicamente imposible. El mandato legal tan solo prevé que el prestador del servicio no puede exigir la contraprestación por el servicio ejecutado. Si se sigue el principio *res perit domino*, los mencionados artículos dan solución al problema de la pérdida de la cosa y no a las cuestiones pertinentes a la imposibilidad de ejecutar el servicio.

Se reafirma, en estos supuestos, que la problemática no se halla en la esfera de la imposibilidad sobrevenida de la prestación, pues no hay verdaderamente imposibilidad de ejecutar el servicio. Los artículos 1589 y 1590 CC se refieren a una articulación general para la aplicación del principio *res perit domino* y las reglas de la responsabilidad contractual.

Los mencionados preceptos son casi idénticos en los Códigos de Italia y Francia. El artículo 1673 *Codice civile* y el artículo 1788 del *Code civil* determinan que si el contratista puso los materiales y la obra perece o se daña antes de que sea aceptada por el cliente, es el contratista quien sufre la pérdida. Y, paralelamente, en los casos en que el contratista se comprometa únicamente con la ejecución, la pérdida de los materiales la sufre el cliente. Igualmente, el precepto resuelve un problema de *periculum rei*, expresa el principio *res perit domino.*

Por contra, el artículo 1595 CC sí establece una regla para los casos de imposibilidad de la obligación. Dicho precepto determina la regla p*ericulum est debitoris* para los casos de imposibilidad sobrevenida subjetiva, dicho en otros términos, cuando la imposibilidad recae en la persona prestadora del servicio. Si el prestador de la obligación personalísima fallece o deviene incapacitado para la ejecución del servicio, el contrato se rescinde y el *periculum obligationis* recae sobre el prestador. En definitiva, el prestador queda liberado de cumplir y el cliente queda liberado de pagar el precio. Sin embargo, el cliente debe abonar la parte de la obra ya ejecutada y de los materiales preparados, en la medida de su beneficio, en base a la prohibición del enriquecimiento injusto.

La regla del artículo 1595 CC es del todo acertada para la autora de estas líneas y se puede justificar a través de la regla del sinalagma: si el prestador fallece, la obligación personalísima es imposible de cumplir y al producirse la extinción de una obligación, las prestaciones se extinguen recíprocamente. Pero también es posible justificarla con la asignación del riesgo al sujeto que sufre la contingencia. Dicho de otro modo, si se emplea la esfera de control de dónde recae el riesgo, la muerte del prestador recae sobre este mismo, por lo que la regla de distribución debe ser *periculum est debitoris*, tal y como establece el precepto[429].

Entretanto, esta regla solo es aplicable para los contratos de ejecución de obra que devienen imposibles a causa de fallecimiento o incapacitación del artífice, pero no resuelve el problema para otros sucesos que imposibiliten el cumplimiento de la prestación[430]. Por lo que, en los casos de imposibilidad derivada de un suceso diferente de muerte o incapacidad del contratista, no existe una regla predispuesta en el CC[431].

---

429 Explicaremos más detenidamente en el capítulo 5 la fundamentación para utilizar la esfera donde recae el evento como forma de asignación de riesgo.

430 El TS ratifica la literalidad del artículo 1595, confirmando que las obligaciones derivadas de un contrato de servicio para el diseño de un proyecto y posterior dirección de las obras se extinguen por imposibilidad sobrevenida por la muerte del arquitecto. Véase la STS de 14 diciembre 2011. «El arquitecto falleció y que esta singular situación produjo la imposibilidad sobrevenida de cumplimentar la obligación a la que se había comprometido, lo que constituye una justa causa de resolución de la relación obligatoria sinalagmática, que impide la aplicación del artículo 1124 CC, pues tiene en cuenta un incumplimiento que no ha existido».

431 Carrasco Perera considera que la norma debe generalizarse más allá del caso del artífice fallecido o incapacitado para completar la obra. Carrasco Perera (2021), *Op. cit.*, p. 1053.

En este punto, hay que hacer una crítica a la PMCC en materia de contratación de servicio: aunque el artículo 1592 PMCC determina que la muerte de cualquiera de las partes del contrato extingue la relación obligatoria, no obstante, no establece los efectos de tal extinción. No hay razón para no haber incorporado la misma previsión de 1595 del CC actual, respecto al derecho del prestador del servicio a obtener el pago de la parte del mismo ya ejecutada.

En otro orden de ideas, y ya centrados en el seno de la reforma nacional, se analiza a continuación la Propuesta de Anteproyecto de Ley de modernización del Derecho de obligaciones y contratos de la Comisión General de Codificación en el año 2009, para tratar de verificar cómo pretende ser actualizada dicha materia en el Código Civil.

4. LA (FALTA) REGULACIÓN DE LOS RIESGOS CONTRACTUALES EN LA PMCC

En el año 2009, el Ministerio de Justicia dio a conocer la «Propuesta de modernización del Código Civil español en materia de Obligaciones y Contratos de la Comisión General de Codificación», en adelante PMCC[432]. Se trata de un texto presentado con una exposición de motivos y expuesto en forma de texto articulado, fruto de más de una década de trabajo de la sección de Derecho civil de dicha Comisión.

Con independencia de la posibilidad real de que esta Propuesta pueda formar parte de un nuevo Código Civil, se trata de un texto de gran importancia, tanto por el prestigio individual de los miembros de la citada Comisión, como porque

---

432 Puede consultarse el texto integral en: https://www.mjusticia.gob.es/es/areas-tematicas/actividad-legislativa/comision-general-codificacion/propuestas (última visita: 12 de marzo de 2021).

marca una tendencia en la modernización europea. Conviene, por tanto, mencionar cómo la PMCC regula la institución del riesgo contractual.

4.1 La reforma de los actuales artículos 1182 y 1184

Lejos de subsanar la falta de regulación, la PMCC decidió «prescindir» de los artículos 1182 y 1184 y derivar el problema de la imposibilidad sobrevenida al Capítulo VII, dedicado al incumplimiento. Esto significa que la imposibilidad sobrevenida también es «incumplimiento» aunque sea excusable, tal y como venía sosteniendo la doctrina y jurisprudencia española[433].

Así la cosas, aún cuando la obligación se vea afectada por la imposibilidad sobrevenida, a efectos prácticos se considerará incumplimiento contractual y, por lo tanto, el acreedor podrá apoyarse en la resolución contractual. En la exposición de motivos VIII, se justifica que el texto «se inspira en la idea sostenida por RUDOLPH VON IHERING de que cualquier política de favorecimiento del deudor y del llamado «favor debitoris» no es el mejor de los medios para hacer dinámica una economía». Además, añade que, «el perjudicado por el incumplimiento tiene siempre derecho a resolver el contrato y desligarse de él...». Tales palabras dan la pista de por qué en la PMCC es el deudor de la obligación imposible quien debe asumir el *periculum obligationis.*

---

433 Para un estudio completo, véase los trabajos de la profesora FENOY PICÓN sobre el incumplimiento en la PMCC: FENOY PICÓN, N. (2010), «La Modernización del régimen del incumplimiento del contrato: propuestas de la Comisión General de Codificación. Parte primera: aspectos generales», *Anuario de Derecho Civil*, tomo LXI, fasc. I, pp. 47-136. / FENOY PICÓN, N. (2011), «La Modernización del régimen del incumplimiento del contrato: propuestas de la Comisión General de Codificación. Parte segunda: los remedios del incumplimiento», *Anuario de Derecho Civil*, tomo LXIV, fasc. IV, pp. 1481-1684.

Los dos artículos donde principalmente puede dilucidarse esta cuestión son el 1192 y 1209 de la PMCC. El primero establece que, en las obligaciones distintas de las de pagar dinero, el acreedor no podrá exigir el cumplimiento específico cuando la prestación sea jurídica o físicamente imposible. En el segundo se determina que el incumplimiento (imposibilidad de cumplir) es excusable si responde a un impedimento ajeno a su voluntad y control, el cual no cabía razonablemente esperar que se tuviera en cuenta en la celebración del contrato, al igual que tampoco que el deudor lo evitase o superase sus consecuencias.

De este modo, el deudor no responde de los daños que su incumplimiento haya causado al acreedor cuando el incumplimiento sea inexcusable, pero esa exoneración no conlleva que el acreedor se vea privado de los otros remedios por el incumplimiento contractual[434].

La redacción del 1209 PMCC recuerda considerablemente a la primera parte del artículo 1218 del Código Civil francés, pero la PMCC comete el error de no añadir la segunda parte del citado artículo galo, que resuelve el problema del *periculum obligationis*[435].

Así las cosas, el debate acerca del riesgo de la contraprestación queda descartado, ya que lo único que regula el 1209 PMCC es la exoneración del deudor de los daños causados por el incumplimiento si este responde a un caso fortuito, tal y como ya predice el actual artículo 1105 CC, pero obvia el asunto de la obligación de pagar el precio convenido.

---

434 FENOY PICÓN, N. (2010), «La Modernización del régimen del incumplimiento del contrato: propuestas de la Comisión General de Codificación. Parte primera: aspectos generales», *Anuario de Derecho Civil*, tomo LXI, fasc. I, p. 82.

435 *«Si l'empêchement est définitif, le contrat est résolu de plein droit et les parties sont libérées de leurs obligations ...».*

El párrafo 3 del 1209 PMCC recoge una regulación, contenida en el DCFR, acerca de la obligación de notificar al acreedor en un plazo razonable la existencia de circunstancias que impidan cumplir la prestación, siendo responsable de los daños causados en caso de no hacerlo.

A su vez, el artículo 1210 PMCC, que podría contener alguna regla sobre el *periculum obligationis*, no lo hace y simplemente copia el artículo 1185 CC actual. Se presupone la imposibilidad de entregar la cosa cierta y determinada cuya fuente es la comisión de un delito o falta. En estos casos, el deudor debe satisfacer su precio o equivalente. De la regla se exceptúa si, ofrecida la cosa al acreedor, este se hubiera negado a recibirla sin razón y en dicha situación la cosa se pierde[436].

Como resultado, aunque la PMCC no regule expresamente la regla *periculum est debitoris*, al ubicar la imposibilidad sobrevenida como incumplimiento, permite que el acreedor inste a la resolución que libera a ambas partes de las obligaciones contraídas en virtud del contrato (1202 PMCC), concluyendo que el deudor será la parte que asuma el riesgo de la contraprestación.

La excepción a la falta de regulación es la compraventa, conocida y criticada ampliamente en el CC actual. Para estos contratos, la PMCC sigue la línea marcada por la CISG[437]. Continúa atribuyendo el riesgo al comprador con carácter general, incluso cuando el vendedor haya hecho cuanto le incumba en el cumplimiento de su obligación de entregar la cosa. El actual artículo 1452 CC recibe una nueva redacción[438] para estipular

---

436 Fenoy Picón, N. (2011), «La Modernización del régimen del incumplimiento del contrato: propuestas de la Comisión General de Codificación. Parte segunda: los remedios del incumplimiento», *Anuario de Derecho Civil*, tomo LXIV, fasc. IV, p. 1660.

437 Tomás Martínez (2014), *Op. cit.*, p. 140.

438 Véase anexo 8 para consultar la redacción completa del artículo en la PMCC.

que, en los casos en que el deudor deba entregar la cosa o ponerla a disposición del comprador, el riesgo solo se traslada cuando este la recibe o se retrasa en recepcionarla.

En relación con los contratos de servicios, no hay previsión más allá de la muerte de artífice, ya contenida en el CC actual. Resulta evidente que exonerar el cumplimiento cuando la prestación es física o jurídicamente imposible se induce del sentido común, pero el gran problema del artículo 1192 II. 1° PMCC es que permite incluir la imposibilidad sobrevenida y la originaria, tanto la imposibilidad imputable como la inimputable, en un mismo supuesto[439]. Eso se debe a que la imposibilidad sobrevenida de cumplir, aunque no imputable al deudor, también es tratada como incumplimiento.

La opción de la PMCC no parece que sea la más adecuada[440] porque omite una discusión relevante sobre la imposibilidad y los diferentes supuestos en que esta se produce. Reformar el CC es una excelente oportunidad para incrementar las soluciones del problema del riesgo y no derivarlo al incumplimiento[441].

Este nuevo enfoque de la PMCC se acerca mucho a la visión económica del derecho, que goza de amplia aceptación en el Derecho americano, proponiendo una visión del contrato centrada en la eficiencia económica. Por ello, como regla general en el *common law* americano, la ausencia de la prestación

---

439 En la PMCC, según el artículo 1303, la imposibilidad originaria de la prestación no produce, por ese mero hecho, la nulidad del contrato. FENOY PICÓN (2010), *Op. cit.*, p. 72-73.

440 Véase posición contraria en FENOY PICÓN (2010), *Op. cit.*, p. 75.

441 Como ejemplo de instrumento que no ha derivado la cuestión al incumplimiento, el Anteproyecto de Código europeo de contratos (Grupo de Pavía), determina en su artículo 97 que, «si después de la conclusión del contrato la prestación deviene objetivamente imposible, por motivos de los que el deudor no debe responder, no hay incumplimiento de la obligación».

contractual debida constituye incumplimiento. Desde el punto de vista económico, el riesgo contractual debe ser asignado a aquel de los contratantes que mejor puede asumirlo. En otras palabras, la parte que más eficientemente y a menor coste pudo haberse protegido frente al acaecimiento del evento[442]. En este sentido, en un contrato de prestación de servicio, el riesgo será asumido generalmente por la parte que debe ejecutar la prestación de hacer, pues estará en mejor situación para conocer su actividad, mitigar sus posibles riesgos y organizarse frente a ellos[443].

No obstante, desde estas líneas se defiende que la solución no debería ser tan generalista. Aunque el resultado de aplicar la regla *periculum est debitoris* parezca justo, su fundamento (el sinalagma) no es satisfactorio para todos los casos de imposibilidad sobrevenida en los contratos de servicios. De hecho, uno de los más importantes juristas defensores de la visión económica, Richard Posner, reconoce ocasiones, como los Casos de la Coronación, en las que ninguna de las partes está mejor situada que la otra para asumir el riesgo[444]. Dicho esto, se expondrá a continuación la visión de la autora del a presente trabajo sobre cómo debería ocurrir la asignación del *periculum obligationis* en los contratos de servicios.

Ahora bien, llegados a este punto, se realizará una aproximación a las decisiones de la jurisprudencia en esta materia para averiguar de qué manera han resuelto los tribunales las cuestiones pertinentes al *periculum obligationis* en los contratos de servicios.

---

442 García Caracuel (2014), *Op. cit.*, p. 173.

443 *Ibid.*, pp. 183-184.

444 Posner, R. y Rosenfeld, A. (1977), «Impossibility and Related Doctrines in Contract Law: An Economic Analysis», *Journal of Legal Studies*, Vol. 6, n. 1. pp. 110-111.

5. CÓMO DECIDE LA JURISPRUDENCIA ESPAÑOLA EN MATERIA DE DISTRIBUCIÓN DEL RIESGO EN LOS CONTRATOS DE SERVICIOS

Para empezar este recorrido, se citará uno de los casos que mejor ilustra el tema de estudio: la sentencia del Juzgado de Primera Instancia número 4 de San Vicente del Raspeig de 8 noviembre de 2010, confirmada por la Audiencia Provincial de Alicante[445]. La demanda versaba sobre un contrato de ejecución de obra para la acometida y suministro de agua en una edificación. En la fecha convenida para ejecutar la obra, la empresa contratada había perdido la autorización administrativa para ejecutar obras en el término municipal de la edificación y no podía prestar el servicio. La contratante interpuso acción de reclamación de cantidad en concepto de indemnización de daños y perjuicios por incumplimiento contractual.

El Juzgado de Primera Instancia validó el argumento de la demandada respecto a la imposibilidad de cumplimiento del contrato al amparo de lo dispuesto en el artículo 1184 CC y concluyó que la empresa demandada no incumplió el contrato. En sede de apelación, la sentencia es confirmada por la Audiencia Provincial, afirmando que «en consecuencia dicha imposibilidad definitiva, sobrevenida y no imputable al deudor, liberó al demandado de la obligación asumida. Si bien ello no supone que el deudor quede completamente liberado sin coste alguno, cuando ya había ingresado en su patrimonio el precio convenido, pues en estos casos, en aras a la buena fe, la equidad y con el fin de evitar un enriquecimiento injusto, sí le incumbe devolver las prestaciones que hubiere recibido del otro contratante por la parte de la obligación de hacer que no puede ejecutar»[446]. Sin mencionarlo, pero su

---

445 SAP Alicante de 1 julio 2012.

446 SAP Alicante de 1 julio 2012.

resultado práctico es este, la jurisprudencia entiende que el *periculum obligationis* es del deudor, reconociendo firmemente la regla *periculum est debitoris.*

Aunque no hablando específicamente sobre los contratos de servicios, sino de un contrato de cesión, el Tribunal Supremo declaró que «no es licito ni jurídico» que un contratante pueda dejar de cumplir y a la vez exigir el pago del precio estipulado para la prestación no efectuada[447]. La demanda versaba sobre un contrato de cesión celebrado en septiembre de 1957, por el que se cedían dos monterías para la temporada cinegética por el importe de ciento cinco mil pesetas, satisfechos en el momento de la celebración del contrato. Entretanto, a finales de octubre del mismo año, la Confederación Hidrográfica del Guadalquivir emitió una comunicación ordenando la suspensión de la partida de caza, declarando que estaba prohibido realizar actos como el de dicha cesión. La montería, obviamente, no pudo celebrarse y el cesionario solicitó la devolución del importe pagado. No obstante, el cedente se negó a devolver la cantidad, alegando que la caza se había cancelado sin que fuera culpa suya.

El cesionario interpuso demanda y el Juzgado de primera instancia de Andújar declaró «rescindido o resuelto» el contrato y condenó al cedente a devolver las cantidades recibidas, más los intereses de demora y los gastos realizados por el cesionario. La sentencia fue confirmada en apelación y, en sede de casación, fue ratificada por el TS, que entendió que la fuerza mayor libera ambas partes del cumplimiento y que la extinción de las obligaciones produce como efecto la «rescisión»[448] del contrato.

---

447 STS de 10 diciembre 1963.

448 Aunque el término empleado en la sentencia sea «rescisión», no es este el efecto que produce, ya que solo son rescindibles, según el artículo 1291 CC, los contratos que produce un fraude de acreedores

Más recientemente, el Tribunal Supremo, también en un contrato de cesión, se ha manifestado expresamente a respecto de la consecuencia del artículo 1184 CC. El alto Tribunal entendió que la imposibilidad sobrevenida del artículo 1184 CC «lleva inexorablemente al incumplimiento y, en consecuencia, a la resolución del contrato o, más propiamente, a la extinción de las obligaciones nacidas del mismo con los efectos que hayan podido prever las partes o, en su caso, los propios de la resolución»[449]. Esta es la posición unánime en la jurisprudencia, que reproducen la idea errónea de que la imposibilidad sobrevenida es incumplimiento y lleva a la aplicación del artículo 1124 CC[450].

En el presente estudio se defiende que este planteamiento es erróneo, fundamentalmente por dos motivos. Primero porque, como se ha afirmado a lo largo de este trabajo, la imposibilidad sobrevenida no es incumplimiento, sino que se encuentra en el ámbito anterior al incumplimiento. Segundo, si

---

o una lesión. LACRUZ BERDEJO señala que, «la enumeración del art. 1.291 pretende ser cerrada, configurando la rescisión como remedio excepcional, sin que pueda extenderse a casos análogos». En este sentido, «el negocio rescindible es un negocio válidamente celebrado, pero que produciendo perjuicio a una de las partes o a un tercero (perjuicio que la ley considera especialmente injusto, y para el que no hay otro recurso legal de obtener su reparación), podrá ser declarado ineficaz (o reducida su eficacia) a petición del perjudicado». (LACRUZ BERDEJO, ET AL. (2011), *Op. cit.*, pp. 574-575). La rescisión del contrato no puede confundirse con la resolución, que tiene lugar cuando una de las partes incumple las obligaciones a su cargo, pudiendo la otra parte declarar resuelto el vínculo y quedar liberada. En los supuestos de imposibilidad sobrevenida, podríamos, como máximo, hablar de resolución del contrato, pero nunca de rescisión.

[449] STS de 20 noviembre 2012.

[450] SSTS de 13 diciembre 1989 y de 8 mayo 1995. En la doctrina véase la conclusión que llega CASTILLA BAREA (2008), *Op. cit.*, p. 534.

aún así se utilizase el concepto amplio de incumplimiento, mediante el cual estaría comprendida en la teoría del riesgo, aún seguiría faltando el elemento de la culpa para la aplicación de algunos de los remedios por incumplimiento. Para conceder la facultad de resolver del artículo 1124 CC es necesario, entre otros, que el incumplimiento se haya producido como consecuencia de una conducta obstativa del deudor, su acción debe ser lo que origine el incumplimiento[451]. En cambio, el presupuesto de la imposibilidad del 1184 CC es exactamente que la imposibilidad sea inimputable a las partes. Por ello, se defiende que aplicar el 1124 CC para determinar la resolución del contrato porque produjo la imposibilidad sobrevenida del artículo 1184 CC es erróneo, porque ambos preceptos resultan incompatibles[452].

No obstante, puede afirmarse que no hay el menor disenso en la jurisprudencia respecto a utilizar la regla del sinalagma para distribuir el riesgo contractual[453]. Es notoria la doctrina

---

451 STS de 11 octubre 2006.

452 En este sentido véase, SSTS de 16 marzo 1995, de 2 septiembre 1997, de 30 abril 1998 y de 10 julio 1998. En la doctrina, véase, Escarda De La Justicia, J. y De La Hoz Sánchez, S. (1996), «La imposibilidad sobrevenida de la prestación como causa de extinción de las obligaciones», *Cuadernos de Derecho judicial*, n. 26, pp. 699-720. Entretanto, la postura defendida por la doctrina mayoritaria está en consonancia con las decisiones más recientes del TS, es decir, el artículo 1124 CC contempla un supuesto más amplio, que permite resolver el contrato también en aquellos casos en que el incumplimiento no es imputable al deudor, y por ello, sería aplicable a los supuestos de imposibilidad sobrevenida. En este sentido, véase Castilla Barea (2008), *Op. cit.*, pp. 470 y *ss.* Pero, aun podemos encontrar alguna sentencia reciente que corrobora nuestro entendimiento de que el artículo 1124 CC no puede aplicarse cuando el incumplimiento no se debe a una conducta imputable de las partes. véase STS de 11 octubre de 2006.

453 Véase SSTS de 4 de octubre de 1988, de 27 de marzo de 1989, de 19 enero 1990, de 24 febrero 1993, de 11 noviembre 2003, de 14 diciembre 2011 y de 20 noviembre 2012.

consolidada al respecto en el TS, todas las sentencias corroboran el entendimiento de que la imposibilidad sobrevenida no produce solo la liberación del deudor, sino de ambas partes, determinando la extinción de la relación contractual. Se puede afirmar que, para el TS, el derecho a exigir la resolución se produce en todo y cualquier proceso en que el otro no cumple, «lo cual incluye el caso de que una de las partes se ha visto en imposibilidad de cumplir»[454].

Pese a no encontrar ninguna sentencia del Tribunal Supremo que específicamente trate el problema del *periculum obligationis* en los contratos de servicios, se entiende que la aplicabilidad de esta doctrina jurisprudencial se extiende a cualquier contrato sin regulación específica en esta materia.

En definitiva, la única previsión del CC respecto a los contratos de ejecución de obra, determina que, ante la imposibilidad de ejecutar dicha obra por muerte o incapacidad del prestador, la obligación del cliente también se extingue y el prestador o, según el caso, su heredero, no recibe la contraprestación. Especifica el precepto que el prestador solo tendrá derecho al pago correspondiente de la parte ya ejecutada en la medida del beneficio reportado por el cliente. Respecto a los demás casos de imposibilidad de prestación del servicio, el Código es omiso. Frente a esta omisión del Código civil,

---

454 La cuestión que se plantea desde la demanda es la resolución de las obligaciones recíprocas o sinalagmáticas en las que cada parte es acreedor y deudor al mismo tiempo de sendas obligaciones interrelacionadas entre sí y cuyo ejemplo más típico son las obligaciones derivadas del contrato de compraventa, que es precisamente el contrato que ha originado la demanda. La conexión de ambas obligaciones, el sinalagma, provoca unos efectos especiales, uno de los cuales, el que más doctrina y jurisprudencia ha producido, es la resolución de ambas obligaciones por la falta de cumplimiento de una de ellas. Lo cual lo prevé el artículo 1124 del Código civil y se pacta con frecuencia por las partes. STS de 24 septiembre 2013.

la jurisprudencia española entiende que el deudor de la obligación imposible debe asumir el riesgo, lo que significa que el prestador del servicio no podrá exigir la contraprestación y deberá restituir las cantidades recibidas anticipadamente, consagrando la regla *periculum est debitoris.*

6. LOS SERVICIOS EN CONTRATOS CON CONSUMIDORES Y EL TRATAMIENTO DE LA IMPOSIBILIDAD DE EJECUTAR

No hay una regla en el texto refundido de la Ley General para la Defensa de los Consumidores y Usuarios (TRLGDCU) que se asemeje al artículo 1182 del Código Civil. Por ello, en los casos en que el servicio con consumidores sea imposible, de deben utilizar los mismos preceptos del Código Civil. Esto significaría, en teoría, liberar al prestador del servicio que devino imposible, pero no existe referente legal para las consecuencias de la contraprestación.

Sin embargo, respecto a los contratos de viaje combinado, el artículo 160 del TRLGDCU, establece que el organizador puede cancelar el viaje en caso de imposibilidad de ejecución por circunstancias inevitables y extraordinarias[455], pero prever explicitamente que en caso de cancelación, el organizador debe reembolsar la totalidad de los pagos efectuados, sin la obligación de compensar por otros daños o perjuicios derivados de la cancelación. Además, el organizador debe notificar la cancelación al cliente sin demora indebida.

---

455 Artículo 151 del TRLGDCU: «circunstancias inevitables y extraordinarias: una situación fuera del control de la parte que alega esta situación y cuyas consecuencias no habrían podido evitarse incluso si se hubieran adoptado todas las medidas razonables».

Se entiende que, a través del principio *pro consumatore,* el Derecho de Consumo será siempre interpretado de la forma más favorable para el consumidor, debiendo ser objeto de interpretación estricta las excepciones a dicha norma. Por ello, la regulación contenida en el artículo 160 del TRLGDCU debe ser aplicada a todos los contratos con consumidores en los que se verifique la imposibilidad de ejecutar el servicio por circunstancias inevitables y extraordinarias. Como subraya TOMÁS MARTÍNEZ, en los contratos al consumo la regla *periculum est debitoris* se establece con carácter imperativo en aras de la protección al consumidor[456].

En una dirección similar, en el 2020, con la declaración del estado de alarma, que ha supuesto en muchos casos la imposibilidad de cumplimiento sobrevenida, el Gobierno español promulgó el Real Decreto-ley 11/2020, de 31 de marzo, por el que se adoptan medidas urgentes complementarias en el ámbito social y económico para hacer frente al COVID-19. El artículo 36 del RDL 11/2020 ha establecido determinadas medidas de cara a resolver los problemas de imposibilidad de prestación de servicio celebrados con consumidores y usuarios.

La norma se aplicaba a los contratos, de bienes o de servicios, celebrados entre consumidores y empresarios antes o durante el estado de alarma o durante las fases de desescalada. Pero únicamente en aquellos contratos afectados por medidas sanitas y cuyo cumplimiento haya devenido imposible.

En estos casos, la norma otorgó un periodo de 60 días desde la imposibilidad de la ejecución del servicio para que las partes alcanzaran un acuerdo que restaurara la reciprocidad de intereses del contrato. Si no se alcanzase tal acuerdo, el consumidor disponia aun de 14 días para resolver el contrato. En el caso de que finalmente el contrato se resolvera, el empresario

---

[456] TOMÁS MARTÍNEZ (2014), *Op. cit.*, p. 131.

debería devolver las sumas abonadas también en un plazo de 14 días, excepto los gastos incurridos debidamente desglosados y facilitados al consumidor, salvo aceptación expresa de condiciones distintas por parte de este.

La imposibilidad de cumplir los contratos a los que se refiere el art. 36.1 RD-L 11/2020 se debe a circunstancias sobrevenidas, imprevisibles y ajenas a la actuación de las partes contratantes. El legislador no está pensando en una excesiva onerosidad por parte del empresario. El empresario quiere cumplir, pero no puede, por lo que estamos antes un caso de imposibilidad.

No se trataba de aplicar la cláusula rebus, puesto que una de las características clave de la cláusula rebus es la existencia de un perjuicio económico, esto es, que la parte que pretenda la revisión o resolución haya sufrido un perjuicio económico evaluable. Si es así, y cuando no se puede restaurar la reciprocidad de intereses del contrato, puede solicitarse la revisión del contrato o su resolución.

Este requisito no se aprecia expresamente en el caso de la imposibilidad de cumplimiento por parte del empresario prevista en el art 36.1 RD-L 11/2020. Según el precepto, siendo imposible cumplir por parte del empresario, las partes tenían 60 días para renegociar y solamente en casos de que no hubiera acuerdo el consumidor podría requerer la resolución contractual.[457]

Además, con respecto a los contratos de tracto sucesivo, el consumidor podría optar por recuperar el importe abonado en la parte del servicio no disfrutado o recuperar el servicio a *posteriori* en los términos ofrecidos por el prestador del servicio como, por ejemplo, mediante la minoración de la cuantía

---

457 Torrelles Torrea, E. (2021), «La Resolución De Los Contratos Por Consumidores en Tiempos De Pandemia. Art 36. 1 y 2 RD-LEY 11/2020», *Revista de Derecho Civil,* vol. VIII, núm. 2, p. 25.

todavía debida. Asimismo, la empresa debería abstenerse de presentar a cobro nuevas mensualidades hasta que el servicio pudiera prestarse con normalidad, sin que ello dé lugar a la rescisión del contrato, salvo por la voluntad de ambas partes

En todo caso, en los contratos de servicio de consumo, todos los casos de imposibilidad de ejecutar el contrato por circunstancias inevitables y extraordinarias, por fuerza del principio *pro consumatore*, la regla adoptada debe de ser *periculum est debitoris*.

7. LA CONSAGRACIÓN DE LA REGLA *PERICULUM EST DEBITORIS*

Como se ha podido comprobar, en el ámbito de los contratos de servicios la regla *periculum est debitoris* también ha mantenido su hegemonía y verdaderamente se emplea más allá del supuesto del artículo 1595 del CC español. Aplicada específicamente a los contratos de servicios, se trataría entonces de una regla *periculum est locatoris*, donde el prestador es quien asume el riesgo en tanto en cuanto no podrá pretender la *merces* si el servicio deviene imposible. Además, deberá restituir lo que había cobrado anticipadamente.

Al pensar que el servicio no será ejecutado, la regla se presenta como obvia y justa. No obstante, se debe recordar que la *periculum est locatoris* ha sido *construida* para el contrato de arrendamiento de cosas, donde el peligro no gira en torno a la no ejecución de un servicio, sino más bien a la pérdida del bien, que siempre es propiedad del locador. Esta regla de distribución del riesgo está justificada por el principio *res perit domino*.

Tal y como se apreció en el primer capítulo del presente estudio, el Derecho romano parte de una concepción unitaria de arrendamiento, que el Código patrio asumió casi íntegramente. Por ello, la regla *periculum est locatoris*, que fue especialmente diseñada para el arrendamiento de cosa, se aplicó también al contrato (arrendamiento) de obras y servicios, aunque el principio *res perit domino* sirva de justificación, ya que no hay pérdida de una cosa.

Como en el Derecho romano solo había solución para los contratos de compraventa y de arrendamiento de cosa, en el Derecho medieval los autores del *ius commune* interpretaron, según RODRÍGUEZ ROSADO forzando los textos del Digesto, que la solución aplicable a los contratos innominados debería ser *periculum est debitoris*[458].

En el ámbito español tal solución encontró acogida general en la doctrina de principios del siglo XX, que preconizaba que la imposibilidad sobrevenida de la prestación no solo provocaba su extinción, sino también la de la otra parte[459].

De este modo, puede decirse que, de manera generalizada, quien asume el riesgo de la prestación es el deudor, por cuanto este, con la imposibilidad sobrevenida de cumplir su obligación, pierde el derecho a la contraprestación de la otra parte. Este panorama demuestra lo que RODRÍGUEZ ROSADO llama la «solución sinalagmática en materia de riesgos»[460], por cuanto se defiende que la obligación que se extingue por imposibilidad provoca, a su vez, la extinción automática de la otra.

---

458 RODRÍGUEZ ROSADO (2013), *Op. cit.*, p. 68.

459 RODRÍGUEZ ROSADO subraya que MANRESA fue el primero autor que planteó abiertamente la cuestión de la suerte de una obligación contractual en caso de extinción por imposibilidad sobrevenida fortuita de la recíproca, y postula, apoyándose en el artículo 1124 CC, la solución extintiva de ambas obligaciones. A partir de entonces es ésta la solución acogida unánimemente por la doctrina, difundida el manual de CASTÁN TOBEÑAS, y, posteriormente recogida por todos los tratadistas. *Ibid.*, pp. 71-72.

460 RODRÍGUEZ ROSADO (2013), *Op. cit.*, p. 73.

El citado mecanismo de atribución del riesgo al prestador encierra un par de cuestiones sobre la teoría del riesgo que se analizarán a continuación.

En primer lugar, la mutua extinción de las obligaciones en caso de que el cumplimiento de una de ellas devenga imposible, es percibida como más justa que el mantenimiento del deber de prestación por parte de aquel no recibirá nada. No obstante, en España esta regla no tiene mandato legal, lo que ha llevado a la doctrina a ensayar una respuesta general y con poco fundamento jurídico, ya que en los contratos de servicios la imposibilidad no se corresponde a la pérdida de una cosa.

En segundo lugar, el fundamento más destacado de la doctrina para privilegiar la regla *periculum est debitoris* se basa en la supuesta norma general sinalagmática. Una construcción doctrinal y legislativa que requiere de un argumento externo que justifique que el artículo 1124 CC expresa también esta regla general, en tanto en cuanto consagra el principio *exceptio non adimpleti contractus*.

En esa labor de búsqueda de un argumento externo que fundamente la primacía de la solución sinalagmática sobre su contraria, los defensores de esta postura se han acogido fundamentalmente a la teoría de la causa, entendiendo que cada prestación actúa como causa de la obligación de la otra parte. Y que, por tanto, a falta de norma específica que establezca otra cosa, la desaparición o imposibilidad de una de ellas arrastra al entero intercambio de prestaciones.

El sector de la doctrina española que considera que la teoría de la causa es la fundamentación madre de la solución sinalagmática, cimienta sus argumentos en los artículos 1261 y 1274 del Código civil:

> «Artículo 1261: No hay contrato sino cuando concurren los requisitos siguientes: 1.° Consentimiento de los contratantes. 2.° Objeto cierto que sea materia del contrato. 3.° Causa de la obligación que se establezca».

> «Artículo 1274. En los contratos onerosos se entiende por causa, para cada parte contratante, la prestación o promesa de una cosa o servicio por la otra parte; en los remuneratorios, el servicio o beneficio que se remunera, y en los de pura beneficencia, la mera liberalidad del bienhechor».

La interpretación sistemática de estos dos artículos lleva a los autores a afirmar que la contraprestación de una obligación imposible debe extinguirse automáticamente y a la vez por la desaparición sobrevenida de la causa[461]. De este modo, el evento sobrevenido sería el causador de la extinción de ambas obligaciones; una se extingue por imposibilidad y la otra por pérdida de la causa[462].

Defender la extinción de la obligación del acreedor por la desaparición sobrevenida de la causa conlleva pasar por el delicado camino de la causa en sí. Una senda llena de complejidad y que ha originado diferentes propuestas teóricas a lo largo de los siglos. Además, dejando a un lado los conceptos que se puedan atribuir a la causa[463], el problema principal de tal fundamentación reside en que la ausencia de causa produce la nulidad del contrato; por ello, CLEMENTE MEORO subraya que no se puede sostener que la causa sea fundamento para la resolución[464].

---

461 Doctrinarios de esta idea, JORDANO FRAGA (1987), *Op. cit.*, p. 4434; FERNÁNDEZ DE URZAINQUI, F. J. (1997), «El incumplimiento resolutorio de los contratos bilaterales», *Aranzadi civil*, nº. 1. pp. 38-39.

462 CASTILLA BAREA (2000), *Op. cit.*, p. 495.

463 Principalmente porque, como ya ha advertido INFANTE RUIZ, «todos los conceptos, [...] son válidos en cuanto encierran alguna verdad». INFANTE RUIZ, F. (2004), *Las garantías personales y su causa*, Tirant lo Blanch, p. 647.

464 CLEMENTE MEORO, M. E. (1998), *La facultad de resolver los contratos por incumplimiento*, Tirant lo Blanch, p. 61.

El régimen de ineficacia del Código Civil español determina que el efecto de un contrato sin causa es la nulidad, y esto implica que retrotrae a las partes al momento anterior a la celebración de dicho contrato, con lo que sus efectos son *ex tunc*. Por ello, en los supuestos en que la prestación ya hubiera sido parcialmente ejecutada, existirá un gran problema respecto a las consecuencias que la imposibilidad sobrevenida generaría en tales circunstancias.

No se puede sostener que el contrato no tenga causa y pretender la resolución de este. La nulidad y la recisión son conceptos «simultáneamente inconciliables»[465]. La desaparición de la causa como argumento mantenedor de la regla *periculum est debitoris*, y consecuente resolución del contrato, está, por lo tanto, poco fundamentada.

Además, no se puede obviar que la causa ha dejado de ser requisito para la perfección del contrato en los instrumentos de modernización del Derecho de contratos como ocurre, por ejemplo, en los PECL, en el Anteproyecto de Código Europeo (Grupo de Pavía), y también en el propio *Code* civil francés. Una opción más al estilo germánico, que todo apunta a que es el futuro del Derecho europeo[466].

Pese a todos esos esfuerzos, cuando se estudia el conjunto se aprecia que la primacía de la solución sinalagmática procede más de una decisión voluntaria que de una clara inducción de los preceptos legales. Aunque, es importante aclarar que la solución inversa (*periculum est creditoris*) tampoco sería satisfactoria del todo en los supuestos de imposibilidad del servicio.

El hecho de que la regla *periculum est debitoris* no esté positivada en el Código Civil español no es el problema central, porque otros ordenamientos jurídicos europeos sí contemplan

---

465 STS de 14 junio 1988.

466 INFANTE RUIZ (2004), *Op. cit.*, p. 653.

la misma solución y aun así hay que considerar que se trata de una decisión estricta y generalista, que no atiende a la casuística particular de cada caso.

La rigidez de la teoría del riesgo, que se divide solo en dos reglas y que no considera suficientemente las circunstancias del caso, es objeto de crítica por parte de algunos autores franceses, entre los cuales, está CARBONNIER[467]. El autor alimenta la necesidad de un mecanismo más flexible, con más solidaridad entre las partes, un procedimiento que permita considerar el caso concreto. El destino de la contraprestación adeudada por el acreedor de una obligación cuyo cumplimiento se ha convertido imposible, debería pivotar en torno a cuestiones de razonabilidad y equidad, y no función de reglas rígidas.

Visto el panorama actual del riesgo contractual en el marco español, es preciso ahora realizar una aproximación a la regulación en materia de riesgo de algunos de los países del entorno. Primero se verificará cómo está regulada la materia en el Derecho inglés, modelo por excelencia de los sistemas de *common law*. A continuación, se abordará el tema en los ordenamientos más destacados que contemplan el problema del *periculum obligationis* en sus Código civiles, como el Derecho alemán, francés e italiano.

---

[467] Véase la posición de en CARBONNIER. J. (2004), *Droit civil, vol. II, Les biens, les obligations*, Quadrige/PUF, p. 2243.

Capítulo IV

El riesgo contractual en los contratos de servicio desde la perspectiva comparada y de la modernización del derecho contractual

1. JUSTIFICATIVA

En los capítulos anteriores se ha demostrado que en España la regla preferente para distribuir los riesgos contractuales es la *periculum est debitoris* y que, únicamente en la compraventa civil de cosa específica, el Código Civil marca la regla *periculum est creditoris.*

En este capítulo se abordará el tratamiento de dicha cuestión en algunos ordenamientos jurídicos del entorno y en los instrumentos de modernización. El estudio de la materia comparada[468] resulta interesante para valorar diversas alternativas

---

[468] Como enseñan ZWEIGERT y KÖTZ, el derecho comparado es la comparación de los diferentes sistemas legales del mundo, eso quiere decir que los comparatistas se dedican a comparar los sistemas jurídicos de diferentes países. Para los autores, la meta primordial del derecho comparado es el conocimiento y uno de sus beneficios prácticos es la contribución a la unificación sistemática del derecho. ZWEIGERT, K. Y KÖTZ, H. (1998), *An Introduction to Comparative Law,* 3. Ed., Clarendon Press, pp. 2-31.

al Derecho español, además, como señala OLIVA BLÁZQUEZ, «es una herramienta casi imprescindible para el estudio y progreso del Derecho civil»[469].

La atención a diferentes ordenamientos ayuda a la doctrina a asumir una pluralidad de puntos de vista[470], lo que convierte al Derecho comparado en un valioso instrumento de conocimiento crítico del Derecho[471]. Asimismo, el Derecho comparado es esencial para la modernización de los ordenamientos jurídicos nacionales[472].

La utilización del método comparatista puede considerar el fenómeno del Derecho teniendo en cuenta, no solo los caracteres jurídicos, sino también las manifestaciones en un sentido amplio, histórico y cultural de los diferentes ordenamientos estudiados[473]. No obstante, en el presente estudio se empleará

---

469 OLIVA BLÁZQUEZ, F. (2021), «El Derecho comparado como instrumento para la unificación y armonización internacional del Derecho de contratos» *Anuario de Derecho Civil,* tomo LXXIV, fasc. IV, p. 1101.

470 SOMMA, A. (2015), *Introducción al Derecho comparado.* Editorial Committee. p. 19.

471 MUIR WATT, H. (2000), «La fonction subversive du droit comparé», en *Revue internationale de droit comparé,* Vol. 52 n. 3, pp. 503 y ss.

472 ZWEIGERT Y KÖTZ (1998), *Op. Cit.,* pp. 24-28.

473 La teoría del formante elaborada por Rodolfo Sacco tiene sus complejidades, pues supone el estudio de cada Derecho nacional en sus diversas manifestaciones, jurisprudencial, que coincide con las indicaciones provenientes de los tribunales, legal, para referirse a las reglas producidas por el legislador y doctrinal, compuesto por los preceptos formulados por los estudiosos. En este sentido, véase SACCO, R. (2002), *Introduzione al diritto comparato,* 5 ed., Utet, pp. 69 y *ss.* / PEGORARO, L. y RINELLA, A. (2013), *Diritto costituzionale comparato,* Cedam, pp. 107 y *ss.*
Para SOMMA, la teoría del formante representa una ruptura respecto al fundamento ideal del positivismo jurídico. SOMMA (2015), *Op. cit.,* p. 154. En este sentido, SOMMA afirma que los comparatistas

un enfoque comparatista funcional, buscando en sistemas extranjeros principios que guardan una equivalencia funcional con las reglas que aquí interesan[474]. De este modo, se da un sentido de aplicabilidad de soluciones concretas de un sistema jurídico a otro. Sin embargo, debe hacerse tomando en cuenta los factores propios de cada sistema jurídico[475].

Con objeto de responder a esas exigencias de orden práctico, en este trabajo se realizará una aproximación al contexto del Derecho inglés como principal referencia del *common law* pues, a pesar de que la familia del *common law* no comprende solamente al Derecho inglés, este es su origen. Por ello, todo análisis del *common law* debe iniciarse por un estudio previo del Derecho inglés, pues la influencia anglosajona ha marcado profundamente la manera de pensar de los juristas de los demás ordenamientos. Esta circunstancia es determinante, pero ha de ser matizada por el hecho de que ciertos derechos, como es el caso del ordenamiento jurídico de los Estados Unidos de América, son actualmente diferentes al Derecho inglés.

De la misma manera se realizará la aproximación pertinente a la legislación alemana, pues la doctrina y el lenguaje jurídico de la ciencia pandectística germana ha sido tomada como modelo para otros códigos desde finales del siglo XIX[476]. Por supuesto, resulta imprescindible el estudio del *Code civil* francés,

---

que utilizan un método técnico, al servicio de las estrategias perseguidas por los expertos del derecho positivo, son neopandectistas y que «la Neopandectística ha contribuido a impedir la renovación metodológica en el estudio del fenómeno del derecho, frustrando el impacto que la concienciación acerca de la potencialidad de la comparación podría haber causado sobre el razonamiento tradicional». SOMMA (2015), *Op. cit.*, pp. 55-56.

474 ZWEIGERT Y KÖTZ (1998), *Op. Cit.*, pp. 32 y ss.

475 OLIVA BLÁZQUEZ (2021), *Op. Cit.*, p. 1122.

476 RANIERI, F. (2015), «Hacia los orígenes del Derecho civil europeo. Algunas observaciones sobre las relaciones entre pandectística

por ser la primera codificación civil europea y contar, además con una reciente modernización de su Derecho de obligaciones. Y finalmente, se analizará cómo están regulados en Italia los riesgos contractuales, ya que su Código Civil de 1942 contiene una de las regulaciones más completas en la materia, que incluso ha servido de base para la modernización de otros ordenamientos como, por ejemplo, el Código Civil portugués de 1966, el Código Civil de Perú de 1984 y el Código Civil brasileño de 2002.

Para concluir este capítulo, se abordará, en el marco de la modernización del Derecho de Obligaciones en Europa, la regulación de los riesgos contractuales en el DCFR, por ser el instrumento de *soft law* que mejor sintetiza la regulación contenida en otros instrumentos europeos respecto al presente tema.

2. LA IMPOSIBILIDAD EN EL DERECHO INGLÉS

En el *Common Law,* las condiciones acordadas entre las partes en el contrato son la principal fuente de regulación e interpretación del mismo. La «intención de las partes» juega un papel fundamental en el Derecho contractual inglés, motivo por el cual dichas partes suelen incluir cláusulas específicas, cuidadosamente redactadas, en sus contratos[477]. No obstante, hay ocasiones en que las partes no prevén con carácter expreso todos los detalles necesarios acerca de la imposibilidad sobrevenida de ejecución. De ahí que los juristas del *Common law* hayan desarrollado la teoría de la *frustration* para

---

alemana y doctrina civilista italiana en materia de negocio jurídico», *Revista de Derecho Privado,* n.° 28, enero – junio, pp. 23 y *ss.*

477 Es una práctica más que conocida que los contratos negociados en el *common law* sean documentos largos y detallados. CARTWRIGHT (2010), *Op. cit.,* p. 123.

aquellas circunstancias en que, «sin mediar incumplimiento por ninguna de las partes, una obligación contractual ha devenido de imposible cumplimiento como consecuencia de que las circunstancias en que el cumplimiento ha de realizarse lo convertirían en algo radicalmente diferente de lo acordado en el momento de perfección del contrato»[478].

2.1 La doctrina de la «Frustration»

La liberación del deudor por imposibilidad sobrevenida es una excusa propia de ordenamientos contractuales basados en la culpa[479], aspecto este que resulta extraño a los sistemas pertenecientes al *common law*. La tradición jurídica inglesa se ha apoyado fundamentalmente en la *doctrine of absolute contracts* para mantener la postura de que los acontecimientos sobrevenidos no liberan al deudor del cumplimiento contractual[480].

Lo primero que se debe resaltar es que para el Derecho inglés, hasta el siglo XIX, si una parte se comprometía en un contrato, ningún motivo, ni siquiera la imposibilidad sobrevenida de la prestación, era excusa para que la parte incumpliera lo acordado[481]. Este panorama empieza a cambiar a partir de la construcción de la doctrina de la *frustration* en 1863. El juez Blackburn defendió que la imposibilidad del cumplimiento estaba justificada en aquellos contratos en los que el cumplimiento dependiera de la existencia de una persona y esta falleciera, o de una cosa específica y esta desapareciera.

---

478 Cita del que es conocido como el primer caso que nombra la teoría de la *frustration*: Davis Contractors Ltd *v.* Fareham UDC [1956] AC 696-729.

479 Treitel, G. (2004), *Frustration and Force Majeure*, 2ª ed. Sweet & Maxwell, p. 6.

480 *Ibid.*, pp. 19-20.

481 Cartwright (2019), *Op. cit.*, pp. 356-357.

Esta idea la desarrolló el juez BLACKBURN en su decisión sobre el caso *Taylor v. Caldwell:* el demandado había celebrado un contrato de alquiler de un espacio para que el demandante organizase cuatro conciertos; antes de que el primero de ellos se celebrara, la sala de música se incendió sin culpa alguna de las partes. El juez entendió que el demandado no era responsable de los daños y perjuicios provenientes del incumplimiento contractual, pues ambas partes habían celebrado el contrato bajo la condición implícita de que la celebración de los conciertos fuera posible[482]. En el citado caso, no se nombra específicamente la expresión *frustration,* pero se considera que sentó las bases para que posteriormente LORD RADCLIFFE utilizara el término en el caso *Davis Contractors Ltd v. Fareham UDC*[483], para establecer que, si ocurre algo que impida la ejecución del contrato según los términos acordados, sin la culpa de las partes, el contrato se resuelve.

El fundamento de la *frustration,* una doctrina de Derecho consuetudinario era la suposición de que el contrato contenía una cláusula implícita (*implied term),* según la cual las partes quedarían liberadas si sucedía una circunstancia extraordinaria. Este fue el origen de la doctrina planteada por el juez BLACKBURN, aunque fue realmente LORD LOREBURN, en el caso *Tamplin,* quien la expuso sistemáticamente. La idea se basaba en que «de la naturaleza del contrato no se puede suponer que las partes, como hombres razonables, tuvieran la intención de que fuera vinculante bajo tal condicionante alterado»[484]. El gran problema de este fundamento es que uno de los requisitos para la aplicación de la doctrina es exacta-

---

482 PEEL, TREITEL (2015), *Op.cit.,* pp. 1032-1033.

483 CARTWRIGHT (2019), *Op. cit.,* p. 359.

484 TREITEL, G. (2004), *Op. cit.,* p. 644 citando el caso *Tamplin (F.A) S.S Co. Ltd v. Anglo-Mexican Petroleum Productis Co. Ltd. [1916] a A.C 397-404.*

mente la falta de previsión del hecho causante de la imposibilidad, por lo que no se puede deducir la intención de las partes en una cláusula implícita[485].

Otras explicaciones para la doctrina han ido surgiendo a lo largo del tiempo, esquivando la idea de *implied term* para sostener que la *frustration* no dependía de términos implícitos, sino de la potestad de las Cortes para conceder un resultado más «justo y razonable»[486], atendiendo siempre al caso particular. El inconveniente de este fundamento es que genera un amplio margen de discrecionalidad judicial, lo que ha hecho que se afirme que las Cortes no tienen el poder para modificar el contrato a la luz de acontecimientos supervenientes[487].

Los tribunales británicos fundamentan hoy la facultad de resolver por *frustration* una relación contractual en base a un hecho imprevisto que provoca una situación tal, que el mantenimiento de las obligaciones contractuales conduciría a las partes a una posición totalmente diversa a la que aquellas habían previsto al contratar[488]. Sin embargo, la realidad es que la doctrina de la *frustration* sigue siendo muy excepcional en el Derecho inglés. Por un lado, porque aún predomina en la jurisprudencia la intangibilidad del contrato y, por otro, porque se considera peligroso atribuir al juez una facultad tan discrecional como la de incidir en las relaciones contractuales[489].

Hay casos que autores han clasificado como *frustration* que pueden servir de apoyo para clarificar la aplicabilidad de la

---

485 Rodríguez Rosado (2013), *Op. cit.*, p. 266.

486 Treitel, G. (2004), *Op. cit.*, p. 645 citando el caso *Constantine (Joseph) S.S Line v. Imperial Smelting Corp. Ltd. [1942] A.C 154-186.*

487 Peel, Treitel (2015), *Op. cit.*, p. 1035.

488 Treitel, G. (2004), *Op. cit.*, p. 646.

489 García Caracuel, M. (2014), *La alteración sobrevenida de las circunstancias contractuales.* [Tesis Doctoral, Universidad de Málaga], p. 91

teoría. Como, por ejemplo, en aquellos contratos de fletamento marítimo en los que un buque es incautado, detenido o requisado o cuando la carga no estaba disponible debido a una huelga en el puerto de carga. O cuando un contrato para operar y compartir las ganancias de un campo petrolífero se ha visto frustrado porque el terreno fue expropiado por el gobierno del país. Asimismo, los contratos de servicios personales pueden considerarse frustrados cuando el prestador está gravemente enfermo o ingresado[490]. Con todo, la lista de supuestos no está cerrada y los autores ingleses afirman que solo estudiando los hechos concretos del caso es posible determinar si es un caso de *frustration* o no[491].

2.2 Frustration of purpose e impracticability

Aunque el más obvio motivo de aplicabilidad de la *frustration* es la imposibilidad sobrevenida del cumplimiento[492] y pese a que LORD RADCLIFFE empleara la expresión «incapaz de ser ejecutado»[493], para los tribunales la *frustration* abarca también los casos de *frustration of purpose* y de *impracticability*. Los mencionados supuestos no tratan de problemas de imposibilidad de la prestación[494]: el primero prevé los supuestos de frustración del propósito de negocio y el segundo se centra en cuando un cambio sobrevenido de las circunstancias resulta en una grave onerosidad del cumplimiento.

---

490 Ejemplos extraídos de PEEL, TREITEL (2015), *Op. cit.*, p. 1040.

491 MCKENDRICK, E.G. (2008), «Discharge by Frustration», BEALE (ED), *Chitty on Contracts,* Vol. I, 13ª ed., pp. 1455-1536.

492 PEEL, TREITEL (2015), *Op. cit.*, p. 1036.

493 CARTWRIGHT (2019), *Op. cit.*, p. 361.

494 También conocida como *Impossibility of performance* en el *common law* americano.

Los supuestos de *frustration of purpose* y de *impracticability* son diferentes. Mientras que en los casos de frustración del propósito contractual una parte pretende la extinción del contrato porque la prestación que va a recibir ha dejado de tener valor para él (*coronation cases*), en los *impracticability* es la parte que ha de cumplir la que reclama la extinción, porque su prestación le resulta especialmente gravosa[495]. Lo único en lo que coinciden *frustration of purpose* e *impracticability* es en que ambos no son supuestos de imposibilidad de cumplir en sentido estricto[496].

En algunos casos, los tribunales han aplicado la doctrina de la *frustration* para los supuestos en que la obligación aún era posible de cumplir, pero no era factible lograr el objetivo del contrato[497]. La idea de *frustration of purpose* tuvo su origen en los célebres casos de la coronación del Rey Eduardo VII, y en los que lo que falla es la finalidad de las partes al celebrar el contrato[498].

Sánchez Lorenzo afirma que puede decirse que hay *frustration of purpose* «cuando concurren circunstancias sobrevenidas

---

495 *Ibid.*, pp. 1055-1056.

496 El Derecho inglés no entiende los supuestos de *impracticability* como una real *frustration*, por lo que se puede estudiar nítidamente la diferencia entre los tres supuestos en el *common law* americano, véase Sánchez Lorenzo, S. (2005), «La frustración del contrato en el Derecho comparado y su incidencia en la contratación internacional», *Revista de la Corte Española de Arbitraje*, n. 2005, pp. 45-88.

497 *Ídem.*

498 Los conocidos casos de la Coronación están resumidos en Adam, J. y Brownword, R. (2017), *Understanding Contract Law.* 5 ed. Sweet Maxwell, pp. 130 y *ss.* El evento que dio lugar a los célebres casos fue la coronación del rey Eduardo VII. La coronación y sus correspondientes marchas estaban programadas para los días 26 a 28 de junio de 1902. La comitiva real marcharía por diversos lugares de la ciudad de Londres en estos días. No obstante, el día 24 de junio el rey tuvo apendicitis y fue operado de urgencia, por lo que la coronación y demás celebraciones fueron suspendidas.

que, aunque no hacen imposible materialmente la ejecución del contrato, sí anulan de forma manifiesta su fin económico-jurídico, tal y como fue concebido por ambas partes»[499].

En líneas similares están los casos de *impracticability*, cuando el cumplimiento se hace extremadamente difícil y no es razonable exigirlo. La *impracticability* fue desarrollada por los tribunales americanos para liberar al deudor en los supuestos en que el equilibrio económico del contrato es alterado de manera substancial, hasta que se convierte en «una operación inviable económicamente, pese a ser teóricamente ejecutable»[500]. No obstante, en Inglaterra son poquísimos los casos en que se han concedido los efectos de la *frustration* a los casos de *impracticability*[501].

2.3 La evolución de los efectos de la frustration

El efecto general previsto por el *common law* en casos de *frustration* no es la extinción *ab initio* del contrato, sino solo la liberación de ambas partes de sus prestaciones futuras (*termination*). Este efecto opera automáticamente, en el mismo momento en que se produce la circunstancia causante y con independencia de la voluntad de las partes. En consecuencia, puede ser invocada por cualquiera de ellas, por el deudor o por el acreedor.

El efecto de la *termination* aplicado a la *frustration* generaba la liberación de las partes de la obligación de cumplir o recibir las prestaciones aún no vencidas, mientras que seguían vinculadas al cumplimiento de aquellas prestaciones ya vencidas antes de la intervención del evento causante de la frustración.

---

499 SÁNCHEZ LORENZO (2005), *Op. cit.*, pp. 54-55.

500 GARCÍA CARACUEL (2014), *Op. cit.*, p. 117.

501 PEEL, TREITEL (2015), *Op. cit.*, pp. 1049-1050.

Esto ocurre porque en el ordenamiento inglés la resolución solo da lugar a la liberación de las partes de sus obligaciones futuras, sin producir restitución alguna de las obligaciones ya cumplidas[502].

De este modo, en *Chandler v. Webster*[503], uno de los famosos «casos de la coronación», el demandante había alquilado una habitación al demandado para ver el paso de la comitiva real, estableciendo el pago por adelantado de 141 libras, pero en el momento en que se canceló la coronación, el demandante ya había abonado 100 libras y ya había vencido la obligación de pagar lo restante. El Tribunal entendió que el demandante no tenía derecho a recuperar las cien libras pagadas y que además estaba obligado al pago de las cuarenta y una restantes, dado que el vencimiento de la deuda era anterior a la frustración del contrato[504].

Este resultado llevó a la *House of Lords* a buscar vías de mitigación. Y así, en 1942, apoyándose en la doctrina de la falta absoluta de *consideration* entendió, en el llamado «*Fibrosa case*»[505], que una empresa polaca quedaba legitimada a recuperar unos pagos anticipados que realizó por ciertas mercancías que luego no pudieron ser suministradas debido a la ocupación alemana del puerto de Gdansk. Este caso dio lugar a la promulgación en 1943 de una ley específica, la *Law Reform (Frustrated Contracts) Act 1943*, para establecer los efectos económicos de la *frustration* en los casos de imposibilidad de cumplir[506].

---

502 Cartwright (2019), *Op. cit.*, p. 363.

503 *Chandler v. Webster* [1904] 1 KB 493, 501 Law Reports, King's Bench, 1904, vol. 1.

504 Treitel, G. (2004), *Op. cit.*, pp. 590-591.

505 Fibrosa SA v. Fairbairn Lawson Combe Barbour Ltd [1943] AC 32.

506 *Ibid.*, pp. 592-594

La citada Ley no cambia el remedio por excelencia (*termination*), tampoco define la *frustration*[507], pero establece que las sumas de dinero pagadas antes de la frustración son recuperables, y que las vencidas y aún no pagadas dejan de ser exigibles. Entretanto, si el deudor de la obligación frustrada ha realizado gastos para el cumplimiento de su prestación, puede retener una cierta cantidad de dinero en concepto de dichos gastos[508].

Además, la Ley también prevé que si antes de la *frustration* una de las partes ha adquirido algún beneficio con la prestación, debe pagar por ella en su justa medida. La misma regla establecida, por ejemplo, en el Código Civil español para los casos de muerte de artífice (art. 1595).

De este modo actualmente, en el ordenamiento inglés, la imposibilidad absoluta de cumplir la obligación da lugar a la resolución, produciendo la liberación de las partes y colocando al acreedor en la misma posición económica en que se encontraría si el contrato hubiese sido regularmente cumplido[509]. De esta manera, la evolución de la doctrina sirvió para admitir tres importantes situaciones, a saber: el acreedor puede solicitar la restitución del precio pagado anticipadamente; si el deudor incurrió en gastos derivados del cumplimiento puede retener una suma en virtud de ello; y, finalmente, el deudor tiene derecho a un equivalente económico de los bienes entregados y los servicios realizados antes de la *frustration.*

En definitiva, actualmente la solución y las consecuencias de la imposibilidad sobrevenida en el Derecho inglés son las mismas encontradas por la jurisprudencia española. Devenida

---

507 CARTWRIGHT (2019), *Op. cit.*, p. 364.

508 El valor de importe será determinado por el juez. TREITEL, G. (2004), *Op. cit.*, pp. 594-597.

509 En la sección 1(2) de la referida Ley no se prevé que puedan recuperarse los gastos que excedan de las cantidades que deban restituirse. Quedará a la discrecionalidad del juez.

imposible la prestación, ambas obligaciones se extinguen y el riesgo contractual será atribuido al deudor de la prestación imposible. No obstante, debemos tener presente que el sistema inglés ha sido y sigue siendo muy cauteloso a la hora de confirmar que la imposibilidad no imputable provoca la liberación del deudor y la correspondiente liberación de la contraparte.

2.4 Distinción entre las figuras de la frustration y la hardship

La *hardship* se configura como la aparición de circunstancias imprevistas que desequilibran fundamentalmente un contrato al hacerlo económicamente mucho más oneroso para la parte afectada. No se trata de un simple encarecimiento o devaluación de la prestación, sino aquellas situaciones que provocan cargas irrazonables para una de las partes[510].

En los supuestos de *hardship* la obligación no es imposible, el contrato puede ser cumplido, pero la prestación se ha vuelto desproporcionadamente onerosa. Mientras que la *frustration* revela la imposibilidad de cumplir la obligación y por lo tanto la consecuencia es la terminación automática del contrato[511]. Aunque se pueda defender que el concepto de *frustration* engloba el concepto de *hardship*, a juicio de Sánchez Lorenzo la diferencia sustancial reside en los efectos de cada figura. La *hardship* admite como solución la adaptación del contrato, mientras que la *frustration* solo admite la pura resolución del contrato, sin concesión a la revisión o adaptación del contrato[512].

510 Sánchez Lorenzo, S. (2021), «Covid–19 y frustración de contratos internacionales», *Anuario Hispano-Luso-Americano de derecho internacional*, nº 25, p. 32.

511 Treitel (2004), Op. Cit., pp. 546-555.

512 Sánchez Lorenzo, S. (2016), «La frustración del contrato», en Sánchez Lorenzo (Ed.) *Derecho Contractual Comparado*, tomo 2, Civitas, pp. 750-751.

De este modo, el punto crucial de divergencia entre los supuestos de *frustration* y *hardship* está, además del propio concepto, en las consecuencias.

3. EL RIESGO EN EL DERECHO FRANCÉS

3.1 La imposibilidad de cumplir en el Code civil

La situación normativa de la imposibilidad sobrevenida en el *Code* está regulada en seis artículos clave[513]. El primero de ellos, en materia general de contratación, es el 1218 del *Code,* que define fuerza mayor como un evento sobrevenido, fuera del control del deudor, que impide el cumplimiento de la obligación, razonablemente imprevisible y cuyos efectos no pueden evitarse.

Según este precepto, la consecuencia que acarrea la fuerza mayor causante de la imposibilidad definitiva es la resolución automática del contrato, tal y como se extrae de su párrafo segundo: *«Si l'empêchement est définitif, le contrat est résolu de plein droit et les parties sont libérées de leurs obligations …»*. Además, se establece que dicha fuerza mayor que ocasiona la imposibilidad temporal de la obligación, solamente suspende su cumplimiento, a menos que la demora justifique la resolución[514].

En definitiva, el mismo artículo que define la fuerza mayor determina que la imposibilidad fortuita sobrevenida implicará la liberación de ambas partes y, por lo tanto, produce la extinción del contrato. Para la doctrina y para los tribunales

---

513 Artículos 1218, 1196, 1351, 1351-1, 1307-2 y 1307-5.

514 El mejor ejemplo de estos supuestos ya se ha mencionado en el capítulo anterior: la actuación de un cantante, programada para las celebraciones de Año Nuevo, pero que solo es posible a partir del día 3 de enero.

franceses, esta extinción es automática e *ipso iure*, sin que la parte acreedora de la prestación imposible pueda optar por otro remedio[515].

De este modo, en los casos de imposibilidad, la regla que se aplica en Francia es *periculum est debitoris*. Es el deudor impedido de realizar la obligación quien asume el riesgo de este impedimento, en el sentido de que el contrato se resuelve y no puede reclamar la contraprestación estipulada. Y según afirman algunos autores, positivar la regla *periculum est debitoris* con carácter general para todos los contratos hace que en Francia la discusión sobre la teoría del riesgo esté obsoleta[516].

Antes de la reforma del 2016, que modificó completamente el contenido de la imposibilidad sobrevenida (que previamente estaba en los artículos 1148 y 1150 y ahora se define en el citado 1218), la atribución de riesgos al deudor era la regla implícita definida por la jurisprudencia. La sentencia *Ceccaldi*, de 14 de abril de 1891 de la Corte de Casación Francesa[517], instauró la idea de que, en un contrato sinalagmático, la obligación de una de las partes es causada por la obligación de la otra y viceversa; de este modo, si la obligación de una no es cumplida,

---

515 Es decir, los efectos son automáticos, sin intervención judicial. «Parce qu'elle ne sanctionne pas l'inexécution d'une obligation imputable à une partie, le juge n'a pas à prononcer la résolution du contrat à exécution instantanée ni la résiliation du contrat à exécution successive». Informe anual de la Cour de cassation 2011, «Le risque», p. 139. https://www.courdecassation.fr/IMG/pdf/Rapport_CourCassation_2011.pdf (última visita: 7 de junio de 2021)

516 Informe anual de la Cour de cassation 2011, «Le risque», pp. 140-142, https://www.courdecassation.fr/IMG/pdf/Rapport_CourCassation_2011.pdf (última visita: 7 de junio de 2021)

517 Cour de Cassation, Chambre civile, du 14 avril 1891. *Bulletin ARRETS* Cour de Cassation Chambre civile n°. 55 p. 103. Disponible en: https://www.legifrance.gouv.fr/juri/id/JURITEXT000006952698/ (última visita: 4 de junio de 2021)

por la razón que sea, la obligación del otro se vuelve sin causa. En consecuencia, se concluye que, siempre que la ley o una cláusula contractual específica no atribuya los riesgos a otra persona que no sea el deudor, la regla de *periculum est debitoris* se aplica a todos los contratos.

3.2 La compraventa – el nuevo artículo 1196 Code

Respecto a los contratos que tengan por objeto la enajenación de la propiedad, es preciso recordar que en Francia la adquisición de la propiedad tiene lugar en el momento de la celebración del contrato, por ello, el comprador adquiere la propiedad en este mismo instante; esto es una vía consensual e inmediata de transferencia de propiedad, de acuerdo con el artículo 1196 *Code* (antiguo artículo 1138). De este modo, quien asume el riesgo es el propietario, por fuerza de la máxima *res perit domino.*

Se trata, en esencia, de convertir al acreedor en propietario con el simple consentimiento de las partes y la cosa se queda inmediatamente bajo su riesgo, desde el instante en que se perfeccione el contrato. De esa forma, al unir el traspaso de los riesgos a la transmisión de la propiedad, no se aplica la *periculum est creditoris,* sino el principio *res perit domino.*

La transferencia consensuada significa que la propiedad se traspasa por el único intercambio de los consentimientos: tan pronto como las partes expresan su voluntad de transferir la propiedad, sin que haya que respetar ningún formalismo: tiene lugar, en principio, tan pronto como se concluye el contrato.

No obstante, esta regla puede ser suprimida por las partes. Por ejemplo, al estipular que la transferencia de propiedad se producirá en el momento de la entrega material de la cosa por parte del vendedor al comprador; así, el riesgo permanece en la esfera del vendedor, ya que la transferencia estará condicionada a la realización de un trámite: la entrega material de la cosa, la *traditio.* De este modo, si las partes así lo estipulan, el riesgo no se traslada hasta el momento de la entrega.

Dado que la transferencia de propiedad es en principio inmediata, los riesgos en principio se transfieren también inmediatamente al comprador: si la cosa se pierde, incluso antes de que se le entregue, el comprador debe pagar el precio al vendedor. No obstante, el artículo 1196 contiene una excepción, los riesgos pesan sobre el deudor *(periculum est debitoris)* a partir del momento en que recibe una orden formal de entregar la cosa, conforme al párrafo 3°. También es una disposición voluntaria, lo cual significa que las partes pueden derogarla, separando la cuestión de la transferencia de propiedad de la cuestión de la transferencia de riesgo.

También hay que recordar que el deudor de la obligación de entregar es responsable de la pérdida de la cosa causada por su culpa, pues tiene el deber de conservar la cosa hasta que se entregue, proporcionando todos los cuidados de una persona razonable (artículo 1197 *Code*). Así, el propietario debe soportar las consecuencias de una pérdida de la cosa por caso fortuito, pero no debe soportar las consecuencias de una pérdida de la cosa causada por una falta del deudor.

3.3 Las obligaciones unilaterales

En el ámbito de la regulación sobre la extinción de las obligaciones, se deben observar los artículos 1351 y 1351-1 del *Code;* dichos preceptos prevén la imposibilidad sobrevenida en las obligaciones de hacer y de dar, respectivamente[518]. Sin embargo,

---

[518] Aunque la reforma del *Code* promovida por la Ordonanza n°2016-131 de 10 febrero 2016 ha abandonado la tipología de las obligaciones según su objeto (hacer, no hacer o dar). Véase la nueva redacción del artículo 1101 Code: «Le contrat est un accord de volontés entre deux ou plusieurs personnes destiné à créer, modifier,

el legislador francés no determina expresamente la suerte de la contraprestación, pues como se ha defendido previamente, la redacción del texto, tal y como pasa en los artículos 1182 y 1184 del CC español, está pensada para los contratos unilaterales.

El mandato legal del artículo 1351 prevé que la imposibilidad definitiva de ejecutar la obligación de hacer derivada de la fuerza mayor libera al deudor, a menos que este haya acordado hacerse responsable. A su vez, el artículo 1351-1, creado por Ordenanza n ° 2016-131 de 10 de febrero de 2016–art. 3, estipula que, en la pérdida de la cosa debida, el deudor también queda liberado si prueba que dicha pérdida también hubiera ocurrido de manera similar, aunque hubiese cumplido su obligación.

La gran diferencia entre la regulación general del 1218 y estos dos artículos está realmente en la segunda parte del artículo 1351-1, al establecer que, en caso de pérdida de la cosa, el deudor está obligado a ceder al acreedor los derechos o indemnizaciones que le correspondan por esa razón.

La doctrina francesa considera que el artículo solo resulta aplicable a las obligaciones unilaterales y, por tanto, no contempla la posibilidad de que en un contrato sinalagmático el acreedor de la prestación devenida imposible pueda optar por exigir esas indemnizaciones, cumpliendo a su vez la contraprestación a que él está obligado[519]. En aquellos contratos bilaterales que no contengan regulación específica será aplicable el artículo 1218 del *Code*.

---

transmettre ou éteindre des obligations» que suprime las palabras «à donner, à faire ou à ne pas faire».

519 FRANÇOIS, C. (2016), « Présentation des articles 1351 à 1351-1 de la nouvelle section 5 "L'impossibilité d'exécuter"», *La réforme du droit des contrats présentée par l'IEJ de Paris 1*, Disponible en: https://iej.univ-paris1.fr/openaccess/reforme-contrats/titre4/chap4/sect5-impossibilite-executer/ (última visita: 1 de junio de 2021).

3.4 Las obligaciones alternativas

Por otro lado, existen otros dos artículos clave, el artículo 1307-2 y 1307-5 *Code*. En sede de obligaciones alternativas, el *Code* establece que, cuando un evento responde a supuestos de fuerza mayor e imposibilita la ejecución de la prestación ya elegida (art. 1307-2) o imposibilita todas las posibles prestaciones (art. 1307-5), el deudor queda liberado de la ejecución.

Aunque los artículos 1307-2 y 1307-5 no expresen que el contrato se resuelva, la interpretación conjunta con los efectos de la fuerza mayor del 1218 del *Code* lleva a afirmar que, en los mencionados supuestos, la solución del *Code* es la resolución del contrato.

En definitiva, la regla en el Derecho francés es que la imposibilidad sobrevenida que libera al deudor es la derivada de la fuerza mayor y que, además de liberar al deudor, produce la resolución del contrato. Entretanto, aunque no esté escrito en los preceptos citados aquí, si el acreedor obtiene algún resultado beneficioso por parte del deudor, esto requiere que pague la contraprestación en la medida de su beneficio. Por ello, la regla *periculum est debitoris* no siempre implica la liberación total del deudor cuyo cumplimiento se ha vuelto imposible. En algunos casos, debe conducir al mantenimiento de la obligación del acreedor hasta el pago de la parte proporcional relativa a las ventajas obtenidas[520].

3.5 La teoría de la imprévision

En otro orden de ideas, aunque no se trate de riesgo contractual, se analizará la teoría de la «*imprévision*», que pretende

---

520 CELEBI, O. (2020), «Theorie des risques en droit français: observations sur l'application de l'adage res perit debitori», *Ankara Universitesi Hukuk Fakültesi Dergisi*, Vol. 69, nº. 1, p. 100.

reequilibrar el contrato cuando la obligación de una de las partes se torna demasiado onerosa en relación con lo pactado por las partes, lo que comporta un aspecto novedoso de la reforma de 2016 del *Code civil.*

La alteración del contrato por las circunstancias sobrevenidas nunca se había visto con buenos ojos en Francia. La doctrina, de manera generalizada, rechazaba profundamente la teoría de la «*imprévision*»[521]. Los únicos pronunciamientos a favor se limitaban a los contratos considerados de «interés común», como pueden ser los de agencia, franquicia, etc[522]. No obstante, la reforma del 2016 introdujo la viabilidad de una revisión contractual ante un cambio de circunstancias sobrevenido.

La nueva redacción del artículo 1195 *Code* ha reconocido la aplicabilidad de la teoría de la «*imprévision*» en los casos en que un evento imprevisible hace excesivamente oneroso el cumplimiento de la obligación, para que así la parte afectada por la contingencia pueda solicitar la renegociación del contrato. Inspirada tanto en el Derecho comparado como en los proyectos de armonización europeos, la nueva normativa tiene como objetivo resguardar los contratos de los grandes desequilibrios contractuales que surgen durante la ejecución, de acuerdo con el objetivo de justicia contractual.

Cabe destacar que la aplicación de la teoría de la imprevisibilidad supone el cumplimiento de tres condiciones: la primera, un cambio de circunstancias imprevisible, que debe interpretarse a la luz del concepto de fuerza mayor; la siguiente es que el evento sobrevenido debe hacer la ejecución excesi-

---

521 COLÍN, A., y CAPITANT, H. (1948), *Cours élémentaire de droit civil francais,* II, 10a edición, París, pp. 94 y ss. / CARBONNIER, J. (2000), *Droit civil, IV, Les Obligations,* 22a edición, PUF, p. 280.

522 GÓMEZ-POMAR, F. y SÁNCHEZ-AGUILERA, A. (2021) «Cláusula rebus sic stantibus: viabilidad y oportunidad de su codificación en el Derecho civil español», *InDret,* n. 1, p. 529.

vamente onerosa para una de las partes; finalmente, la parte afectada no debe haber asumido tal riesgo en el contrato.

El mecanismo previsto por el legislador es adaptar el contrato a la nueva circunstancia. Sin embargo, la gran crítica al precepto es que la solicitud de renegociación del contrato no tiene efecto suspensivo sobre su ejecución. La parte afectada debe seguir cumpliendo su prestación mientras negocia las adaptaciones necesarias.

En artículo va más allá y determina que, en caso de rechazo o fracaso de la negociación, las partes pueden acordar la resolución del contrato y sus condiciones, o solicitar al juez que proceda a su adecuación. Finalmente, en ausencia de acuerdo dentro de un plazo razonable, una de las partes puede solicitar al juez que revise el contrato o lo declare extinto[523].

4. EL DERECHO ITALIANO

La Sección II del Capítulo XIV del *Codice civile* italiano trata sobre la imposibilidad sobrevenida. El concepto de imposibilidad de cumplimiento está implícito en el de causa no imputable al deudor. Aunque se eliminen las viejas redundancias, la imposibilidad, en sí misma, queda concebida como un impedimento absoluto y no como una dificultad intensa y personal, ya que las cuestiones sobre la dificultad y sobre la excesiva onerosidad están expresamente reguladas en los artículos 1467 y 1468 del *Codice*.

Como hemos tenido la oportunidad de exponer en el Capítulo I de este trabajo, el *Codice civile* italiano pertenece a la segunda generación de Códigos y la consecuencia de esto es

---

523 Véase anexo 3 para consultar la nueva redacción del artículo 1195 modificado por la Ordenanza n°2016-131 de 10 febrero 2016.

que responde, en muchos aspectos, a cuestiones más actuales. Por ello, se defiende en este estudio que el *Codice civile* regula de manera exhaustiva la cuestión del riesgo contractual.

4.1 La imposibilidad del artículo 1256 y la solución del artículo 1463 del Codice civile

El artículo 1256 del *Codice* determina que *«l'obbligazione si estingue quando, per una causa non imputabile al debitore, la prestazione diventa impossibile»*. En otras palabras, la imposibilidad de cumplimiento que se produzca por causas no imputables al deudor, libera a este de su obligación. Hasta aquí no hay novedades respecto al Código Civil español (1182 y 1884 CC). Resulta obvia la aplicación del principio *ad impossibilia nemo tenetur,* nadie está obligado a hacer lo imposible.

La excepción a este principio ocurre, al igual que en otros ordenamientos, cuando el deudor se encuentra constituido en mora. En estos casos no queda liberado por la imposibilidad, dado que su culpa rompe el razonamiento de la exoneración. De esta manera, se presume la culpa del deudor y para que este se libere, debe probar que el objeto de la prestación también habría perecido con el acreedor, tal y como se extrae del artículo 1221 *Codice*[524].

Además, la *Corte Suprema di Cassazione* decidió recientemente que el deudor solo se libera por imposibilidad sobrevenida si está presente el elemento objetivo de la imposibilidad de realizar el servicio en sí, considerado en sí mismo, y el elemento subjetivo de la ausencia de culpa por parte del deudor. En el

---

[524] *«Il debitore che è in mora non è liberato per la sopravvenuta impossibilità della prestazione derivante da causa a lui non imputabile, se non prova che l'oggetto della prestazione sarebbe ugualmente perito presso il creditore. In qualunque modo sia perita o smarrita una cosa illecitamente sottratta, la perdita di essa non libera chi l'ha sottratta dall'obbligo di restituirne il valore».*

análisis de ausencia de culpa, la Corte Suprema señaló que una orden o prohibición de la autoridad administrativa era fácilmente predecible, de acuerdo con la diligencia común, y por ello no da derecho a invocar el artículo 1256 *Codice*[525].

Sin embargo, en otro caso relativo a un contrato de suministro de productos para la industria farmacéutica, la Corte de Casación confirmó la sentencia de primera instancia que había desestimado la indemnización solicitada por el productor de ferritina de origen animal contra una empresa farmacéutica que, a raíz de la prohibición del Ministerio de Sanidad, había dejado de solicitar el suministro[526]. En este caso, la Corte entendió que el acreedor no puede interponer acción de resolución por incumplimiento porque el cumplimiento de la prestación se ha vuelto imposible por causas no imputables al deudor, considerando de este modo, el cambio en la legislación como evento sobrevenido inimputable.

Retomando el análisis del artículo 1256 *Codice*, se constata que no menciona la consecuencia de la liberación del deudor respecto a la contraprestación; para localizarla, es necesario avanzar en la parte general de los contratos. El artículo 1463 del *Codice civile* determina que, en los contratos sinalagmáticos, la parte liberada por la imposibilidad sobrevenida no puede solicitar la contraprestación, e incluso debe devolver lo que ya ha recibido. Es la consagración, en materia de riesgos contractuales, de la regla *periculum est debitoris*[527]. Esta es

---

525 Cassazione civile, Sez. III sentenza n. 14915 de 8 de junio de 2018.

526 Cassazione civile, Sez. III sentenza n. 23618 de 20 dicembre 2004.

527 Se nota la influencia de este precepto en los Códigos posteriores, como por ejemplo el Código civil portugués de 1966, donde el artículo 795 determina que el deudor soporta el *periculum obligationis*: «Quando no contrato bilateral uma das prestações se torne impossível, fica o credor desobrigado da contraprestação e tem o direito, se já a tiver realizado, de exigir a sua restituição nos termos prescritos para o enriquecimento sem causa».

la principal diferencia respecto al CC español que, como es bien sabido, no regula el tema.

En Italia, el brocardo «*Casum sentit debitor*» enuncia el principio consagrado en el artículo 1463, según el cual las consecuencias económicas del evento que produce la imposibilidad del servicio recaen sobre el deudor que debía realizarlo. Por ello, el acreedor, en efecto, queda liberado de la obligación de contraprestación aunque esta – normalmente en pecunia – todavía sea posible. Esto sucede porque, para los italianos, cuando la obligación de una parte se vuelve imposible, también se resuelve la obligación de la contraparte, y el que adeuda el servicio imposible pierde automáticamente la contraprestación.

En definitiva, es el artículo 1463 *Codice* quien tiene la intención de resolver el problema del riesgo que se ha abordado a lo largo del presente estudio. Por un lado, el artículo 1256 *Codice* declara la extinción de la obligación cuyo cumplimiento se ha vuelto imposible por causa no imputable al deudor. Por otro, el artículo 1463 establece que el acreedor queda a su vez exento del deber de realizar la contraprestación y que, si ya la hubiera cumplido, tiene derecho a exigir la devolución del importe pagado.

La solución hallada por el artículo 1463 para resolver el problema del riesgo en las obligaciones bilaterales es establecer la siguiente norma: el riesgo derivado de la imposibilidad del cumplimiento de una obligación recaerá sobre el propio deudor, en tanto que pierde el derecho a la contraprestación, no puede reclamar nada a la contraparte y debe restituir lo cobrado. La regla se explica, igual que en España, considerando que en los contratos sinalagmáticos cada desempeño se justifica en el desempeño de la contraparte por lo que, si uno de ellos cesa, también finaliza la causa que justifica la contraprestación.

En síntesis, si la ejecución del contrato se ha vuelto imposible por causas no imputables al deudor, de conformidad con el artículo 1256 del *Codice*, la obligación se extingue y las consecuencias de tal imposibilidad se extraen del artículo 1463 del *Codice*. La primera consecuencia, la parte que ya no puede prestar el servicio no puede solicitar la contraprestación relativa; la segunda, no puede actuar con la acción de resolución alegando el incumplimiento de la contraparte.

4.2 La consecuencia del artículo 1463 del Codice civile

En contra de lo que se pueda pensar, la consecuencia del artículo 1463 no es en absoluto la resolución por incumplimiento[528]. El propio precepto, de hecho, marca las diferencias entre la resolución por incumplimiento, definida en el artículo 1453 y *ss* del *Codice Civile*, y la resolución a que se refiere el citado artículo 1463.

Para producirse la primera de ellas son necesarias una sentencia constitutiva (art. 1453), una carta de advertencia del acreedor (art. 1454), la declaración específica respecto a una cláusula de resolución pactada (art. 1456) o en las obligaciones con plazo imprescindible, tras la falta de declaración dentro del plazo de 3 días (art. 1457). A diferencia de esta, en la resolución por imposibilidad sobrevenida todos estos trámites no son en absoluto necesarios.

Otra discrepancia es que el tiempo de extinción de las obligaciones es diferente en ambas situaciones. En caso de incumplimiento, la obligación quebrantada se extingue, no en el momento del incumplimiento, sino en el establecido en los artículos 1453, 1454, 1456 y 1457 *Codice*. Por otra parte, en el caso de la imposibilidad sobrevenida la obligación se extingue al mismo tiempo que se extingue la correspondiente obligación cuyo cumplimiento se ha vuelto imposible.

---

528 Lo que la doctrina y jurisprudencia española, equivocadamente, intenta aplicar al utilizar el artículo 1124 CC en los casos de imposibilidad sobrevenida.

Si se trata de resolución por incumplimiento, esta opera en ambas esferas patrimoniales; en caso de imposibilidad sobrevenida, se aplica únicamente sobre una obligación, la que quedó imposible de cumplir. La primera obligación se extinguió por la imposibilidad de prestar, conforme al artículo 1256 *Codice*; por tanto, como una obligación ya se extinguió, no puede extinguirse por segunda vez con la resolución por incumplimiento. Asimismo, en la resolución por imposibilidad, el acreedor no tendrá derecho a exigir indemnización de daños y perjuicios.

Las dos obligaciones se extinguen por diferentes causas. Como consecuencia de la imposibilidad sobrevenida, no existe un mecanismo unitario propio de la resolución en un sentido técnico, sino que se produce el desmembramiento de la relación con la consiguiente extinción autónoma, y con distintos medios, de cada una de las dos obligaciones.

La clara diferencia estructural entre la resolución por incumplimiento y la resolución por imposibilidad sobrevenida del artículo 1463, teniendo en cuenta sobre todo que este último no es en absoluto una figura de resolución en el sentido técnico, es la siguiente: mientras que para la resolución por incumplimiento existe un artículo (1458) que precisa cuáles son los efectos de la resolución y en especial su retroactividad obligatoria, nada se dice al respecto en materia de imposibilidad sobrevenida, donde se excluye claramente cualquier fenómeno de retroactividad[529].

Aunque con estas diferencias estructurales, parece que en Italia la imposibilidad sobrevenida se resolvería igual que en los otros ordenamientos estudiados. Si aún no se ha cumplido la obligación soportada por el acreedor del servicio que se ha

---

[529] MARASCO, G. (2008), «Artt. 1463», en GALGANO, F. (dir.) *Commentario compatto al Codice civile*, 2ª ed. Tribuna Major. pp. 1417-1418.

vuelto imposible, la contraprestación queda extinguida *ipso iure,* al mismo tiempo en que se hace imposible el cumplimiento de la obligación correspondiente: es decir, las dos obligaciones correspondientes son extinguidas al mismo tiempo, una de conformidad con el artículo 1256 y la otra de conformidad con el artículo 1463. Si ya se ha cumplido la obligación asumida por el acreedor del servicio que se ha vuelto imposible, el acreedor adquiere el derecho al reembolso del servicio no prestado.

Por otro lado, la imposibilidad parcial también está regulada en el *Codice,* en el artículo 1464, que determina que si la prestación se ha vuelto solo parcialmente imposible, la contraparte tiene dos opciones. La primera de ellas, solicitar la reducción del precio, proporcional a la parte que todavía es pasible de ejecución. La segunda opción, si la imposibilidad parcial compromete el interés perseguido, sería rescindir el contrato.

La apreciación del interés, de conformidad con el artículo 1464, debe ser objetiva, no a discreción del acreedor. La prestación parcial debe ser tal que pueda constituir todavía un bien apreciable para sí mismo. Algunos autores[530] sugieren que no resulta aceptable utilizar un criterio subjetivo ya que, dado que se trata de un problema de riesgo donde no existe responsabilidad para el deudor, solo se puede adoptar el criterio objetivo de evaluación. En este caso, se tendría que considerar simplemente si la prestación que aún es posible presenta, desde un punto de vista económico, una fracción del total[531].

---

530 En este sentido véase Bianca, M. (1994), *Diritto civile,* vol. V. Giuffrè, p. 375 / Roppo, V. (2001), «Il contratto», Judica Y Zatto, *Trattato di diritto privato,* Giuffrè, p. 1011.

531 Marasco, G. (2008), «Artt. 1464», en Galgano, F. (dir.) *Commentario compatto al Codice civile,* 2ª ed. Tribuna Major. pp. 1418-1419.

4.3 La regla especial para los contratos traslativos de dominio

Como era de esperar, el Código Civil italiano sigue la tradición romana de asignación del riesgo al comprador en los contratos traslativos de dominio. Es la única excepción a la regla general *periculum est debitoris.* De este modo, para los contratos de compraventa de cosa específica, la regla plasmada en el artículo 1465 *Codice* es la misma que la equivalente opción del CC español, esto es, la *periculum est creditoris.*

El 1465 *Codice* está divido en 4 párrafos:

> *Nei contratti che trasferiscono la proprietà di una cosa determinata ovvero costituiscono o trasferiscono diritti reali, il perimento della cosa per una causa non imputabile all'alienante non libera l'acquirente dall'obbligo di eseguire la controprestazione, ancorché la cosa non gli sia stata consegnata.*
>
> *La stessa disposizione si applica nel caso in cui l'effetto traslativo o costitutivo sia differito fino allo scadere di un termine.*
>
> *Qualora oggetto del trasferimento sia una cosa determinata solo nel genere, l'acquirente non è liberato dall'obbligo di eseguire la controprestazione, se l'alienante ha fatto la consegna o se la cosa è stata individuata.*
>
> *L'acquirente è in ogni caso liberato dalla sua obbligazione, se il trasferimento era sottoposto a condizione sospensiva e l'impossibilità è sopravvenuta prima che si verifichi la condizione.*

El párrafo primero determina el supuesto general: si la cosa perece después de la perfección del contrato, sin culpa del deudor y antes de la entrega, el acreedor sigue obligado a pagar el precio. El párrafo segundo añade que el acreedor también asume el riesgo, aunque la transmisión de la propiedad se difiera hasta un plazo determinado.

En párrafo tercero del artículo 1465 se considera la hipótesis de la compraventa de cosa específica que tiene por objeto una cosa determinada solo en el género. En estos contratos, la propiedad se traslada con la identificación de la cosa, conforme el artículo 1378 *Codice*; por ello, si la cosa se pierde antes de la entrega pero después de que haya sido identificada, el acreedor asume el riesgo. Lógicamente, el acreedor también asume el riesgo después de la entrega de la cosa directamente al acreedor o al transportista.

El fundamento que da la regla es el mismo previsto en otros ordenamientos, la *res perit domino*. Dado que el traslado del dominio se produce por simple consentimiento, independientemente de la entrega de la cosa, si esta perece antes de dicha entrega, el comprador está igualmente obligado a pagar la contraprestación[532].

La regla se aplica tanto a los bienes inmuebles como a los muebles, siempre que sea de cosa cierta, siendo esta la condición indispensable para aplicar la regla *periculum est creditoris*. Además, solo opera en los contratos en los que no se requiere de otra formalidad, más que el consentimiento, para constituir el derecho. De este modo, no se aplica en la constitución de los derechos reales de garantía, por ejemplo; para la prenda también es necesaria la entrega de la cosa (artículo 2786); o en la hipoteca, donde también se precisa el registro (artículo 2808). Por tanto, si el objeto de la prenda perece antes de la entrega, o el objeto hipoteca antes del registro, el derecho a la contraprestación, a favor del prestador de la garantía, cesa.

Finalmente, el último párrafo prevé la excepción a la regla *periculum est creditoris* en los contratos de compraventa con condición suspensiva. Cuando la imposibilidad acaece antes de la ocurrencia de la condición, el evento libera a ambas partes, es decir, el acreedor no sigue obligado a pagar el precio.

---

532 MARASCO, G. (2008), «Artt. 1465», en GALGANO, F. (dir.) *Commentario compatto al Codice civile*, 2ª ed. Tribuna Major. p. 1419.

4.4 La regla específica de la imposibilidad de ejecución en los contratos de servicios

En el primer Capítulo se pudo analizar cómo los contratos de servicios se encuentran regulados en el *Codice Civile* y se constató que el servicio prestado por una persona jurídica va bajo la rúbrica de *«appalto»*, mientras que los servicios prestados por personas físicas se denominan *«lavoro autonomo»*. Pues bien, en la práctica esta división hace que se cuente con dos artículos diferentes que dicen lo mismo. El artículo 1672 para los contratos de *«appalto»* y el artículo 2228 para el *«lavoro autonomo»*.

Dentro de los contratos de servicios, y específicamente tratando el contrato de ejecución de obra, los artículos 1672 y 2228 *Codice* establecen que si la ejecución del servicio se vuelve imposible por razones no imputables a ninguna de las partes, el prestador del servicio solo tiene derecho al pago del trabajo ya ejecutado, en la medida en que este sea útil al cliente/acreedor[533].

Ambas reglas conducen a constatar que en casos de imposibilidad sobrevenida sin culpa no hay responsabilidad de ninguna de las partes por la no ejecución. En concreto, trata tan solo de afirmar que el caso fortuito que imposibilita la continuación del contrato, no da derecho a reclamar el reembolso por daños o indemnización por lucro cesante. El contratista no puede exigir el pago del precio acordado, pero el cliente deberá abonar la parte del servicio ejecutado y entregado.

Además, tal y como ocurre en el artículo 1595 Código Civil español, el artículo 1674 del *Codice* italiano determina que el contrato se resuelve por la muerte del contratista, siempre y

---

[533] No se debe confundir con el supuesto de pérdida o deterioro de la obra, ya que, como hemos tenido ocasión de defender en el apartado 3.1 del cap. III, el artículo 1673 *Codice* (equivalente a los artículos 1589 y 1590 CC) no responde a supuesto de imposibilidad de ejecutar el servicio.

cuando la consideración de la persona fuera la razón decisiva del contrato[534]. En estos casos, la continuación del contrato ya no es posible, pues la persona del contratista era un motivo determinante. Y aunque el riesgo recaiga sobre el deudor, que no podrá exigir la contraprestación completa, sus herederos pueden exigir el pago de los servicios ya ejecutados, conforme el artículo 1675.

Por otro lado, puede ser que el contrato no haya sido pactado en razón de las especialidades del contratista; siendo así, los herederos pueden proseguir con la ejecución de la obra o servicio. Para estos supuestos, el *Codice* faculta al cliente a solicitar la resolución del contrato en caso de comprobar la pérdida de calidad o falta de confianza en los herederos para la ejecución de la obra. Si finalmente el contrato se resuelve, aún se mantiene la obligación de pagar por los servicios ya ejecutados.

4.5 La distinción entre imposibilidad y excesiva onerosidad – el artículo 1467 del Codice civile

En otro orden de cosas, el Derecho italiano regula en el *Codice civile* los supuestos de alteración de las circunstancias. El artículo 1467 determina que, en los contratos con ejecución continua o periódica, o con ejecución diferida, si la obligación de una de las partes se ha tornado excesivamente gravosa por fuerza mayor, la parte puede solicitar la resolución del contrato. Esta medida no tiene efecto retroactivo y no se puede solicitar la resolución si la modificación sobrevenida está dentro del ámbito normal del contrato. La parte afectada por la contingencia debe solicitar la resolución, pero la contraparte puede evitarla, ofreciendo modificar los términos del contrato de manera justa.

---

534 La misma lógica se aplica a la hipótesis de interdicción, discapacidad y la incapacidad natural del contratista.

El modelo italiano de la *eccessiva onerosità* también se encuentra en los Códigos civiles de diferentes países, aunque en algunos con criterios y efectos parcialmente diferentes[535].

Dejando al margen los debates pertinentes al estudio del cambio de circunstancias[536], es importante remarcar que la disposición contenida en el mencionado artículo solo es aplicable a los contratos con ejecución continua o periódica y a los contratos con ejecución diferida[537]. Los contratos de ejecución instantánea, lógicamente, no pueden verse afectados por la *eccessiva onerosità.*

Sobre el concepto de contrato de ejecución diferida, se trata de una noción incierta, porque no en todos los casos en los que debe transcurrir un cierto tiempo desde la perfección del contrato hasta el momento de su ejecución, son estos periodos considerados diferidos. El significado legal del tiempo debe corresponder necesariamente al interés de que la satisfacción tenga lugar en un momento dado. Por tanto, no debe tratarse aquí simplemente del «tiempo» considerado en sí mismo,

---

535 Grecia (art. 388 Cc)101); Países Bajos (art. 6:258 Cc); Portugal (art. 437 Cc); Argentina (art. 1.091 Código Civil y Comercial de la Nación de 2014); Brasil (arts. 478-480 Cc); Polonia (art. 269 Cc 1933); Hungría (§ 241 Cc); Checoslovaquia (§ 212 Cc); Egipto (art. 147.2° Cc); Etiopía (art. 3.183 Cc); o Argelia (art. 107 Cc), Colombia (atr. 868 Ccom); Cuba (80 Cc); Guatemala (arts. 688 Ccom y 1.330 Cc); Perú (art. 1.440-1.446 Cc); Panamá (art. 1.161-A Cc). SÁNCHEZ LORENZO (2016), *Op. Cit.*, p. 736.

536 Para un estudio completo sobre la *eccessiva onerosità* en Italia véase, entre otros, BRACCIANTI, C. (1946), *Degli effetti dell'eccessiva onerosità sopravveniente nei contratti,* Giuffrè. / RICCIO, A. (2010), *Eccessiva onerosità,* Zanichelli. / GABRIELLI, E. (2012), *L'eccessiva onerosità sopravvenuta,* Giappichelli.

537 Además, hay contratos en que, precisamente por su particularidad, los artículos 1467 y 1468 no podrían aplicarse, por lo que tienen un carácter excepcional, por ejemplo, la regulación específica para el contrato de préstamo en el artículo 1819 *Codice.*

sino de determinar la distancia temporal entre dos actos, más específicamente, la distancia entre el acto constitutivo de la relación y el de cumplimiento. En consecuencia, la figura del contrato con ejecución diferida se produce únicamente en el caso de que se haya tenido en cuenta la función del tiempo en relación al interés en tener la ejecución realizada. El aplazamiento de ejecución aquí se refiere a la causa del contrato, en el sentido de que este no cumpla con la función práctica a la que está predestinado, si su ejecución no se produjera en el tiempo establecido.

Otro punto a tener en cuenta es que el instituto es aplicable a todos los contratos con ejecución continua o periódica, o a aquellos con ejecución diferida, sin distinguir entre contratos a largo o corto plazo. Es una interesante posición de la jurisprudencia italiana, principalmente considerando en España la Sentencia del Tribunal Supremo de 6 marzo 2020, cuya redacción de fundamentos da margen a la interpretación errónea de que solamente en los contratos de larga duración es posible que ocurra la alteración extraordinaria de las circunstancias susceptible de dar lugar a la aplicación de la cláusula *rebus sic stantibus*[538].

5. EL RIESGO EN EL DERECHO ALEMÁN

Uno de los objetivos más importantes de la reforma del BGB de 2002 era la necesidad de modernizar el Derecho de obligaciones y adaptarlo al Derecho europeo. No obstante, no era la única motivación, pues otro de sus objetivos era la codificación

---

538 Sobre este tema, véase un preciso artículo de divulgación publicado el 31 de mayo de 2021 en el blog *Hay Derecho* por el Abogado Miguel Fernández Benavides. Disponible en: https://hayDerecho.expansion.com/2021/05/31/clausula-rebus-sic-stantibus-y-contratos-de-larga-duracion-a-proposito-de-la-confusion-generada-por-la-sts-sala-primera-156-2020-de-6-de-marzo/ (última visita: 10 de junio de 2021)

de algunas figuras jurisprudenciales[539], objetivo que se deja ver en la regulación de la ausencia de cumplimiento por perturbación de la prestación (*Leistungsstorung*)[540] que gira, sobre todo, en torno a la figura de la imposibilidad de cumplir (*Unmoglichkeit der Leistung*)[541].

5.1 La imposibilidad de cumplir en el BGB

Según subraya SÁNCHEZ LORENZO, la doctrina de la imposibilidad evoluciona desde el Derecho romano y el *ius commune* a la pandectística alemana, y de esta pasa al § 275 BGB[542]. Como en todos los sistemas de Derecho continental, el párrafo 1 del mencionado parágrafo predilecta el principio *ad impossibilia nemo tenetur*[543]. No puede hacerse ningún comentario en contra de la elección del legislador de liberar al deudor de la prestación imposible, pero sí es necesario

539 Aunque fuera un objetivo secundario. ALBIEZ DOHRMANN, K. J. (2002), «Un nuevo Derecho de obligaciones. La Reforma 2002 del BGB», *Anuario de Derecho Civil*, tomo LV, fasc. III, p. 1143.

540 Hay divergencia sobre la traducción del término «*Leistungsstorung*». Algunos traductores de obras alemanas optan por el término «contravención» o por el término «infracción» de la prestación. Nosotros optamos por utilizar el término «alteración o perturbación» utilizado por el profesor INFANTE RUIZ, F. (2002), «Apuntes sobre la reforma alemana del Derecho de obligaciones: la necesitada modernización del Derecho de obligaciones y la gran solución», *Revista Aranzadi de Derecho patrimonial*, n. 8, pp. 153-172.

541 Por supuesto, contempla también la mora y la prestación defectuosa como posibles causas de perturbación de la prestación, por ello, el hecho de que el BGB concentrara su tratamiento sobre todo en la imposibilidad fue severamente criticado al poco de entrar en vigor el BGB. ALBIEZ DOHRMANN (2002), *Op. cit.*, p. 1163.

542 SÁNCHEZ LORENZO (2005), *Op. cit.*, p. 47.

543 ERNST, W. (2019), «§ 275», *Münchener Kommentar Bürgerliches Gesetzbuch.* Schuldrecht. Allgemeiner Teil I, 8ª ed. CH Beck, pp. 805-861.

subrayar la introducción en el mencionado parágrafo de supuestos de imposibilidad que son diferentes a la imposibilidad en sentido estricto.

A principios del siglo XX la jurisprudencia alemana empezó a desarrollar supuestos de imposibilidad, conforme al principio de la buena fe, diferentes de la imposibilidad ya reconocida en el BGB[544]. Por ello, la reforma del BGB de 2002, recurriendo a esta jurisprudencia, incorpora como imposibilidad otras situaciones en las que no hubiera sido razonable esperar que el deudor cumpliera con la prestación[545]. Son los supuestos en que supondría del deudor un «esfuerzo extremadamente desproporcionado», en el párrafo 2 del § 275 BGB y de «imposibilidad moral o psico moral», en el párrafo 3 del § 275 BGB.

La consideración de «esfuerzo muy desproporcionado» debe responder al contenido de la obligación contractual y a la buena fe. Son situaciones en que el deudor aún podría ejecutar la prestación, pero las circunstancias exigirían que tomase medidas extremas, contrarias a la razonabilidad[546]. Asimismo, hay que tener en cuenta que, si el deudor es responsable por el impedimento, no puede negarse al cumplimiento, aunque este requiera de un esfuerzo muy desproporcionado.

También es importante destacar que en el mencionado párrafo 2 no está comprendida la imposibilidad económica, situación de imposibilidad que se ubica en la figura de la desaparición de la base del negocio jurídico. El «gran esfuerzo» para cumplir, retratado en el párrafo 2 del § 275, no alcanza igualmente a la imposibilidad de la prestación por problemas

---

544 Albiez Dohrmann (2002), Op. cit., p. 1166.

545 Zimmermann, R. (2008), *El nuevo Derecho alemán de las obligaciones*. Bosch, p. 48.

546 Albiez Dohrmann (2002), *Op. cit.*, p. 1167.

de conciencia y, por supuesto, quedan fuera los casos de onerosidad de la prestación (*Unerschwinglichkeit*). En este caso también habrá que recurrir al § 313.

MARTÍNEZ-VELENCOSO afirma que el párrafo 2 del § 275 se refiere a la naturaleza de la relación contractual, mientras que el § 313 BGB hace lo propio con las circunstancias externas al contrato[547]. Aunque en ambos hay una alteración de las circunstancias contractuales que supone el aumento del coste de cumplimiento, la principal diferencia está en que, en el caso del § 275.2, el acreedor no obtiene un beneficio equivalente al mayor coste de ejecución del deudor, mientras que en el supuesto del § 313, sí lo hace.

Sirva a modo de ejemplo el caso en el que un prestador reside en un Estado y debe prestar su servicio en otro. Debido a un ciclón tropical, todos los vuelos de su localidad se cancelan y la única forma de llegar al destino para ejecutar el servicio exige que el prestador invierta 3 días viajando en autobús. En estos casos, no hay verdaderamente una imposibilidad, pero se exige del deudor un esfuerzo tan desmesurado que permitiría liberarse de su obligación.

Finalmente, el párrafo 3 del § 275 establece la inexigibilidad de la prestación para los casos en que el deudor deba proporcionar el cumplimiento personalmente, pero no se pueda esperar esto de él; por ejemplo, un prestador del servicio que fue contratado para un espectáculo teatral pero su hijo está ingresado en la UCI. ALBIEZ DOHRMANN señala que este tipo de imposibilidad es frecuente en los contratos de servicios, de obra y en los contratos de gestión[548].

En resumen, el § 275.1 habla de la imposibilidad en sentido físico (material o legal), el § 275.2 de la imposibilidad de

---

547 MARTÍNEZ-VELENCOSO (2003), *Op. cit.*, pp. 180-183.

548 ALBIEZ DOHRMANN (2002), *Op. cit.*, p. 1167.

carácter fáctico[549] y el § 275.3 de la imposibilidad subjetiva. El primero establece la liberación automática del deudor y los dos últimos la posibilidad de negarse al cumplimiento, lo que se denomina inexigibilidad de la prestación.

Ahora bien, en los contratos sinalagmáticos, se debe determinar el destino de contraprestación. A diferencia del CC español, que no regula el efecto de la imposibilidad en la contraprestación, el BGB sí establece, en el § 326 BGB, cuál debería ser la consecuencia de la imposibilidad, como se verá a continuación.

5.2 El riesgo de la contraprestación–§ 326 BGB

El § 326 BGB determina que cuando el deudor queda liberado de su obligación en los moldes del § 275, no podrá exigir la contraprestación. El destino de la contraprestación de aquella obligación que se ha tornado imposible sin culpa de ninguno de los contratantes, lo soluciona conforme con la regla del sinalagma. El acreedor de la prestación devenida imposible queda automáticamente liberado de cumplir la contraprestación a la que estaba obligado, o si ya la realizó, puede recuperarla. Esta conclusión se extrae del párrafo 1 del § 326 BGB (traducción libre):

> (1) Si el deudor no necesita cumplir de acuerdo con el § 275 párrafos 1 a 3, no se aplica el derecho a la contraprestación; en el caso de un servicio parcial, el § 441 párrafo 3 se aplica en consecuencia. La frase 1 no se aplica si el deudor no necesita proporcionar un cumplimiento complementario de conformidad con los párrafos 1 a 3 del artículo 275 en caso de cumplimiento extracontractual[550].

---

549 Canaris, C.W. (2001), «Die Reform des Rechts der Leistungsstörungen», *JuristenZeitung*, vol. 56, nº. 10, p. 501. Disponible en: https://www.jstor.org/stable/20825876#metadata_info_tab_contents (última visita: 13 de julio de 2021).

550 Versión original de BGB: *(1) Braucht der Schuldner nach § 275 Abs. 1 bis 3 nicht zu leisten, entfällt der Anspruch auf die Gegenleistung; bei*

En otras palabras, la opción declarada es la regla *periculum est debitoris* y no se trata de una novedad de la reforma del 2002, pues constaba en la redacción del BGB de 1900, y no encuentra hoy oposición alguna en la doctrina alemana.

No se encuentra un número excesivo de decisiones acerca de la aplicabilidad del párrafo 1 del § 326. De hecho, las sentencias de los tribunales alemanes halladas hacen referencia al precepto para justificar que no se aplica la pérdida de la contraprestación, porque dicha prestación no es imposible. En este sentido, en 2015 el Tribunal Federal de Justicia alemán (*Bundesgerichtshof*)[551] entendió que el reclamo retributivo de un servicio de atención ambulatoria, cuyos empleados no contaban con las calificaciones acordadas contractualmente, era legítimo, una vez que la liberación del acreedor de la obligación de pagar la contraprestación solo podría ser considerada si los servicios son imposibles, inutilizables o inútiles y por lo tanto, era equivalente a incumplimiento. En el mismo sentido, en un contrato de sociedad, el demandado se había unido como socio comanditario fideicomitente con un importe de suscripción de 66.000 € más 6% de prima en 2006. El importe total de 69.960€ fue en forma de pago de apertura de una cuenta de 20.460€, con cuotas mensuales de 550€ cada una. En 2011 la Agencia Federal alemana para Supervisión de servicios financieros (BaFin) decretó la liquidación de la sociedad, por lo que el demandado dejó de pagar las cuotas. En la sentencia del 2018, el *Bundesgerichtshof* entendió que el demandado no podría acudir al párrafo 1 del § 326 alegando el incumplimiento de la prestación y por

---

einer Teilleistung findet § 441 Abs. 3 entsprechende Anwendung. Satz 1 gilt nicht, wenn der Schuldner im Falle der nicht vertragsgemäßen Leistung die Nacherfüllung nach § 275 Abs. 1 bis 3 nicht zu erbringen braucht.

551 Bundesgerichtshof, Urteil vom 8. Oktober 2015–III ZR 93/15–OLG Karlsruhe.

lo tanto su liberación de los pagos, porque no había imposibilidad de cumplir[552].

El § 326 del BGB excepciona la regla del sinalagma cuando el acreedor de la prestación se encuentra en *mora creditoris*, pues se entiende entonces que él debe cargar con las consecuencias de la imposibilidad. Aunque, si se observa desde los requisitos de la imposibilidad sobrevenida, se verá que es necesario que no haya culpa de las partes. Entonces, en estos supuestos, lo que ocurre es que el acreedor incide en culpa, por lo tanto, no hay un problema propio del riesgo, sino más bien de culpabilidad ante la que se debe responder.

Aunque los párrafos 1 y 2 del § 326 no determinen explícitamente la resolución del contrato (solamente establece que el acreedor queda automáticamente liberado de cumplir la contraprestación), la resolución del contrato es la consecuencia obvia, con el principal efecto de la restitución mutua de las prestaciones recibidas[553]. Además, el último párrafo del § 326 deja siempre a criterio del acreedor de la prestación devenida imposible la facultad de resolver el contrato. Conforme al § 326.5, el derecho de resolución se da para cualquier caso de imposibilidad de la prestación. Lo que lleva a la siguiente pregunta ¿qué necesidad puede haber de invocar expresamente la resolución, si el párrafo primero ya establece la liberación también de la contraprestación? Pues puede ser conveniente, por ejemplo, cuando el acreedor quiere certificar ante terceros la extinción de su deber de prestación[554].

---

552 Bundesgerichtshof, Urteil vom 30. Januar 2018–II ZR 108/16–OLG Zweibrücken.

553 El deudor de la restitución también tiene Derecho a que le sean abonados los gastos necesarios y los gastos de mantenimiento, igualmente no se excluye el abono de otros gastos en la medida en que el acreedor se haya enriquecido por ello. SÁNCHEZ LORENZO (2005), *Op. cit.*, p. 1183.

554 ERNST, W. (2019), «§ 326», *Münchener Kommentar Bürgerliches Gesetzbuch.* Schuldrecht. Allgemeiner Teil II, 8ª ed. CH Beck, pp. 664-668.

La redacción del § 326 ha sido muy criticada[555], principalmente porque la reforma del 2002 decidió regular en el mismo parágrafo todos los casos de imposibilidad, no solamente la imposibilidad sobrevenida sin culpa. Por ello, la detracción más firme a la norma es que haya querido englobar supuestos muy dispares. Con ello, el § 326 resuelve, primero, el problema de la contraprestación en los contratos bilaterales cuando se produce la liberación por imposibilidad sobrevenida del cumplimiento; segundo, pretende dar solución a los casos en que la imposibilidad sea consecuencia de la culpa del deudor; tercero, a los supuestos típicamente culposos del acreedor constituido en mora; cuarto, a los supuestos de imposibilidad de subsanar un cumplimiento defectuoso; y, quinto y último, a los supuestos en que el acreedor opte por un *commodum representationis*[556].

Por otro lado, tenemos otras dos previsiones en el BGB que son dignas de su mención, ya que el BGB abandona la «solución sinalagmática», para optar por la regla *periculum est creditoris*. Primero, en la venta de herencia (§ 2380 BGB), donde es el comprador quien asume el riesgo de la pérdida y deterioro de la herencia desde el momento mismo de la conclusión de contrato. Segundo, en el contrato de obra (§ 645 BGB), al establecer que si la ejecución de la obra se vuelve imposible debido a circunstancias que se originan en la esfera del cliente, y no por culpa del contratista, el cliente sigue teniendo una obligación de pago, pero solo de manera proporcional.

---

555 *Ibid.*, pp. 640-670.

556 Acerca de los supuestos del párrafo 5 del § 326, el deudor solo queda finalmente liberado si los tipos de ejecución complementaria son imposibles. En este sentido véase en la jurisprudencia alemana: Senatsurteile vom 7. Juni 2006–VIII ZR 209/05, BGHZ 168, 64 Rn. 17; vom 10. Oktober 2007–VIII ZR 330/06, NJW 2008, 53 Rn. 23; vom 11. Dezember 2019–VIII ZR 361/18, BGHZ 224, 195 Rn. 39; vom 27. Mai 2020–VIII ZR 315/18, BGHZ 226, 1 Rn. 59.

En este sentido, cuando la ejecución de la misma se vuelve imposible por razones no imputables al contratista, se asegura que el contratista no quede perjudicado económicamente por circunstancias fuera de su control y atribuibles al cliente. Sin embargo, aunque el cliente está obligado a pagar, puede deducir del importe que debe pagar los gastos que el contratista se haya ahorrado debido a la no ejecución de la obra completa, aplicandola así regla *periculum est creditoris,* pero de manera matizada.

5.3 Teoría de la base del negocio para los supuestos de alteración sobrevenida – Wegfall der Geschäftsgrundlage (§ 313 del BGB)

Las alteraciones sobrevenidas que perturben el panorama contractual económico pero no tengan el poder de tornar la obligación imposible, no están dentro del ámbito del riesgo contractual en sentido propio. No obstante, a efectos de la presente investigación, resulta importante resaltar la solución del BGB en la materia.

La construcción moderna de la teoría de la base del negocio[557] esbozada en el BGB es el resultado de los estudios de

---

557 La construcción de la moderna teoría de la base del negocio aún tiene su origen en la teoría de la presuposición (*Voraussetzung*), desarrollada por WINDSCHEID dentro del movimiento dogmático de la pandectística alemana del siglo XIX. La teoría de presuposición se fundamenta en el elemento del consentimiento contractual como eje del contrato, dando protagonismo a la voluntad real de las partes. Aunque las primeras doctrinas acerca de la base del negocio intentaron alejarse de este carácter subjetivo, la influencia del aspecto psicológico era indiscutible, aunque el propio OERTMANN lo niegue, véase: OERTMANN, P. (1933), *Introducción al Derecho Civil.* (trad. SANCHO SERAL). Labor, pp. 304 y 305. Finalmente, la doctrina de la base del negocio que se vio plasmada en el BGB mantiene aspectos subjetivos originados en la *Voraussetzung* y agrega elementos objetivos.

KARL LARENZ, quien perfiló elementos subjetivos y objetivos para establecer una teoría de la base del negocio que justificara la adaptación del contrato en casos de excesiva onerosidad.

LARENZ, precursor del texto codificado en el parágrafo 313 del BGB[558], trazó una teoría sobre la cual se puede exigir una adecuación del contrato si las circunstancias existentes en el momento de constituir la base del acuerdo pactado se modifican sustancialmente después de su celebración. Para ello, también es necesario que se demuestre que las partes, de haber previsto tal alteración, no habrían celebrado el contrato o lo habrían hecho de otro modo[559].

Los supuestos incluidos en el § 313 BGB son dos, uno subjetivo y otro objetivo. El primero se centra en aquellos casos en que la base del negocio esté compuesta por declaraciones o representaciones de las partes que, después de la perfección del contrato, se demuestren falsas. El segundo habla de aquellos otros supuestos en que las circunstancias presentes a la hora de contratar queden modificadas de tal forma, que provoquen que la sujeción al contrato no sea exigible; solo este último es, *stricto sensu*, uno de cambio sobrevenido de circunstancias[560]. Aunque el § 313 no lo exprese, MARTÍNEZ-VELENCOSO sostiene que, si alguna de las partes pudo razonablemente prever el cambio de circunstancias o reconocer la falsedad de sus representaciones, entonces debe asumir el riesgo de no haber incluido alguna determinación contractual al respecto[561].

---

558 Para un estudio sobre los antecedentes del § 313 BGB, véase MARTÍNEZ-VELENCOSO, L. M. (2004), «La doctrina de la base del negocio en el Derecho alemán: Antecedentes y nueva regulación en el 313 BGB». *Revista Crítica de Derecho Inmobiliario*, LXXX, n. 681, pp. 283-328.

559 LARENZ, K. (2002), *Base del negocio jurídico y cumplimiento de los contratos.* (trad. FERNÁNDEZ RODRÍGUEZ). Comares.

560 CASTIÑEIRA JEREZ (2015), *Op. cit.*, p. 34i1.

561 MARTÍNEZ-VELENCOSO (2003). *Op. cit.*, pp. 24-28.

El criterio de la «imprevisibilidad» no es extraíble del párrafo 1 del § 313 BGB, pero para determinar si las partes, de haber previsto tal alteración, no habrían celebrado el contrato o lo habrían celebrado de otro modo, es indispensable considerar que el evento no era previsible. Como subraya MARTÍNEZ-VELENCOSO, se debe entender que el requisito de la imprevisibilidad está incluido en el precepto, ya que él mismo habla de aquellos cambios que «de haber sido previstos» por las partes hubiera conllevado que estas no celebrasen el contrato o lo hicieran con otro contenido[562].

La alteración de la base del negocio en Alemania es casi lo equivalente a la cláusula *rebus sic stantibus* en España[563] y exige para su aplicación un cambio de las circunstancias que formen parte de la base del contrato, así como que este cambio sea imprevisible, de tal suerte que cause una alteración profunda de la economía del contrato. A partir de la confirmación de que la base del negocio está alterada, la solución más adecuada es la adaptación del contrato, en el sentido de recuperar el equilibrio de las prestaciones. Si esto ya no es posible, la extinción del contrato debe producirse por declaración judicial.

A continuación, se identificará el tratamiento de la cuestión en el marco de la modernización del Derecho de Obligaciones en Europa. Se parte de un acercamiento al DCFR, por ser el instrumento de *soft law* que mejor sintetiza la regulación contenida en otros instrumentos europeos respecto a los riesgos contractuales.

---

562 MARTÍNEZ-VELENCOSO (2004), *Op. cit.*, pp. 301-304. La misma autora concluye, además, que los tribunales no consideran razonablemente imprevisible la alteración monetaria ni la variación del valor de los inmuebles en el período que transcurre entre la perfección del contrato y su ejecución.

563 ZWEIGERT y KÖTZ (1998), *Op. Cit.*, pp. 518-524.

6. EL RIESGO CONTRACTUAL EN EL DCFR

6.1 La regulación del DCFR acerca de los riesgos

Como se ha explicitado a lo largo de todo este trabajo, la teoría del riesgo tiene como objetivo determinar quién, entre el deudor y el acreedor, debe asumir el riesgo de la contraprestación de la obligación imposible. Este debate acerca de las consecuencias de la imposibilidad sobrevenida que extingue la obligación de cumplir adquiere un aspecto más relevante en el Derecho español porque el Código Civil no regula tal materia. No obstante, se comprueba en las líneas anteriores que los Códigos más modernos y también los que han sido objeto de recientes reformas, positivaron la regla *periculum est debitoris* como solución al problema del riesgo contractual.

El régimen del riesgo contractual en el DCFR se presenta como una síntesis entre la tradición romanista de la periculum est emptoris y la lógica funcional del derecho uniforme contemporáneo. En el marco del Libro IV.A, capítulo 5, el DCFR articula reglas de asignación del riesgo de pérdida o deterioro accidental de los bienes que buscan equilibrar justicia contractual y eficiencia económica. Así, el artículo IV.A–5:102 consagra como regla general que el riesgo se transfiere al comprador cuando toma posesión de los bienes o de los documentos representativos, reforzando el principio de control material como criterio de imputación[564]. Esta solución, coherente con la CISG y con el acquis communautaire sobre compraventa, se matiza mediante un conjunto de excepciones técnicas: cuando los bienes se ponen a disposición del comprador en lugar distinto del establecimiento del

[564] IV.A–5:102, Comments A–B, DCFR; VON BAR/CLIVE (2010), *Op. Cit.*, v. 2, pp. 627–629

vendedor[565]; cuando se entregan a un primer porteador para su transporte[566]; o cuando son vendidos in transit, caso en el que el riesgo puede retrotraerse al momento de su expedición[567].

El DCFR dota a estas normas de un trasfondo corrector, subrayando que la pérdida imputable al acto u omisión del vendedor no puede desplazarse al comprador bajo el pretexto del riesgo objetivo[568]. De ahí que la culpa negocial y la mora *creditoris* sean categorías indispensables para modular la distribución de riesgos, puesto que la primera excluye la aplicación de la regla general y la segunda la anticipa como sanción e incentivo al cumplimiento[569]. En coherencia con esta estructura, la falta de conformidad se determina en el momento del traspaso del riesgo[570], lo que refuerza la interdependencia entre el régimen del riesgo y la garantía de calidad contractual.

Por último, el principio de buena fe y trato leal (III–1:103 DCFR) impregna la interpretación de este sistema, impidiendo que las cláusulas de asunción o exclusión de riesgo se ejerzan de modo abusivo o contrario a la cooperación entre las partes[571]

---

565 *IV.A–5:201, Comment C,* DCFR; Von Bar/Clive (2010), *Op. Cit.*, v. 2, p. 633

566 *IV.A–5:202, Comments A–B,* DCFR; Von Bar/Clive (2010), *Op. Cit.*, v. 2, pp. 633–635

567 *IV.A–5:203, Comment C,* DCFR; Von Bar/Clive (2010), *Op. Cit.*, v. 2, p. 637

568 IV.A–5:101, Comment D, DCFR; Von Bar/Clive (2010), *Op. Cit.*, v. 2, p. 627

569 IV.A–5:201, Comment B, DCFR; Von Bar/Clive (2010), *Op. Cit.*, v. 2, p. 633

570 IV.A–2:308(1), Comment C, DCFR; Von Bar/Clive (2010), *Op. Cit.*, v. 2, p. 629

571 III–1:103, Comments A–B, DCFR; Von Bar/Clive (2010), *Op. Cit.*, v. 2, p. 304–305

En su conjunto, el modelo del DCFR asume el riesgo contractual como instrumento de equilibrio funcional entre asignación de control, protección de la confianza y responsabilidad eficiente, proyectando una concepción relacional del contrato donde el riesgo deja de ser mera contingencia para convertirse en elemento estructural de la justicia contractual europea.

A continuación, se verá cómo han estipulado la materia los redactores del DCFR. Se ha seleccionado el Marco Común como ejemplo de tratamiento de la materia en los instrumentos de modernización, pues el artículo III.–3:104 DCFR es prácticamente idéntico al artículo 8:108 de los Principios de Derecho Europeo de Contratos, al artículo 79 de la Convención de Viena, al artículo 7.1.7 de los Principios UNIDROIT y también muy similar al artículo 88 de la Normativa común europea de compraventa (CESL).

6.1.1 La regla del artículo III.– 3:104 del DCFR

Bajo la rúbrica «excuse due to an imp*ediment*», el artículo 3:104 del libro tercero prevé la liberación del deudor para los supuestos de imposibilidad sobrevenida y regula las consecuencias cuando un evento sobrevenido impide la realización de la obligación. El mencionado artículo refleja, a grandes rasgos, las previsiones de las legislaciones de diferentes Estados miembros en la materia. Su contenido, *ipsi litteris*, determina[572]:

> (1) El deudor queda exonerado del cumplimiento de una obligación si el incumplimiento se debe a un impedimento que escapa a su control y si cabe razonablemente esperar que el deudor no podía evitar o superar dicho impedimento o sus consecuencias.
>
> (2) Cuando la obligación se deriva de un contrato u otro acto jurídico, el incumplimiento no admite exoneración si se

---

572 JEREZ DELGADO, C. (Coord) (2015), *Principios, definiciones y reglas de un Derecho Civil europeo: el Marco Común de Referencia (DCFR)*, BOE, p. 136.

pudiera esperar razonablemente que el deudor hubiera tenido en cuenta el impedimento cuando contrajo la obligación.

(3) Cuando el impedimento sea sólo temporal, la exoneración tiene efecto durante el tiempo en el que éste persista. Sin embargo, si la demora se tradujera en un incumplimiento esencial, el acreedor puede tratarlo como tal.

(4) Cuando el impedimento es permanente la obligación se extingue, y con ella las obligaciones recíprocas. En el caso de que se trate de obligaciones contractuales, los efectos restitutorios de la extinción se regularán de conformidad con las reglas del Capítulo 3, Sección 5, Subsección 4 (Restitución) con las modificaciones oportunas.

(5) El deudor tiene el deber de asegurarse de que, en un plazo de tiempo razonable desde que tuvo conocimiento o cabe razonablemente esperar que tuvo conocimiento de dichas circunstancias, el acreedor reciba la notificación relativa al impedimento y su efecto sobre su capacidad de cumplimiento. El acreedor tiene derecho a una indemnización por los daños que pudieren resultar de no recibir esa notificación.

Es importante resaltar que las reglas del artículo no son imperativas. Las partes pueden modificar la asignación del riesgo de la imposibilidad, ya sea en general o en relación a un impedimento en particular. Además, de acuerdo con los comentarios oficiales, los usos, especialmente en el transporte marítimo, también pueden servir de fundamento para modificar los efectos del artículo[573].

Aunque en el sistema romano a veces parece que el término *casus* (caso fortuito) se utiliza como sinónimo de *vis maior* (fuerza mayor) y en otros textos parece emplearse para un impedimento que, si bien no es culpa del deudor, no necesariamente se califica como instancia de fuerza mayor[574], en el

573 III.–3:104, Comment A, DCFR; VON BAR/CLIVE (2010), *Op. Cit.*, v. 2, p. 358

574 CHAMIE (2010), *Op. cit.*, p. 20.

DCFR los requisitos del evento capaz de impedir la ejecución de la prestación son análogos a los requerimientos tradicionales de la fuerza mayor. Ellos son, en términos generales, la imprevisibilidad y la inevitabilidad[575].

6.1.2 El concepto de imposibilidad de la prestación

El concepto de imposibilidad utilizado en el DCFR cubre todo tipo de eventos imprevisibles o inevitables, desde sucesos naturales o restricciones de gobiernos, a actuación de terceros. Esto conlleva que la liberación del deudor se aplica a cualquier obligación, incluidas las obligaciones de pagar dinero. Aunque la insolvencia no es un impedimento dentro del significado de «imposible», hay circunstancias financieras que sí pueden tener tal efecto, como por ejemplo, según los comentarios oficiales, una prohibición del gobierno de realizar transferencia bancarias en otra moneda.

De la lectura del párrafo 1, se pueden extraer dos condiciones relativas al evento capaz de liberar el deudor. La primera, el obstáculo debe ser algo ajeno al deudor, fuera de su ámbito de control. El riesgo de las propias actividades del deudor debe ser asumido por él mismo. Por lo tanto, la avería de una máquina bajo el control del deudor, incluso si es imprevisible o inevitable, no puede ser considerado un impedimento. El mismo principio se aplica sobre de las acciones de las personas para las cuales el deudor es responsable, y particularmente, los actos de las personas que el deudor pone a cargo de la ejecución.

La segunda condición que se extrae es que el evento que causa la imposibilidad debe ser inevitable o no superable por el deudor. Respecto a la inevitabilidad, debe quedar demostrado que el deudor no pudo sortear el evento causante de la

575 CASTÁN TOBEÑAS (2008), *Op. cit.*, pp. 256-266.

imposibilidad. La conducta capaz de soslayar el evento o sus consecuencias debe ser medida a través del criterio de la razonabilidad. No es razonable esperar que el deudor actúe de manera ilícita o desproporcionada para evitar la imposibilidad, por lo que el deudor quedará excusado si surge un impedimento que no se puede esperar razonablemente que lo evite. Cabe señalar que el estándar es muy flexible, pues no se define en él ni la magnitud del impedimento, ni los esfuerzos que se pueden esperar del deudor.

El artículo se puede aplicar no solo a impedimentos que hacen la ejecución imposible, sino también a aquellos que dificultan sustancialmente su realización, es decir, obstáculos que el deudor no puede razonablemente superar. La influencia de la legislación alemana es más evidente aquí, con la introducción de la idea de «esfuerzo extremadamente desproporcionado». No se precisan qué esfuerzos se consideran suficientes; al final, en última instancia, es el contrato el que determina qué impedimentos deben superarse y qué esfuerzos se deben hacer[576].

6.1.3 La imprevisibilidad

El párrafo 2 de dicho artículo manifiesta el criterio de la imprevisibilidad. Se requiere que, en el momento de la celebración del contrato, el impedimento sea imprevisible para el deudor. Si ya existe un impedimento en el acto de la firma del contrato, o si es (objetivamente) seguro que llegará a existir, debería aplicarse la norma relativa al error. En consecuencia, el requisito de (no) previsibilidad del artículo solo se aplica en situaciones en las que la aparición de un impedimento es posible, pero no segura. Si el deudor pudiera haber tenido en cuenta el impedimento cuando contrajo la obligación, no quedará exonerado de la obligación,

---

576 III.-3:104, Comment B, DCFR; VON BAR/CLIVE (2010), *Op. Cit.*, v. 2, pp. 359-360.

aunque sea imposible de cumplir. La imprevisibilidad del evento sobrevenido debe atender a criterios de razonabilidad, como usualmente determina el DCFR[577].

Si cabía esperar del deudor la previsión del evento sobrevenido al tiempo de la celebración del contrato, este no podrá aducir fuerza mayor. La imprevisibilidad aparece como un elemento fundamental, debe ir de la mano del carácter sobrevenido del evento.

6.1.4 La imposibilidad temporal

En algunos casos la imposibilidad del deudor responde a un impedimento temporal. El párrafo 3 del artículo III.–3:104 prevé que la imposibilidad temporal excusa el incumplimiento mientras dure el impedimento, es decir, suspende los efectos del contrato hasta que el impedimento termine. El principio de la conservación de los contratos es el fundamento para no resolver la relación por una circunstancia pasajera. No obstante, si por el carácter de la prestación su ejecución tardía no es interesante o el retraso es sustancial, el acreedor puede resolver el contrato. Tal y como determina el artículo 1256 del *Codice* italiano y del artículo 1218 del *Code* francés.

6.1.5 Consecuencias jurídicas

El párrafo 4 del artículo III.–3:104 determina que cualquier obligación recíproca también quedará extinguida y que el consecuente efecto es la resolución del contrato. Entre los

---

577 El término «razonable» aparece al menos 200 veces en el DCFR. La interpretación de razonable es algo similar a la buena fe, pues supone tener en cuenta la confianza de una parte en las declaraciones y en los comportamientos de la otra. De hecho, aunque el DCFR no defina «razonable», la definición de razonable presentada en los PECL se basa principalmente en la buena fe. KALIL (2020), *Op. cit.* p. 1197.

instrumentos de modernización, esta explícita previsión solo está presente en el DCFR[578] y es el párrafo que más interesa a efectos del presente estudio, porque es aquí donde el DCFR determina, de manera generalizada, que el efecto de la imposibilidad sobrevenida es la extinción de ambas obligaciones, liberando al deudor y al acreedor de su cumplimiento.

Por lo tanto, el DCFR atribuye la regla *periculum est debitoris,* en tanto que es el deudor quien sufre en su patrimonio el riesgo de la contraprestación. El criterio de atribución del riesgo al deudor se manifiesta en la medida en que su prestación no debe cumplirse por efecto de la imposibilidad, y la prestación que esperaba recibir de la otra parte ya no habrá de realizarse por fuerza de la ley.

El precepto se aplica a todas las obligaciones y contratos regulados en el DCFR, ya que la previsión se encuentra en el libro III, sobre la parte general del Derecho de obligaciones. De este modo, a menos que haya una previsión diferente en la parte específica de cada contrato, el deudor debe soportar el *periculum obligationis.*

Como es sabido, el DCFR es fruto de un largo estudio de los ordenamientos jurídicos europeos para lograr un documento uniforme y aplicable a todos los Estados miembros. Por consiguiente, las previsiones que constan en el instrumento son, casi siempre, reflejo de las reglas establecidas en los diferentes países. Respecto al riesgo contractual esta premisa no fue diferente. La opción de los redactores del DCFR se ajusta a las legislaciones del entorno y también a la posición de la doctrina y jurisprudencia española, pero cuenta con aspectos innovadores que se tratará en las siguientes líneas.

---

578 RÜFNER, T. (2018), «Art. 8:108: Excuse Due to an impediment», en JANSEN y ZIMMERMANN, *Commentaries on European Contract Laws.* Oxford University Press, p. 1164.

6.1.6 La inadvertencia de la imposibilidad

El párrafo 5 del presente artículo no tiene un equivalente en la mayoría de los ordenamientos, ni siquiera en el italiano, pero es sensato establecer que el deudor deba advertir al acreedor de su imposibilidad en un tiempo razonable[579]. Habrá casos en los que el deudor realiza todos los esfuerzos razonables, pero algún evento imprevisto que escapa a su control impida que se logre el resultado; pues bien, esta situación debe ser notificada al acreedor lo antes posible, con el primordial objetivo de mitigar las consecuencias de tal imposibilidad.

El precepto manifiesta la aplicación del deber de buena fe y justo trato. El deudor debe advertir al acreedor, dentro de un plazo razonable, de la ocurrencia de un obstáculo y de sus consecuencias para la obligación de realizar. El aviso debe, en efecto, permitir al acreedor la oportunidad de tomar medidas para evitar las consecuencias del incumplimiento.

Los comentarios oficiales traen un ejemplo bastante clarificador: un tenor fue contratado para cantar en la Ópera de Hamburgo durante todo el mes de octubre. Si el cantante contrae una enfermedad y tiene que quedarse ingresado en el hospital hasta el 10 de octubre, tiene el deber de advertir al empresario inmediatamente sobre su indisponibilidad. En caso de no hacerlo, este último podrá requerir una indemnización por ser privado de la oportunidad de obtener, por ejemplo, un reemplazo.

La sanción por no dar esta notificación es la responsabilidad por la pérdida sufrida por el acreedor como el resultado de no ser informado. Pero es necesario resaltar que, si deudor

---

579 Esta previsión ha sido trasladada a la Propuesta de Modernización del Código civil español en el párrafo III del artículo 1209 PMCC, en sede de indemnización de daños, la PMCC impone al deudor, que si conoce el hecho o circunstancia que le impide cumplir, informe de ello sin demora al acreedor.

no notifica al acreedor en un plazo razonable, será compelido a indemnizar por los daños de la no información, eso es, solamente por las consecuencias de su falta de aviso tempestivo y no por los daños y perjuicios totales de la imposibilidad, como ocurriría en caso de incumplimiento en el sentido técnico.

Al mismo tiempo que el DCFR tiene una previsión general sobre la imposibilidad sobrevenida, aplicable a las obligaciones y contratos en general, es resaltable la previsión específica sobre tres tipos de contratación de servicios: el contrato de construcción, de procesamiento y el contrato de depósito.

6.2 Articulado especial sobre el riesgo contractual en determinadas especialidades de contrato de servicios

Respecto a la regulación de los contratos especiales contenida en el Título C del libro IV, los redactores del DCFR optaron por incluir en la regulación del contrato de construcción, de procesamiento y de depósito un artículo intitulado «*Risks*». De este modo, en el ámbito de los servicios, estos contratos poseen una regulación sobre riesgos contractuales efectivamente especial frente a la norma general del artículo III-3:104.

6.2.1 Contrato de construcción - Artículo IV.C.-3:108

El artículo IV.C.–3:108 determina la distribución del riesgo contractual para los supuestos en que la estructura construida resulte destruida o dañada debido a un suceso que el prestador no podría haber evitado ni superado y no se le pueda exigir responsabilidad alguna por su destrucción o daños[580].

[580] Véase artículo IV.C.–3:108 completo en el Anexo 6.

Para determinar el riesgo contractual, el presente artículo parte de dos momentos distintos: antes del momento en que el control del bien se transfiera o deba transferirse al cliente y después de dicha trasmisión. Es lo que los redactores llamaron el «momento relevante». En efecto, el razonamiento de esta opción es simple: los riesgos de la contraprestación deben estar con la parte que tiene o debería tener el control del bien. Para los supuestos en que no hay transmisión del control del bien, se fija el momento relevante en el acto de conclusión del trabajo y el cliente ha sido informado de ello.

a) Riesgo atribuido al cliente (periculum est creditoris)

Si la construcción se pierde o se daña después de que se informe al cliente de la finalización de la obra o después de que el control del bien se transfiera o debería haberse transferido al cliente, la distribución del riesgo responde a la regla *periculum est creditoris* y el cliente seguirá estando obligado a abonar el precio, aunque el constructor no vuelva a prestar su servicio.

A modo de ejemplo, cuando la obra se destruye por un incendio después de entregada, si el incendio no es imputable al contratista, este queda liberado de su obligación de construir y podrá reclamar el coste de lo ya construido. Por su parte, el cliente estará obligado a abonar el precio del servicio y no podrá reclamar indemnización de los daños y perjuicios.

b) Riesgo atribuido al prestador del servicio (periculum est debitoris)

Por contra, si antes del momento relevante la estructura se daña o se pierde en virtud de un suceso desafortunado no derivado del incumplimiento de ninguno de los deberes del constructor, el riesgo de la contraprestación es asignado al deudor.

En este supuesto, el DCFR prevé dos efectos diferentes en función del carácter de la imposibilidad. Si la destrucción de la obra no genera la imposibilidad permanente y aún es posible volver a prestar el servicio, el constructor deberá hacerlo y el cliente solo estará obligado a abonar el último servicio prestado. Asimismo, el cliente no tendrá derecho a recibir indemnización alguna del constructor y, en caso que el cliente hubiera aportado materiales, este deberá volver a suministrarlos[581]. En todo caso, cabe la posibilidad de que el cliente opte por la resolución del contrato.

No obstante, si la obligación resulta completa y permanentemente imposible, sí se aplica la regla general contenida en el artículo III-3:104 (4), lo que quiere decir que se extinguirían las obligaciones de ambas partes, con lo que el constructor deberá devolver al cliente lo que quede de la estructura y no tendrá derecho a ninguna contraprestación. Ambas situaciones reflejan la regla *periculum est debitoris,* pues es el prestador del servicio quien debe asumir el riesgo de la contraprestación si la obra se pierde o se daña antes del momento relevante.

6.2.2 Contrato de procesamiento (processing) – Artículo IV.C.-4:107

En ocasiones, el bien entregado para su procesamiento[582] resulta dañado o destruido sin causa atribuible ni al cliente ni al prestador del servicio. Se producen daños, pero no existe incumplimiento del deber de diligencia o de otra obligación por parte del prestador. En estos casos, se debe responder a la pregunta de quién debe soportar las consecuencias de la

---

581 Ese es el sistema que rige en Inglaterra, Suecia, los Países Bajos, Bélgica, Francia, Italia, Alemania, Austria, Grecia y Portugal.

582 Se podría traducir «processing» como procesamiento, transformación, mantenimiento, reparación. Nosotros optamos por su traducción literal.

destrucción o del deterioro accidental del bien. También se plantea la cuestión principal de este estudio, si el prestador puede exigir todavía al cliente el cumplimiento de la obligación de pagar el precio cuando el bien ha quedado destruido o dañado debido a un accidente del que no se puede considerar responsable.

Relativo al contrato de procesamiento, no hay dudas de que el cliente siempre debe soportar el daño/destrucción del bien, pues es el propietario de la cosa y esta siempre perece para su dueño. Entretanto, respecto a quién debe soportar el riesgo de la contraprestación, el DCFR establece la solución según dos supuestos diferentes: si el prestador ya había notificado la conclusión del servicio, o si aún no lo hubiera hecho. En el primer caso, el cliente debe soportar las consecuencias del infortunio y pagar de todas formas el precio del servicio prestado, aunque ya no pueda disfrutar de los beneficios. En el segundo, el riesgo será atribuido al prestador del servicio, quien no tendrá derecho a exigir la retribución, aunque el bien se hubiera perdido después de finalizado el servicio.

a) Riesgo atribuido al cliente (periculum est creditoris)

El párrafo 2 del mencionado artículo determina que si la cosa se pierde por un evento sobrevenido y el prestador ya había informado al cliente de su puesta a disposición, las consecuencias del evento no serán imputadas al prestador, por lo tanto, el cliente debe pagar el precio convenido.

Los comentarios oficiales utilizan como ejemplo un contrato de reparación de un reproductor de DVD. Cuando la empresa termina el trabajo, avisa al cliente por teléfono de que el bien está listo para ser recogido. Antes de que el cliente pueda retirar el reproductor de DVD, el taller es alcanzado por un rayo y, en el incendio resultante, el reproductor de DVD se destruye. En este supuesto, el cliente aún sigue obligado a pagar el precio del servicio prestado. Aunque el aparato no se pierda completamente y solo quede dañado por incendio, el prestador del servicio no está obligado a intentar repararlo de nuevo y, en todo caso, el cliente debe abonar el precio de la reparación realizada anteriormente al incendio.

Esta es la ilustración de la regla *periculum est creditoris,* cuando en caso de imposibilidad sobrevenida de la prestación, el cliente asume el riesgo de la contraprestación y debe pagar el precio. La regla *periculum est creditoris* utilizada por el DCFR en estos supuestos sitúa como momento relevante para distribuir el riesgo la información que el prestador del servicio suministra al cliente acerca de la finalización del servicio.

De este modo, cuando el cliente no haya sido advertido de que el bien está a su disposición, la distribución del riesgo obedece a una regla distinta, atribuyendo al prestador el *periculum obligationis.*

b) Riesgo atribuido al prestador del servicio (periculum est debitoris)

Si el servicio no ha concluido o incluso cuando este ya ha terminado, pero el cliente todavía no ha sido informado de ello, el prestador deberá soportar el riesgo de la contraprestación. En estas circunstancias, la solución para el problema del riesgo será *periculum est debitoris,* pero el DCFR distingue dos tipologías: los casos en que el evento sobrevenido afecta parcialmente al bien frente a aquellos sucesos en que la cosa se destruye por completo.

Si el bien queda dañado, pero sigue siendo posible realizar el servicio, es decir, aún es factible volver a «procesar» el bien, el prestador deberá volver a realizar el servicio y solo será retribuido por la 2ª actividad. Sin embargo, si hay costes adicionales derivados de la prestación después del infortunio, estos deberán ser abonados por el cliente. Además, si el prestador necesita tiempo adicional para prestar el servicio, se le deberá conceder una prórroga del periodo acordado originalmente[583].

Sin embargo, la frase final del apartado 4 deja claro que, si al cliente ya no le sirve una nueva prestación del servicio, puede resolver la relación contractual. En estos casos, se debe atender a la buena fe, debe existir una justificación para legitimar el derecho a resolver la relación.

Por otro lado, hay casos en que la prestación del servicio ya no es posible porque el bien se ha perdido totalmente, cuya consecuencia será que el prestador deba devolver el bien o lo que quede de él al cliente y que no tendrá derecho a retribución alguna.

c) Distribución distinta según la información ofrecida

En síntesis, si se produce el evento sobrevenido antes de que el prestador del servicio haya informado al cliente de que ha concluido y de que el bien está listo para su devolución, las consecuencias serán las establecidas en el artículo 3:104 del Libro III, es decir, el cliente quedará liberado de la obligación de pagar el precio convenido.

En caso contrario, si el prestador ya había informado al cliente de la disposición del bien, las consecuencias son diferentes y el cliente deberá pagar el precio pactado. En otras palabras, tras la terminación del servicio, la situación cambia siempre que el prestador del servicio haya comunicado al cliente su conclusión.

---

[583] De acuerdo con el párrafo 4 (d) de artículo IV.C.-4:107, el plazo de ejecución debe prorrogarse de forma proporcional. Este plazo deberá prorrogarse, por cuanto, debido a un infortunio, la empresa transformadora ya no puede cumplir puntualmente sus obligaciones.

Según los redactores del DCFR, el motivo de ello es que la única razón por la que el prestador todavía conservaba el bien es porque el cliente aún no lo había recogido. Por ello, se considera equitativo que el cliente soporte las consecuencias de no haber recogido el bien. El cliente, en cuanto propietario, es quien debe evitar, desde el momento que el bien está a su disposición, las consecuencias de la destrucción o el daño accidental, cumpliendo sencillamente con la obligación de aceptar la devolución del bien.

En otro orden de ideas, los contratos de processing a largo plazo plantean una situación particular que debe ser tenida en cuenta.

d) Pagos por periodos

El apartado 3 del IV.C.-4:107 contempla aquellos casos en los que las partes han acordado el pago por plazos. En ese tipo de contratos, las partes acuerdan el pago por periodos, lo que genera la peculiaridad de que el evento que destruya el bien se produzca después del vencimiento de algún plazo. Si esto es así, el cliente está obligado a pagar los periodos vencidos, aunque el cumplimiento futuro de las obligaciones ya no sea posible.

Esta modalidad de pago suele acordarse en el caso de los contratos celebrados por un periodo de tiempo indefinido, tales como los contratos de mantenimiento, pero también puede concertarse en el caso de otros contratos que requieran un plazo considerable de tiempo para su ejecución. Este apartado prescribe, entonces, que las cantidades que hayan vencido se continúan debiendo, independientemente de que la prestación del servicio ya no sea posible.

Piénsense en el mismo ejemplo de la reparación del aparato de DVD: aunque la regla *periculum est debitoris* es la que prevalece si el incendio se produce antes de que el prestador del servicio haya tenido tiempo de informar al cliente, si las partes han acordado pago a plazos, el cliente sigue obligado a pagar los plazos vencidos, aunque el DVD se haya destruido.

De manera similar, el DCFR regula el riesgo en los contratos de depósito basándose en diferentes supuestos.

6.2.3 Contrato de depósito – Artículo IV.C.-5:108

Según el artículo IV.C.-5:108, si el bien dejado en depósito sufre daño o pérdida, esta circunstancia debe ser notificada al cliente en el momento de la devolución del bien. El depositario que demuestra que el daño o la destrucción del bien fue provocado por un acontecimiento que estaba fuera de su control, no es responsable y corresponde al cliente soportarlo. Sin embargo, se torna al mismo problema anterior; en estos casos, ¿el cliente deberá pagar el servicio de depósito?

La cuestión de quién debe soportar las consecuencias de la destrucción o el deterioro del bien se resuelve también en base a la propiedad de los objetos dejados en depósito, por ello, es el cliente quien soporta los daños. Por otro lado, se debe responder a la cuestión de si el depositario aun así puede exigir al cliente que cumpla su obligación de pagar el precio del contrato cuando el bien ha quedado destruido o dañado debido a un incidente del que no pueda ser considerado responsable.

El artículo, igual que hace con el contrato de procesamiento, trata de manera diferente aquellas situaciones en las que el bien debería haber sido retirado, de las que no. Por un lado, están los escenarios en que el depositario ha comunicado al cliente su voluntad de devolver el bien. Por otro, aquellas otras situaciones en las que no se han producido estas circunstancias. En el primer caso, el cliente debe soportar las consecuencias del incidente y sigue estando obligado a pagar el precio del servicio prestado, aunque ya no pueda disfrutar del bien. En el segundo, el depositario no tiene derecho a cobrar el importe convenido.

a) Riesgo atribuido al cliente (periculum est creditoris)

Cuando el servicio está correctamente finalizado y el depositario comunica al cliente su voluntad de devolver la cosa, las consecuencias económicas del evento sobrevenido que destruye o daña el bien debe ser soportada por el cliente. Es decir, este debe cumplir su obligación de pagar por el servicio prestado.

A modo de ejemplo, un cargamento de 1.000 reproductores de DVD se lleva a un almacén durante dos meses. Al cabo de los dos meses, el depositario notifica al cliente que se lleve los reproductores de DVD. Antes de que el cliente los recoja, un rayo alcanza al almacén, provocando un incendio en el que los reproductores de DVD resultan dañados. En estos casos, el cliente debe pagar el precio del servicio prestado y el depositario solo estaría obligado a devolver los restos de los reproductores si el cliente sigue interesado en ellos.

b) Riesgo atribuido al prestador del servicio (periculum est debitoris)

En líneas contrarias, si el suceso fortuito se produce antes de que el depositario notifique al cliente la devolución del bien, el riesgo de la contraprestación debe ser soportado por el prestador. En estos casos, el DCFR decide hacer una división referente a la conducta del prestador en función de la posibilidad de seguir prestando o no el servicio.

Piénsese para ilustrar este hecho en el citado ejemplo del incendio: si los reproductores de DVD resultan tan dañados que ya no pueden utilizarse, el depositario debe devolver los restos de los reproductores al cliente, si este así lo desea, y no tendría derecho a cobrar ninguna contraprestación. Pero si el agua utilizada para apagar el incendio daña los reproductores sin destruirlos, el depositario debe continuar almacenándolos y tendrá derecho a la retribución equivalente. Salvo que, según el apartado 3 (b), el cliente opte por resolver la relación contractual.

En caso de que no sea posible seguir almacenando el bien, el depositario no tendrá derecho a la retribución y deberá devolver el bien (o lo que quede de él) al cliente, si este así lo desea.

c) Pago por periodos determinados

Como los contratos de depósito son contratos a largo plazo, las partes suelen acordar en muchas ocasiones el pago por periodos determinados. En este caso, aunque la regla aplicable sea la o *periculum est debitoris*, el cliente estará obligado a realizar los pagos correspondientes a los periodos vencidos, aunque en el futuro no vaya a ser posible cumplir con las obligaciones.

A modo de ejemplo, un cargamento de 1.000 reproductores de DVD se lleva a un almacén durante dos meses. Las partes han acordado que el pago se efectuará por mensualidades y que deberá hacerse efectivo a mes vencido. Cuando ha transcurrido exactamente un mes, se produce un incendio, que destruye la totalidad del cargamento. El cliente no estará obligado a pagar todo el precio pactado, pero sí debe pagar el primer mes de depósito.

d) Distribución del riesgo en función de la comunicación de devolución

En resumen, si se produce un acontecimiento indeseado cuando todavía no se ha comunicado a la otra parte la intención de que el bien sea devuelto, las consecuencias de ello se rigen por las reglas del Artículo 3:104 del Libro III.

Por contra, si las partes ya habían acordado la devolución del bien, pero el cliente todavía no lo había recogido, será el cliente quien deba soportar las consecuencias del suceso y pagar el precio por el servicio prestado. Esta obedece a que el único motivo por el que el depositario todavía tenía el bien en su poder era porque el cliente aún no lo había recogido. En esos casos se considera justo que el cliente deba soportar las consecuencias.

6.2.4 Consideraciones sobre el DCFR

Las tres regulaciones especiales que se han evaluado demuestran cómo responde la distribución de los riesgos en los contratos de servicio a los diferentes supuestos. Es solo un ejemplo de que el *periculum obligationis* debe ser asignado atendiendo a otros criterios que solamente el del sinalagma.

En los tres contratos estudiados se nota la intención de los redactores del DCFR de aportar valor al aspecto «control del bien» a la hora de distribuir el riesgo. Esto se debe, tal y como se defiende en esta disertación, a la influencia del criterio de distribución del riesgo en la compraventa, que responde a un razonamiento de traspaso del riesgo alienado al traspaso de la cosa vendida. De hecho, la asignación del *periculum* en estos contratos de servicios se basa efectivamente en qué parte tiene o debería tener el control del bien. Sin embargo, sería necesario reflexionar más profundamente sobre el tema en aquellos contratos de servicios en los que no hay un bien, no hay una cosa material que centre el criterio de distribución. Piénsese, por ejemplo, en los contratos de servicio de información y asesoramiento, regulados en el propio DCFR. La premisa desarrollada en los contratos de construcción, procesamiento y depósito es loable, porque demuestra que hay situaciones en que el riesgo debe ser asumido por el acreedor; sin embargo, sigue haciendo falta un largo debate sobre los riesgos en los contratos de servicios que no poseen una cosa material.

7. CONSIDERACIONES INTERMEDIAS

El estudio comparativo indica que todos los sistemas legales aquí considerados han tenido que hacer frente al problema de los contratos afectados por eventos supervinientes capaces de convertir la prestación pactada en una prestación imposible de cumplir.

Se observa un notable consenso internacional respecto a las reglas aplicables a la imposibilidad superviniente en los contratos de servicio. En todos los sistemas legales de la Europa continental la imposibilidad de cumplir libera el deudor y también el acreedor. Aunque en España la regla no esté plasmada en el Código civil, en otros países de nuestro entorno sí. En Francia, lo que ahora viene determinado por el artículo 1218 del *Code civil*, la extinción de la contraprestación ya era la solución defendida por la jurisprudencia antes de la reforma del año 2016. En Italia, la legislación y jurisprudencia concuerda que ambas las partes quedan liberadas de cumplir en caso de imposibilidad. En Alemania, el BGB explícitamente determina que el deudor no puede exigir la contraprestación de una obligación imposible.

Por su parte, en el *common law* inglés, aunque los eventos sobrevenidos capaces de provocar la *frustration* son estrictos y la fórmula pueda parecer distinta, una vez determinada la *frustration*, el efecto es el mismo, ambas partes quedan liberadas de sus obligaciones por medio de la *termination.*

Por otro lado, el DCFR innova al presentar preceptos específicos sobre la suerte de la contraprestación en los contratos de servicio relativos a un bien, como por ejemplo el contrato de procesamiento. La opción de los redactores de introducir supuestos especiales para distribuir el riesgo es la razón lo que se tratará en el siguiente capítulo, la posibilidad de atribuir el riesgo de la contraprestación al acreedor en determinados casos.

Capítulo V

Consideraciones finales: perspectivas de futuro del riesgo contractual en los contratos de servicio

Llegados a este último capítulo es necesario recordar tres aspectos. Primero, hay que resaltar que la definición de contratos de servicios que se emplea en este trabajo, como se ha defendido en el capítulo I, es el concepto amplio de servicios como categoría, que se aplica a todos los contratos de servicios, como la ejecución de obra, servicios jurídicos, servicio de mantenimiento, servicios profesionales, etc. No obstante, es bien sabido que en aquellos contratos relativos a «una cosa», la solución normalmente está vinculada a la posesión o control de la misma; por ello, la reflexión se centrará más en los contratos de servicios puramente de actividad, sin la existencia de una cosa material, como es el caso de los puramente intelectuales.

Segundo, es cierto que no se puede extraer del actual artículo 1184 CC la conclusión de quién debe asumir el *periculum obligationis*. La citada norma no está pensada para las obligaciones bilaterales por lo que, indiscutiblemente, no atribuye el riesgo al prestador del servicio. Si bien se reconoce que esta es la postura de los tribunales españoles, la interpretación de la jurisprudencia puede cambiar; por ello, en las líneas que siguen se tratará de proponer lo que se considera una regla mejor ajustada a la problemática del riesgo de la contraprestación. Es cierto que, en algunos casos, se llegará a la misma solución con fundamentos diferentes, pero llevando en consideración las peculiaridades de los contratos de servicios, se presentará en el siguiente epígrafe lo que debe ser la asignación del *periculum obligationis* en tales contratos.

Tercero, el criterio aquí expuesto solo debe ser aplicado en caso de que las partes no hayan pactado expresamente la asignación del riesgo por circunstancias sobrevenidas. La regla propuesta en este estudio debería ser dispuesta con carácter dispositivo, pues las partes siempre pueden pactar una solución mejor ajustada a sus intereses.

1. PUNTO DE PARTIDA

Algunos autores, utilizando una perspectiva económica del Derecho, abogan por una distribución de riesgos no basada en una fórmula abstracta, del tipo *periculum est debitoris*, sino en criterios concretos: eficiencia económica, solidaridad contractual y capacidad de asimilación. Para los que apoyan este enfoque económico, la carga del riesgo debería recaer en la parte para la que el resultado es menos oneroso. Defensor de esta idea, el que fuera decano de la Universidad de Poitiers, JEAN CARBONNIER, subraya que «en determinados contratos, es la parte económicamente fuerte la que tiene vocación, por su fuerza, para asumir todos los riesgos»[584]. En vista de lo anterior, es posible pensar, como el profesor GENICON, que «la teoría de los riesgos es demasiado restringida y burda» y que no deberíamos resolver la situación necesariamente a la luz de «un principio abstracto, por no decir ciego, como el que se desprende del adagio *periculum est debitoris*»[585].

---

[584] CARBONNIER (2004), *Op. cit.*, p. 2242.

[585] GENICON, T. (2007), *La résolution du contrat pour inexécution*, L.G.D.J, pp. 94-111.

No obstante, cabría cuestionar dicho razonamiento, precisamente por las circunstancias particularísimas de cada parte. Es difícil dilucidar cuál de las partes se encuentra en una posición superior a la otra para conocer, estar al corriente y prever un evento imprevisible. En cualquier caso, el concepto de la parte «económicamente fuerte» es de lo más abstracto, pues exige que una parte conozca completamente la situación financiera de la otra. Debe recordarse que en estas líneas se trata de averiguar la asunción del riesgo en las relaciones civiles y no el ámbito de consumo, donde sí se afirma que el empresario es «la parte económicamente fuerte».

De hecho, en los contratos de servicios, suscribiendo la idea de «la parte que tiene vocación para asumir todos los riesgos», se llegaría a la misma conclusión que uno de los más destacados defensores de la teoría económica del Derecho, el juez americano RICHARD POSNER, quien entiende que será la parte que debe ejecutar la prestación la que debe asumir el riesgo de la contraprestación, porque es la que tiene aptitud para hacerlo. El autor entiende que en estos casos se debe aplicar la responsabilidad estricta del prestador del servicio[586].

Adoptar la teoría económica no presenta ninguna solución novedosa, al final es bien conocida la solución de la jurisprudencia española y también la respuesta de los Códigos civiles del entorno: el deudor debe asumir el riesgo de la contraprestación, lo que significa que el acreedor de la obligación imposible no está obligado a cumplir su propia obligación y el contrato se extingue.

Por otro lado, volviendo a las soluciones presentadas en el Derecho romano, se halla un caso expuesto por AFRICANO[587],

586 POSNER, R. (2007). *El análisis económico del Derecho.* 2ª ed. Fondo de Cultura Económica, pp. 105-106.

587 AFRICANO, 8 *Quaestiones,* D. 19, 2, 33.

que relata una solución atribuida a JULIANO, que puede considerarse el fundamento más idóneo para el problema. El caso discurre acerca de un contrato de ejecución de obra (*locatio operis)* para la construcción de un edificio. En el supuesto, la ejecución del servicio devino imposible a causa del hundimiento del terreno propiedad del cliente. En el texto no resulta claro qué evento específico produjo el hundimiento, pero se sabe que no fue por un vicio. La idea propuesta por JULIANO[588] supone que si antes de iniciar los trabajos, la ejecución de la obra se hizo imposible por un evento relacionado exclusivamente con el cliente (hundimiento del terreno), este quedaba igualmente obligado a pagar, aunque la obligación del prestador se extinguiera por imposibilidad. En sentido contrario, la distribución del riesgo será distinta si se tratara de la destrucción de la obra. Estudiando el caso de una estructura de un canal ya construido que se derrumba antes de su aprobación, LABEÓN afirma que es el prestador quien pierde su derecho a la contraprestación, pues no es el suelo el que cede, sino la obra misma la que se destruye[589].

Como señala VACCA, si esta es la interpretación correcta, la solución para distribuir el riesgo prescinde de la regla del sinalagma de las prestaciones[590]. Lo que no es del todo desconocido por los juristas españoles, ya que, como se ha expuesto anteriormente, lo mismo ocurre en la compraventa civil en el CC español.

---

588 LAZO, P. (2007), «"Publicatio" Y "Periculum Rei Venditae". Contribución a la Exégesis de D. 19.2.33», *Revista de Estudios Histórico-Jurídicos*, XXIX, pp. 245-268.

589 LABEÓN, 1 pith. D. 19, 2, 62.

590 El mismo autor va más allá y afirma que el prestador tiene Derecho a la *merces* cuando su obligación se extingue por cualquiera que sea la imposibilidad sobrevenida. Opinión que no se comparte en este trabajo. VACCA (2000), *Op. cit.*, p. 266.

Parece ser que las soluciones presentadas se justifican porque el riesgo ha sido distribuido tomando en consideración la esfera de control donde el riesgo recae. Es decir, en el evento en cuestión, el hundimiento del terreno afecta la esfera del cliente y no del prestador del servicio, por lo que es el primero quien debe asumir el riesgo de la circunstancia y quien, aunque la prestación no sea ejecutada, debe pagar la *merces*. Pero si el evento afecta al prestador (derrumbe de la obra), es este el que debe asumir el riesgo de la contraprestación.

Siguiendo esta lógica, si en el caso analizado el evento sobrevenido fuera diferente de la pérdida de la obra, pero aún en la esfera de control del prestador, como puede ser la retirada permanente de su permiso administrativo para ejercer como constructor, el cliente no estaría obligado a cumplir su obligación de pagar, pues la regla también sería la *periculum est debitoris*.

Se entiende que el fundamento de la solución presentada por JULIANO es el más acertado y, exactamente por ello, en las líneas que siguen se tratará de justificar por qué, para encontrar la solución más correcta de asignación del riesgo en los contratos de servicios, se debe prescindir de la regla del sinalagma.

Aunque en muchos ordenamientos, como el brasileño, peruano y paraguayo[591] la idea de que ambas obligaciones se extinguen si la obligación de una de las dos partes se hace imposible por causas fortuitas, los autores DE LA MAZA GAZMURI y VIDAL OLIVARES defienden que las obligaciones correlativas no se extinguen automáticamente, a menos que la ley así lo disponga[592]. En este mismo sentido MEJÍAS AFIRMA QUE, «SI

---

591 LÓPEZ Y ELORRIAGA citan una serie de países en los que se ha legislado la resolución de pleno derecho las obligaciones correlativas. LÓPEZ SANTA MARÍA, J. Y ELORRIAGA DE BONIS, F. (2017): Los contratos. Parte general. Thomson Reuters, pp. 682 y ss.

592 DE LA MAZA GAZMURI, I. Y VIDAL OLIVARES, A. (2020), *Contrato y caso fortuito: irresistibilidad y consecuencias*. Tirant lo Blanch, pp. 101-107.

LOS riesgos son de cargo del deudor —*res perit debitori*—, no podrá exigir el cumplimiento de la prestación debida que se le adeuda, su deuda se extingue y la obligación correlativa del acreedor se extinguirá sólo si hace uso del ejercicio de la facultad resolutoria»[593].

Para construir esta técnica propia sobre la asignación del riesgo es necesario analizar cuatro aspectos clave. Primero, ¿qué es un servicio imposible? Segundo, ¿sobre «quién» recae el evento? esta pregunta conlleva determinar en la esfera de qué parte recae el evento que impide la ejecución del servicio. Tercero, el cumplimiento de los deberes de información. Y finalmente, cómo distribuir las consecuencias derivadas de la imposibilidad.

2. ¿CUÁNDO UN SERVICIO ES REALMENTE IMPOSIBLE?

La imposibilidad de la prestación es «el acontecimiento que torna irrealizable la prestación comprometida»[594], pero como ya se ha advertido, la idea de imposibilidad sobrevenida está estructurada para las obligaciones de dar, lo que dificulta aplicar el propio concepto a las obligaciones de hacer. La idea de la imposibilidad se ha constituido a partir de una generalización de la locución «pérdida de la cosa debida»[595]. Es por ello por lo que es necesario entender la esencia misma de una prestación imposible en los contratos de servicios en los que no relaciona con cosa material alguna, como, por ejemplo, los de asesoramiento.

---

593 MEJÍAS, C. (2011): *El incumplimiento resolutorio en el Código Civil.* Abeledo Perrot-Legal Publishing, p. 199.

594 FERNÁNDEZ CAMPOS, J. A. (2002), «La imposibilidad de cumplimiento de la prestación debida» *Anales de Derecho.* Universidad de Murcia. nº. 20. p. 37.

595 DÍEZ-PICAZO (2008), *Op. cit.,* pp. 689-690.

Como señala la SAP de Las Palmas de 2 octubre 2006, el problema surge cuando un servicio, que fue posible en el instante de constitución del vínculo jurídico obligatorio, se convierte en «imposible, inalcanzable, irrealizable con posterioridad, de un modo, además, absoluto y objetivo, lo cual implica la extinción, desaparición o, en definitiva, la evanescencia de la obligación [...]»[596].

Entonces, la pregunta que debe plantearse es, ¿cuándo, efectivamente, un servicio deviene imposible? El Código Civil no define la noción de imposibilidad de la ejecución y los intentos de una definición doctrinal no proporcionan detalles suficientes para trazar los contornos de la imposibilidad[597]. En este sentido, SÁNCHEZ LORENZO señala que, «el término «imposible» es tan relativo como pueda serlo en el lenguaje vulgar. La caracterización como «imposible» de la ejecución de una obligación contractual depende en gran medida del objeto y de la función del contrato y, en suma, de su interpretación»[598].

Por ello, para dar respuesta a esta pregunta se debe partir del concepto de imposibilidad sobrevenida aplicado a las obligaciones de hacer. El artículo 1184 CC señala que la imposibilidad puede ser legal o física, lo que llevaría a confirmar, en el plano puramente material, que si bien hay servicios que siguen siendo posibles, se hablaría en ellos de extinción de la obligación por la imposibilidad legal de su ejecución. Es el caso de las alteraciones de normas urbanísticas o de prohibiciones legales posteriores a la celebración del contrato. De este modo, puede ser que la ejecución de un servicio sea físicamente posible, pero legalmente no. Ya un servicio físicamente imposible responde a criterios materiales de imposibilidad, como, por ejemplo, en las obligaciones personales, la pérdida de voz de

---

596 SAP Las Palmas (Sección 5ª) de 2 octubre 2006. (AC 2006\2259).

597 CELEBI (2010), *Op. cit.*, p. 29.

598 SÁNCHEZ LORENZO (2005), *Op. cit.*, p. 47.

un cantante contratado para una obra musical o la muerte del prestador del servicio

Considerando que la «imposibilidad» es un concepto jurídico indeterminado[599], se entiende que la mejor forma de establecer qué es un servicio imposible es partir de ejemplos concretos.

2.1 Imposibilidad física del servicio

Hay imposibilidad física cuando el impedimento responde a aspectos materiales[600]. No es posible ejecutar la prestación acordada por causas personales del prestador, porque la cosa objeto del servicio se pierde, o bien porque el prestador pierde alguna herramienta insustituible para ejecutar el servicio.

a) En los contratos *intuitu personae*, la muerte, incapacidad, como el caso citado anteriormente del cantante que pierde la voz, o incluso los supuestos de riesgo grave para la salud del prestador[601].

b) La desaparición del bien, en aquellos contratos de servicios que tienen por objeto la realización de un servicio sobre un bien, por ejemplo, en el servicio de reparación de un bien;

c) La pérdida de herramientas insustituibles para el desarrollar el servicio.

---

599 STS de 21 abril 2006

600 SÁNCHEZ LORENZO opta por diferenciar la imposibilidad material e imposibilidad económica, subdividiendo la primera en física, legal y personal. Mientras que la imposibilidad económica sería lo que llamamos imposibilidad fáctica. Véase SÁNCHEZ LORENZO (2016), Op. Cit., pp. 705-711.

601 Véase el caso *Condor v. The Barron Knigts Ltd.*, [1996]. 1 WLR 87.

2.2 Imposibilidad legal del servicio

Hay imposibilidad legal cuando la ejecución del contrato se vuelve imposible porque se topa con impedimentos legales, marcados por una norma jurídica o un acto de autoridad. Abarcando, de este modo, la imposibilidad derivada de un texto legal, de preceptos reglamentarios, mandatos de autoridad competente, u otra causa jurídica[602]. Respecto a los contratos de servicios, esta imposibilidad se puede ilustrar con:

d) No obtención de una autorización administrativa.

e) Pérdida de licencia necesaria para ejecutar el servicio.

f) Prohibición de acceder al local del servicio.

g) O incluso cuando la ejecución del servicio tropieza con derechos adquiridos por terceros.

2.3 La Imposibilidad fáctica

Debe añadirse que, además de la imposibilidad física y legal dispuesta en el CC, la imposibilidad en sentido fáctico también debería ser causa de exoneración del deudor. Si bien es cierto que el actual ordenamiento no cubre esta hipótesis, la experiencia alemana demuestra que es apropiado excusar al deudor en las situaciones en que el cumplimiento requiere un «esfuerzo extremadamente desproporcionado»[603]. Son situaciones en las que el deudor aún puede ejecutar la prestación en sentido físico y legal, pero las circunstancias exigirían que tomase medidas extremas, contrarias a la razonabilidad, lo que se denomina imposibilidad fáctica.

---

602 STS de 15 diciembre 1987.

603 Por otro lado, está cada vez más evidente que en el Derecho inglés la imposibilidad fáctica no está contemplada como causa de exoneración. SÁNCHEZ LORENZO (2021), *Op. Cit.*, p. 29

Las condiciones sobrevenidas deben ser extremadamente difíciles para cualquier sujeto, no tratándose de una valoración subjetiva, sino de una dificultad relevante para cualquier persona en su lugar. A título ilustrativo, piénsese en un contrato de prestación de servicio, donde una parte se compromete a coser dos mil unidades de carteras de piel en el plazo de 3 días. Para efectuar el servicio, el prestador dispone de una máquina de costura apropiada, pero por un evento sobrevenido inimputable a las partes (una riada, por ejemplo), la máquina se pierde y no es posible adquirir otra en estos momentos. En tales circunstancias, para que el prestador pueda cumplir su obligación tendría que coser a mano las carteras durante los tres días sin parar. Se puede considerar que cumplir el encargo requiere un esfuerzo extremadamente difícil y por lo tanto no es razonable exigirle tal labor. El mencionado caso hipotético libera el deudor de cumplir su obligación sin el deber de indemnizar al acreedor por los daños y perjuicios.

Ahora que se ha definido que la imposibilidad podrá ser física, material o fáctica, se debe centrar este estudio en buscar sobre quién recae tal evento para poder asignar el riesgo de la contraprestación. Esta característica es la más importante a la hora de determinar cuál de las partes asumirá en riesgo contractual. Conocer sobre quién recae la contingencia debe ser el factor determinante para establecer qué parte debe soportar el *periculum obligationis.*

3. EL ÁMBITO DE CONTROL DEL EVENTO SOBREVENIDO

Como se ha subrayado, un servicio imposible de ejecutar puede responder a diferentes tipos de imposibilidades, una gran variedad de circunstancias y tener su origen en ámbitos muy diversos. De hecho, son estas peculiaridades las que hacen que, en determinados casos, la imposibilidad de una de las prestaciones no extinga la obligación del acreedor, que permanecerá vinculado a la contraprestación[604]. Por ello, desde estas líneas se defiende que las consecuencias pecuniarias de la liberación del deudor no deben responder a la lógica, excesivamente simplista e intuitiva, de la regla del sinalagma.

Como se ha advertido anteriormente, el resultado puede incluso ser el mismo, atribuir el riesgo al prestador del servicio, pero el fundamento debe corresponder a un análisis casuístico y no a una regla estática que atribuye el riesgo en todo caso al deudor de la prestación imposible.

Desde este estudio se defiende que la distribución del riesgo debe ser determinada de forma distinta en función de si la imposibilidad haya o no derivado de un evento que recaiga en el ámbito de control del deudor. En otras palabras, si el evento que da origen a la imposibilidad recae en la esfera del acreedor, este sigue obligado a pagar la contraprestación acordada. Este es el caso, por ejemplo, de un contrato de construcción donde el terreno propiedad del cliente es expropiado. La expropiación es la causa de la imposibilidad de ejecutar la obra, pero recae en el ámbito de control del cliente, por lo tanto, aunque el constructor esté liberado de cumplir, el cliente deberá seguir obligado a pagar la contraprestación.

En el mismo sentido, en un contrato de servicios de animación infantil, si el servicio es imposible de ser ejecutado porque el local donde la fiesta estaba desarrollándose es intervenido por la policía, el prestador del servicio no estará obligado a cumplir su obligación, pero permanece su derecho a exigir la contraprestación, pues el evento que impide la ejecución recae en la esfera de control del cliente. También se asignaría

---

604 En el Código civil español, la compraventa de cosa especifica es el ejemplo por excelencia. En el DCFR, en los contratos de construcción, procesamiento y depósito, atendiendo a determinadas circunstancias, el acreedor sigue obligador a cumplir.

el riesgo al acreedor en caso de imposibilidad física que recae en su ámbito de control como, por ejemplo, en un contrato de prestación de servicio de diseño de interiores, donde el inmueble propiedad del cliente se ha derrumbado.

La esfera de control donde recae el evento sobrevenido no dice nada respecto a controlar el evento en sí, sino donde este incide. No se trata de atribuir a alguna de las partes el poder de controlar la contingencia. El ámbito de control al que se refiere es el control de dónde incide el evento. Un contrato de construcción es tal vez el ejemplo más adecuado para ilustrar este punto. Cuando el cliente contrata a una persona para construir una casa en un terreno que es de su propiedad, la expropiación sobrevenida del terreno es el evento sobrevenido, pero tal evento incide directamente en el terreno propiedad del cliente, por lo tanto, dentro de su ámbito de control. Pero, si en el mismo contrato, la ejecución de la obra deviene imposible porque el prestador del servicio ha perdido su permiso para desarrollar la actividad, el evento incide en ámbito de control del prestador y no del cliente.

Otro ejemplo que puede evidenciar la efectividad de esta propuesta es la imposibilidad física subjetiva, es decir, la muerte o incapacidad. El evento sobrevenido siempre incide en la esfera de control de aquella parte que fallece o resulta incapacitado. Así, si la imposibilidad es el resultado de la muerte del prestador, la regla de la asignación del riesgo será *periculum est debitoris*. Entretanto, si el servicio deviene imposible porque el cliente no puede recibir el servicio, la regla debería ser *periculum est creditoris*.

En el ámbito de la imposibilidad fáctica no habría mayores problemas en la solución, ya que el evento que impide con carácter fáctico la ejecución del servicio siempre resulta en la esfera del prestador, pues la premisa de imposibilidad fáctica es que el cumplimiento del servicio requiere de un esfuerzo extremo por parte del prestador. En estos casos, el prestador se libera de cumplir su obligación, pero asume el riesgo de la contraprestación y no podrá reclamarla.

Se asume que asignar el riesgo con este tipo de propuestas incrementa el análisis concreto de cada supuesto y esto es consciente. La subjetividad es la mejor aliada para distribuir el riesgo, ya que, de este modo se puede alcanzar la solución más equitativa posible. En este sentido, GRIMALDI afirma que, una asignación de riesgos en concreto es más satisfactoria, y que el recurso a la noción de «buena fe» también justificaría una nueva atribución de riesgos[605]. Además, si no se atienden las peculiaridades del evento que causa la imposibilidad, se estaría generalizando la solución para todo y cualquier tipo de contrato de servicios sin llevar en consideración que la categoría «servicios» engloba un número muy amplio de contratos.

Otro aspecto que se debe tener en cuenta a la hora de asignar los riesgos es la información proporcionada. La información juega un papel determinante en la distribución del *periculum obligationis*, como, por ejemplo, en los contratos de servicios regulados en el DCFR, pues, como se ha visto en el capítulo IV, es la falta de ella la que hace que el acreedor se libere de cumplir la contraprestación.

4. LA INFORMACIÓN PROPORCIONADA Y SU NECESARIA IMPLICACIÓN EN LA ASIGNACIÓN DEL RIESGO

En este punto se considera preciso realizar una breve recopilación de los pasos a seguir para asignar el riesgo contractual en los contratos de servicios. Primero, es necesario identificar que el servicio es imposible porque un evento sobrevenido no

---

605 GRIMALDI, C. (2009), «La force majeure invoquée par le créancier dans l'impossibilité d'exercer son droit», *Recueil Dalloz*, p. 1298 (n. 10).

imputable a las partes impide su ejecución en sentido físico, legal o fáctico. Segundo, hay que confirmar que el evento sobrevenido recae en la esfera de control del deudor para, de este modo, asignarle el riesgo de la contraprestación. Caso contrario, el riesgo debe ser soportado por el cliente, como parte de su esfera de control. El tercer paso será determinar si el prestador del servicio ha cumplido con sus deberes de informar al cliente, pues en caso negativo, deberá asumir las consecuencias pecuniarias de la imposibilidad. Es justo en este tercer paso donde se profundizará a continuación.

La opción del DCFR respeto a distribuir el riesgo de manera diferente dependiendo de la información proporcionada por el prestador del servicio, lleva a reflexionar sobre la necesaria implicación de la información en la técnica de asignación del riesgo. Además, el DCFR introduce la obligación de informar en un plazo razonable acerca de la imposibilidad de cumplir[606], una previsión que fue reproducida en la PMCC y que, como ya se ha defendido, se considera ajustada al Derecho.

4.1 La información en los servicios relativos a un bien

Ya se ha analizado que hay supuestos en el evento sobrevenido recae en el ámbito de control del cliente, y por ello, el riesgo de la contraprestación debe ser asumido por él. Sin embargo, en aquellos servicios relativos a un bien y el prestador del servicio incumplió con su deber de informar al cliente de la puesta a disposición de la cosa, el riesgo no se traslada al acreedor. En este sentido, como indica el DCFR, si en un determinado contrato de servicio existe la participación de un bien, como son los casos de contratos de mantenimiento o de depósito, el cliente solo asume el riesgo de la contraprestación

606 Véase el epígrafe 6 del capítulo IV sobre la regulación del DCFR.

si el prestador del servicio informó con diligencia de la puesta a disposición del bien, pero este se perdió antes de que el cliente pudiera recibirlo o retirarlo.

En este sentido, si el prestador del servicio ya ha informado al cliente de la puesta a disposición del bien, el cliente debe soportar las consecuencias del infortunio y pagar de todas formas el precio del servicio prestado, aunque ya no pueda disfrutar de los beneficios. En sentido contrario, si el prestador no ha cumplido con su deber de información, aunque pueda exonerarse del cumplimiento y el cliente no tenga derecho a exigir una indemnización, debe soportar el riesgo de la contraprestación.

En síntesis, el camino a seguir sería este: se asigna el riesgo al prestador del servicio con carácter general, pero si se verifica que el evento que impide la ejecución del servicio recae en la esfera de control del cliente, se traslada el riesgo al cliente, que seguirá obligado a pagar la contraprestación, a menos que el prestador haya incumplido con su deber de informar al cliente de que el bien ya estaba a su disposición.

El deber de información también engloba al deber general de buena fe en el sentido de comunicar al cliente, en un tiempo razonable, acerca de la imposibilidad del servicio, como veremos a continuación.

4.2 Aviso anticipado de imposibilidad de cumplir

La PMCC incorpora una previsión del DCFR respecto a la obligación del deudor de notificar a la otra parte acerca del impedimento y su impacto en su aptitud para cumplir. Es una manifestación del deber general de la buena fe y la equidad en la relación comercial que desde estas líneas se considera justo incluir en la ecuación de la asignación del riesgo.

El prestador debe advertir al cliente, dentro de un plazo razonable, de la ocurrencia del obstáculo y de sus consecuencias para cumplir la obligación. El aviso debe, en efecto, permitir al cliente la oportunidad de tomar medidas para mitigar los daños de dicha imposibilidad.

Si la notificación no es recibida en un plazo razonable, el prestador del servicio, además de asumir el riesgo de la contraprestación, será responsable de indemnizar los daños y perjuicios causados por la falta de información tempestiva. No se trata de indemnizar los daños y perjuicios ocasionados por la no ejecución del servicio, porque, obviamente si eso se produce no habría exoneración por imposibilidad. El objetivo de la obligación de indemnizar en estos casos es el de paliar los efectos que ha causado en el acreedor la imposibilidad, mitigar los efectos negativos de la no ejecución. Por ello, si el deudor no notifica en un tiempo razonable, el acreedor puede reclamar los daños ocasionados por esta falta de aviso tempestivo y tan solamente los daños atribuidos a la falta de tal notificación.

En otro orden de ideas, la cuestión de los gastos derivados de la imposibilidad de ejecutar el servicio debe ser respondida para evitar el enriquecimiento injusto.

5. LOS GASTOS DERIVADOS

Aunque la imposibilidad sobrevenida determina la extinción de la obligación, ello no significa que no se produzcan gastos derivados que deban ser resarcidos. Pero hay que diferenciar entre los gastos derivados del contrato y los gastos derivados de la imposibilidad. Los primeros son gastos que se producen por o para la consecución del acuerdo. Es el caso del prestador del servicio que adquiere un nuevo ordenador capaz de procesar determinado software porque acaba de celebrar un contrato de diseño gráfico importante. Estos gastos, en regla, no pueden ser resarcidos, porque las partes siempre asumen un riesgo cuando negocian para obtener a cambio un beneficio. Ahora bien, cuando no se logra el fin pretendido puede haberse producido algún gasto como consecuencia de la imposibilidad. No se trata propiamente de un daño en el sentido tradicional, más bien de gastos que no hubieran ocurrido si la prestación se hubiese ejecutado.

En este sentido, no se trata de una indemnización de daños y perjuicios, sino una restitución de los gastos derivados de la imposibilidad. De esta manera se defiende desde aquí que estos gastos sí deben ser resarcidos a aquella parte que asume el riesgo de la contraprestación. A modo de ejemplo, un prestador del servicio compra los billetes aéreos para realizar determinada actividad en otra ciudad. Cuando llega a su destino el servicio resulta imposible a causa de un evento sobrevenido en su esfera de control. En este supuesto, el prestador debería asumir el riesgo de la contraprestación y por ello, el cliente debería resarcirle los gastos derivados, es decir, el valor del billete de avión. Si en el mismo supuesto, de acuerdo con las circunstancias del evento, el riesgo de la contraprestación fuera del cliente, este debería pagar el precio convenido y obviamente no tiene que resarcir los gastos.

También es posible que el cliente incurra en gastos derivados de la imposibilidad: en el ejemplo anterior, si fuera el cliente quien se desplazara a otra ciudad a fin de recibir el servicio. La solución sería la misma. Si el cliente asume el riesgo de la contraprestación, puede reclamar el resarcimiento de los gastos derivados.

En otro orden de cosas, es necesario precisar lo que las restituciones dicen respecto a las prestaciones que con anterioridad se hubieran recibido del otro contratante y que no se tuviera derecho a obtener. En aras de la buena fe y de la equidad, y con el fin de evitar un enriquecimiento injusto[607], la

---

[607] STS de 26 abril 2018

parte que asume el riesgo de la contraprestación debe restituir aquello que ha recibido. Esto significa que, una vez el prestador asuma el *periculum obligationis* y habiendo recibido anticipadamente alguna cantidad, deberá restituir dicha cantidad al cliente. Igualmente, el cliente deberá hacer lo propio con el prestador en aquello que hubiera recibido, o sea, la parte del servicio ejecutado, lo que, en los moldes del III.–3:513 DCFR, se traduce en el valor del beneficio recibido.

Utilizando las directrices anteriormente expuestas, puede afirmarse que la distribución del riesgo en los contratos de servicio deberá responder al siguiente esquema: verificada la imposibilidad de ejecutar el servicio por causa no imputable a las partes, el prestador debe asumir el riesgo de la contraprestación siempre y cuando el evento que causa el impedimento recaiga en su esfera de control. Si se comprueba que el evento incide en el ámbito de control del cliente, el riesgo se traslada al mismo, que seguirá obligado a pagar la contraprestación, aunque el prestador quede liberado de cumplir. Esta regla permite asignar el riesgo en los contratos puramente intelectuales de manera efectiva. No obstante, se debe añadir que en los servicios relativos a un bien, como es el caso del de depósito, el ámbito de control va mezclado con el de la cosa; si esta se encuentra en posesión del prestador, y el cliente ya ha sido debidamente informado de la puesta a disposición de la cosa pero no la ha retirado, el riesgo de la contraprestación igualmente se trasladará.

Una vez asignado el riesgo, aquella parte que asuma el *periculum obligationis* tendrá el derecho a exigir el resarcimiento de los gastos derivados de la imposibilidad, pero deberá restituir los beneficios recibidos anticipadamente, en los moldes de la regla de restitución de cantidades.

6. PROPUESTA DE *LEGE FERENDA* EN MATERIA DE RIESGO CONTRACTUAL EN LOS CONTRATOS DE SERVICIOS

De la conveniencia de repensar cómo debe organizarse la regulación de los riesgos contractuales en el actual marco jurídico y tomando como partida la PMCC en materia de contratos de servicios, se propone el siguiente articulado en el Código Civil español:

Artículo 1592: Nulidad, desistimiento y terminación del contrato.

1. Será nulo el contrato en el que una persona se obligue a prestar servicios durante toda la vida o por tiempo que exceda notoriamente de lo que sea usual.
2. El cliente puede desistir del contrato en cualquier momento, pero deberá notificar el desistimiento con un mínimo 14 días, indemnizar al prestador del servicio de todos sus gastos, trabajos realizados y utilidad que hubiera podido obtener.
3. Si los servicios se hubieren contratado por tiempo indefinido, cualquiera de las partes podrá desistir del contrato, de acuerdo con lo dispuesto en el apartado 2 del artículo 1121 de la PMCC.
4. La relación contractual no se extinguirá por la muerte del prestador del servicio, a menos que el contrato se hubiera celebrado en consideración a su persona u otra cosa resulte del contrato. En este caso el cliente debe abonar a los herederos, a proporción del precio convenido, el valor de la parte del servicio ejecutado.
5. La relación contractual no se extinguirá por la muerte del cliente, a menos que del contrato resulte lo contrario.

Artículo 1.592 bis: de la imposibilidad sobrevenida.

1. Cuando la prestación del servicio devenga imposible sin culpa de las partes, la relación contractual se extinguirá y no se podrá exigir indemnización de los daños y perjuicios.
2. El prestador del servicio tiene derecho a una compensación por el trabajo ya ejecutado y los gastos realizados. Si el cliente hubiera realizado el pago integralmente, tiene derecho a repetir a proporción del servicio realizado y el precio convenido.
3. El prestador debe notificar al cliente acerca del impedimento y su impacto en su aptitud para cumplir. Si la notificación no es emitida en un plazo razonable a partir de que el prestador supo o debió saber del impedimento, este será responsable de indemnizar los daños y perjuicios causados por la falta de información.

4. Si la prestación del servicio se vuelve imposible sin culpa de las partes por un suceso que el prestador del servicio no podría haber evitado o neutralizado, porque el evento ocurrió en el ámbito de control del cliente, la provisión de este artículo no será invocable. El riesgo contractual recae sobre el cliente, que deberá abonar la contraprestación y no podrá exigir responsabilidad alguna por daños y perjuicios, a menos que del contrato resulte lo contrario.

5. Son de aplicación preferente sobre lo dispuesto en este artículo las disposiciones de los contratos de servicios con regulación específica.

Conclusiones

a) Todo el contexto de «inaplicabilidad» del CC en materia de contratos de servicio, revela la real necesidad de recurrir a los instrumentos de *soft law* europeos para tratar de comprender mejor el alcance de los contratos de servicios y encontrar una fuente normativa capaz de regular tales contratos. En este marco, se destacan los *Principles of European Law on Service Contracts* (PEL SC) y el *Common Frame of Reference* (DCFR), que desarrollan un texto completo que sirve de fuente para la modernización del Derecho contractual europeo.

b) En lo que se refiere a la clásica dualidad entre los contratos de servicios y de obra, se concluye que resulta imposible sostener tal dualidad, sino más bien que el contrato de servicio es el general, que comporta diferentes especialidades, entre ellas el contrato de obra. Tal tesis se corrobora en los nuevos instrumentos de modernización del Derecho contractual, donde se estructura el tipo general «contrato de servicio» y a continuación se desarrollan las disposiciones especiales para algunos tipos de contratos de servicio, como son el contrato de construcción, contrato de diseño, etc. Se reafirma así la teoría de la generalidad/especialidad entre el contrato de servicio y de obra.

c) Respecto a la dicotomía obligaciones de medios y obligaciones de resultado, de una rápida lectura de los PEL SC y del DCFR parece que este ha querido eliminar tal categorización; sin embargo, en este estudio se concluye que los textos no han prescindido de la dicotomía, sino que establecen como regla la obligación de resultado, para dejar a las partes la opción de una obligación de medios.

d) Después de hacer un recorrido sobre las disposiciones generales y especiales reguladas en los PEL SC, se concluye que la regulación contenida en el DCFR respecto a los contratos de servicio recoge casi sin modificaciones la regulación de los PEL SC, aunque esta última sea más extensa. Por fin, el anteproyecto de Código europeo de contratos no ha tenido aceptación en Europa, por lo que se opta por no evaluar sus disposiciones en el presente estudio.

e) En resumen, el mejor instrumento para analizar los contratos de servicio desde una perspectiva general es el DCFR, a la vez que se asevera que es posible la integración del DCFR en el Derecho español, confirmando que su aplicabilidad favorece a la contratación de servicios.

f) Hasta el momento, las propuestas de modernización del Código Civil español no han sido llevadas a cabo, pero tampoco contenían un cambio significativo en materia de servicios. Finalmente, en lo relativo a los esfuerzos de la UE para unificar el Derecho contractual, se defiende desde estas líneas que, más que buscar la unificación, sería necesaria una modernización con efectos armonizadores.

g) Aunque el riesgo contractual en sentido amplio haga referencia a los supuestos en que la operación económica se frustra, sea tanto por defecto estructural originario, como por la superveniencia de eventos que deriven de la voluntad de las partes, en sentido propio del riesgo contractual solo comprende las situaciones sobrevenidas que afectan a la posibilidad de cumplir y que no derivan del comportamiento ni de la voluntad de los contratantes. En definitiva, el riesgo es la imposibilidad de cumplir la prestación por causas sobrevenidas y no imputables a ninguna de las partes.

h) En el ámbito propio del riesgo contractual, se establece que el problema del riesgo solo surge en los contratos sinalagmáticos, de tracto sucesivo y en los que exista una obligación pendiente de cumplimiento. Se estudia la teoría del riesgo para dar respuestas al riesgo de pérdida de la contraprestación, esto es, la posibilidad de tener que cumplir la propia obligación habiéndose extinguido el derecho a percibir la contraprestación.

i) Se determina que el problema del riesgo se encuentra fuera de la esfera del incumplimiento, pues el deudor no puede haberse constituido en mora para considerar que la imposibilidad no le es imputable.

j) Tras un análisis de las reglas desarrolladas por el Derecho romano, *periculum est creditoris, periculum est debitoris y periculum nemo tenetur,* se concluye que el sistema español perpetuó las soluciones romanas, lo que levanta severas críticas en cuanto a la utilización de la regla *periculum est creditoris* en el contrato de compraventa civil.

k) Se verifica que, pese la ausencia de regulación, la jurisprudencia española ha considerado que la regla que debe prevalecer es la *periculum est debitoris* y que la imposibilidad sobrevenida es causa de la resolución contractual. El fundamento de estas decisiones reside justamente en el sinalagma genético[608]; ante la imposibilidad de cumplir, el sinalagma que unía a ambas desaparece también y tendrían que extinguirse ambas obligaciones.

l) Finalmente, se ha dibujado el panorama general para los casos en que un evento sobrevenido altera las circunstancias, pero no ocasiona la imposibilidad de cumplir y la evolución de la cláusula *rebus sic stantibus* para resolver tales situaciones. En España, por las razones sucintamente referidas, los jueces y tribunales se han visto obligados a acudir a la doctrina sobre la imposibilidad para resolver casos en que la prestación es objetivamente posible, pero ha devenido excesivamente costosa o económicamente

---

608 DÍEZ-PICAZO (2008), *Op. cit.*, p. 432.

ruinosa. Conviene dejar de hacerlo. Y ese no es un problema de «imposibilidad», sino de reparto del riesgo y sus costes entre partes que ni previeron el primero, ni calcularon los segundos.

m) Respecto a la imposibilidad en los contratos de servicios, la frustración de un contrato de servicio significa la no realización del mismo y determinar sobre quién habrá de recaer el deber de soportar el *periculum obligationis* generado por la «interrupción» definitiva del programa prestacional previsto es una tarea que se quedó a cargo de la jurisprudencia española.

n) Se ha comprobado que el Código Civil español no establece una regla general para la distribución del riesgo. Solo un precepto, el artículo 1595, tiene previsiones concretas sobre el *periculum obligationis* respecto a un tipo de contrato de servicio, más específicamente, el contrato de ejecución de obra, determinando el p*ericulum est debitoris* en casos de fallecimiento o incapacidad del artífice.

o) Los demás casos, deben ser analizados por los Tribunales quienes, de manera reiterada, entienden que en las obligaciones sinalagmáticas la imposibilidad sobrevenida de una de las obligaciones implica la extinción de ambas obligaciones, lo que significa aplicar la regla p*ericulum est debitoris.*

p) Frente a este panorama, se entiende que, para los casos de imposibilidad sobrevenida de la prestación, la regla aplicable es la p*ericulum est debitoris,* es decir, el prestador no tendrá Derecho a exigir la contraprestación, lo que conlleva a la aplicación del artículo 1124 CC para declarar el contrato resuelto.

q) En definitiva, aunque ninguna sentencia del Tribunal Supremo trate específicamente sobre el problema del riesgo en los contratos de servicios, se entiende que la aplicabilidad de esta doctrina jurisprudencial se extiende a todos los contratos de prestación de servicios.

r) Respecto al Derecho comparado, hay una notoria unanimidad en los ordenamientos europeos al optar por la atribución del riesgo de la contraprestación al deudor de la obligación imposible (*periculum est debitoris*).

s) La resolución del contrato por imposibilidad es la consecuencia primordial en todos los Códigos civiles estudiados, además de reconocer el derecho del acreedor de recuperar lo pagado anticipadamente.

t) Asimismo, en los Códigos civiles de Alemania, Francia e Italia, si el evento imposibilita la continuidad de la prestación que ya había empezado a ejecutarse, el deudor tiene derecho al pago de la parte proporcional del servicio ejecutado.

u) El *common law* en principio considera que el acaecimiento de un hecho sobrevenido extingue el contrato por *frustration*, pero no invalida las obligaciones nacidas y cumplidas con anterioridad al evento; sin embargo, este panorama cambió con la *Law Reform (Frustrated Contracts) Act* en 1943, por lo que, actualmente, se entiende que en casos de *frustration* la parte perjudicada por la imposibilidad tiene el derecho a solicitar la restitución de lo pagado y no recibido.

v) Respecto a regulación del DCFR, se identifica que el texto regula de manera sistemática la previsión de diferentes ordenamientos europeos, para, de este modo, llegar a un criterio general de asignación del riesgo y previsiones específicas para determinados contratos de servicios, como el contrato de construcción, de procesamiento y de depósito.

w) Asimismo, se verifica que el DCFR atribuye, en determinadas circunstancias, el *periculum obligationis* al acreedor del servicio, utilizando como criterio diferenciador la parte que tenga o debería tener el control del bien.

x) En el ámbito de la modernización del Código Civil español, la PMCC opta por no regular propiamente la imposibilidad sobrevenida, atribuyendo al impedimento sobrevenido el carácter de incumplimiento, aunque excusable.

y) La PMCC no menciona la imposibilidad sobrevenida como un supuesto particular. En la PMCC, la imposibilidad sobrevenida, aunque no imputable, es incumplimiento, regulado en su artículo 1188 PMCC. Ello supone que, en la práctica, el incumplimiento absorbe a la «teoría de los riesgos», en los moldes ya planteados por PANTALEÓN PRIETO[609].

z) Este diseño constituye un importante cambio si se compara con el Código Civil actual, en el que puede reconocerse la distinción entre incumplimiento fundado en el comportamiento culposo del deudor y la imposibilidad sobrevenida no imputable.

aa) No se puede corroborar la afirmación de que «el problema del riesgo ha de ser tratado hoy como un problema de incumplimiento», pues el impedimento inimputable y el riesgo de la contraprestación revelan aspectos distintos del simple incumplimiento.

ab) De este modo, en el presente trabajo se defiende que una solución puramente intuitiva en los contratos sinalagmáticos de intercambio de servicio por dinero, donde el riesgo de la contraprestación siempre recae en el prestador del servicio, no es la más adecuada.

ac) No obstante, pese a que también se defiende que la asignación del riesgo en los contratos de servicios debe responder a la regla *periculum est debitoris*, se advierte que hay excepciones.

ad) Los criterios de asignación del riesgo pueden variar en función de varios aspectos: del ámbito de control donde el evento sobrevenido recaiga; de qué parte tiene el control del bien y de la información ofrecida por el prestador al cliente y conforme a la buena fe.

---

609 PANTALEÓN PRIETO (1993), *Op. cit.*, pp. 1732-1733.

ae) De este modo, la regla *periculum est debitoris* solo debería prevalecer en los casos en que el evento que imposibilita la ejecución del servicio no haya sido originado en la esfera de control del cliente o, en aquellos contratos relativos a un bien, cuando el prestador no haya informado al cliente de la puesta a disposición de este.

af) Se reconoce que, empleando esta propuesta, se llegaría a soluciones muy parecidas con las encontradas por la jurisprudencia española, ya que la regla *periculum est creditoris* sería la excepción.

ag) El objetivo es distribuir el riesgo a través del caso concreto y no de una regla estática que lo asigne siempre al deudor de la prestación imposible.

Bibliografía

ABRIL CAMPOY, J. M. (2011), *La atribución del riesgo al comprador*, Tirant lo Blanch.

ADAM, J. Y BROWNWORD, R. (2017), *Understanding Contract Law*. 5 ed. Sweet Maxwell.

ALBALADEJO, M. (1994), *Derecho Civil II, Derecho de Obligaciones*, 9ª ed., Bosch.

ALBALADEJO, M. (2011), *Derecho Civil. II. Derecho de Obligaciones*, 14ª ed., Bosch.

ALBIEZ DOHRMANN, K. J. (2002), «Un nuevo Derecho de obligaciones. La Reforma 2002 del BGB», *Anuario de Derecho Civil*, tomo LV, fasc. III. pp. 1133-1227.

ALBIEZ DOHRMANN, K. J. (2003), «La modernización del Derecho de obligaciones en Alemania: un paso hacia la europeización del Derecho privado» en SÁNCHEZ LORENZO Y MOYA ESCUDERO, *La cooperación judicial en materia civil y la unificación del Derecho privado en Europa*. Dykinson, pp. 315-336.

ALEMÁN MONTERREAL, A. (1996), *El arrendamiento de servicios en Derecho romano*, Universidad de Almería.

ALONSO PÉREZ, M. (1967), *Sobre la esencia del contrato bilateral*, Secretariado de Publicaciones e Intercambio Científico, Universidad de Salamanca, pp. 1-68.

ALONSO PÉREZ, M. (1972), *El riesgo en el contrato de compraventa*. Montecorvo.

ALONSO PÉREZ, Mª.T / ALMAGRO MARTÍN, C. (2014), «El arrendamiento de servicios» en YZQUIERDO TOLSADA (DIR.), *Contratos civiles, mercantiles, públicos, laborales e internacionales, con sus implicaciones tributarias*. Tomo IV, Vol. I. Aranzadi. pp. 51-173.

ALONSO PÉREZ, Mª.T. (1997), *Los contratos de servicios de abogados, médicos y arquitectos*, Bosch Editor.

ALONSO PÉREZ, Mª.T. (2019), «El paralelismo entre obligaciones de medios/resultado y contratos de servicios/obra en las propuestas oficiales de modernización del Derecho español». *Revista de Derecho Civil*, vol. VI, n. 2. Pp. 169-205.

ALPA, G. (1980), «Rischio contrattuale» *Novissimo Digesto Italiano*, vol. VI. Utet.

ALPA, G. Y ZENO-ZENCOVICH, V. (2007), *Italian Private Law*, Routledge Cavendish, pp. 210-212.

AMUNÁTEGUI RODRÍGUEZ, C. (2003), *La cláusula rebus sic stantibus*. Tirant lo Blanch.

ARANGIO-RUIZ, V. (1984), *Istituzioni di diritto romano*, 14.ed. Jovene.

ARIAS RAMOS, J. (1947) «La doctrina del riesgo en la compraventa romana» en *Estudios sobre el contrato de compraventa*, Barcelona, Colegio Notarial de Barcelona, pp. 99-122.

ARROYO I AMAYUELAS, E., SCHULZE, R. / ZIMMERMANN, R. (2002) «Estudio preliminar: las perspectivas de un Derecho privado europeo», en SCHULZE/ZIMMERMANN, *Textos básicos de Derecho Privado Europeo*. Marcial Pons.

ARROYO I AMAYUELAS, E. (2012), «Configuració i rixmia dels contractes de serveis: una proposta per a Catalunya des del marc europeu», en *Contractes, responsabilitat extracontractual i altres fonts d'obligacions al Codi Civil de Catalunya*, pp. 183-226.

ASOCIACIÓN DE PROFESORES DE DERECHO CIVIL (2016), *Propuestas de Código Civil. Libros Quinto y Sexto*, Tirant lo Blanch.

AVILÉS GARCÍA, J. (2021), «Cláusula "rebus sic stantibus" precovid-19 cierre y apertura de una nueva encrucijada jurisprudencial. Comentario a la STS de 6 de marzo de 2020 (RJ 2020,879)» *Cuadernos Civitas de jurisprudencia civil*, n. 115, pp. 83-112.

BARCIA LEHMANN, R. y RIVERA RESTREPO, J. (2018), «Convergencias y divergencias del Derecho de incumplimiento del Código Civil alemán con los Principios de Derecho Europeo de los Contratos y otros textos internacionales» *Derecho PUCP*, n. 81, pp. 361-403.

BARNARD, C. (2008), «Unravelling the services directive», *Common Market Law Review. Vol.* 45, n. 2, pp. 323-394.

BARENDRECHT, J. M. / JANSEN, C. / LOOS, M. / PINNA, A. / CASCÃO, R. / VAN GULIJK, S. (2007), *Principles of European Law on Service Contracts (PEL SC)*. Oxford University Press.

BARÓ PAZOS, J. (1993), *La Codificación del Derecho civil en España (1808-1889)*, Universidad de Cantabria.

BETTI, E. (1956), «Periculum – Problema del rischio contrattuale in diritto romano classico e giustinianeo», *Studi in onore di Pietro de Francisci*, vol. I, Giuffrè, pp. 132-197.

BIANCA, M. (1994), *Diritto civile,* vol. V, Giuffrè.

BIROCCHI, I. (1989), *Rischio contrattuale* (diritto intermedio), en Enciclopedia del Diritto, LX.

BLANCO PÉREZ-RUBIO, L. (2014), «Obligaciones de medios y obligaciones de resultado: ¿tiene relevancia jurídica su distinción?», *Cuadernos de Derecho Transnacional,* Vol. 6, Nº 2, pp. 50-74.

BOUCARD, H. (2022), «El contrato de servicios en el Derecho francés» en INFANTE RUIZ, OLIVA BLÁZQUEZ (dirs.) Y KALIL (coord.), *La modernización de los contratos de servicios,* Tirant lo Blanch, pp. 241-257.

BOUCARD, H. (2024), "La méthode de réforme du droit des contracts spéciaux de la commision Philippe Stoffel-Munck" en VEIGA COPO, A. Y PAZOS CASTRO, R. (dir.), *La reforma francesa de los contratos especiales: estudios a propósito del proyecto de la Comisión Philippe Stoffel-Munck.* Civitas. pp. 21-51.

BRACCIANTI, C. (1946), *Degli effetti dell'eccessiva onerosità sopravveniente nei contratti,* Giuffrè.

BRANTT, M.G, Y MEJÍAS ALONZO, C. (2018), «El contrato de servicios como categoría general en el Derecho chileno. Su contenido y rasgos distintivos», *Ius et Praxis,* 24 (3), pp. 583-618.

BRANTT, M.G., (2017), «La prestación objeto de los contratos de servicios», en CORRAL TALCIANI Y MANTEROLA DOMÍNGUEZ, *Estudios de Derecho Civil,* XII, Thomson Reuters, pp. 359-374.

BURDESE, A. (1998), *Manuale di diritto privato romano.* Utet.

CABANILLAS SÁNCHEZ, A. (1989), «La imposibilidad sobrevenida de la prestación por falta de cooperación del acreedor» en *Homenaje al profesor Juan Roca Juan,* Servicio de Publicaciones de la Universidad de Murcia, pp. 117-128.

CABANILLAS SÁNCHEZ, A. (1993), *Las obligaciones de actividad y de resultado,* Bosch Editor.

CABANILLAS SÁNCHEZ, A. / GÓMEZ-OLANO, D. / SÁNCHEZ GALLARDO, F. (2014), «El contrato de obra» en YZQUIERDO TOLSADA (DIR.), *Contratos civiles, mercantiles, públicos, laborales e internacionales, con sus implicaciones tributarias.* Tomo IV, Vol. I. Aranzadi. pp. 175-371.

CADARSO PALAU, J. (1996), «Riesgo y responsabilidad en el contrato de obra (según el Proyecto de Ley 121/000043, 1994, de modificación del Código Civil», en GONZÁLEZ GARCÍA *(coord.) Contrato de servicios y de obra. Proyectos de Ley y Ponencias sobre la reforma del Código Civil en materia de contratos de servicio y de obra,* Adhara, p. 58;

CADENAS OSUNA, D. (2018), «El contrato de servicios médicos: la información sobre riesgos del tratamiento sanitario en el Draft Common Frame of Reference», *Actualidad jurídica iberoamericana,* Nº. 8, p. 428.

CAMPUZANO DÍAZ, B. (2003), «El Derecho contractual europeo en el marco de la globalización», en CALVO-CARAVACA / BLANCO-MORALES LIMONES, *Globalización y Derecho,* Colex. P. 75.

CANARIS, C.W. (2001), «Die Reform des Rechts der Leistungsstörungen», *JuristenZeitung,* vol. 56, nº. 10, pp. 499-524. Disponible en: https://www.jstor.org/stable/20825876#metadata_info_tab_contents (última visita: 13 de julio de 2021)

CANNATA, C. A. (1996), *Historia de la Ciencia Jurídica Europea.* Tecnos.

CAPILLA RONCERO, F. (2001), «Contratos de servicios (I): prestación de servicios y ejecución de obra», en VALPUESTA FERNÁNDEZ/VERDERA SERVER (coord.) *Derecho civil. Obligaciones y contratos,* 4ª ed. Tirant lo Blanch.

CARBONNIER, J. (1960), Derecho civil. Tomo II. (versión española traducida y anotada por ZORRILLA RUIZ), Bosch Editor.

CARBONNIER. J. (2000), *Droit civil, vol. IV, Les Obligations,* 22ª ed. PUF.

CARBONNIER. J. (2004), *Droit civil, vol. II, Les biens, les obligations,* 1ª ed. Quadrige/PUF.

CARDILLI, R. (1995), *L'obbligazione di «Praestare» e la responsabilità contrattuale in diritto romano.* (II secolo a. C. -II secolo d. C.) Giuffrè.

CARRASCO PERERA, A. (2020), «Al fin la madre de todas las batallas del covid 19: "rebus sic stantibus". Con ocasión de una reciente propuesta institucional», *Publicaciones jurídicas.* Centro de Estudio de Consumo. pp.1-15.

CARRASCO PERERA, A. (2021), *Derecho de contratos,* 3ª ed., Aranzadi.

CARTWRIGHT, J. (2015), «*Una introducción al Derecho de contratos inglés*» *Crónica Jurídica Hispalense: revista de la Facultad de Derecho,* n. 13. pp. 15-35.

CARTWRIGHT, J. (2019), *Introducción al Derecho inglés de los contratos,* Aranzadi.

CASSIN, R. (1914), *De l'exception tirée de l'inexécution dans les rapports synallagmatiques.* [Tesis Doctoral, Université de Paris].

CASTÁN TOBEÑAS, J. (2008), *Derecho civil español, común y foral.* 17ª ed. Reus.

CASTILLA BAREA, M. (2000), *La imposibilidad de cumplir los contratos.* Dykinson.

Castilla Barea (2007), «1994 Sentencia de 11 de octubre de 2006: Resolución de contrato de compraventa de fincas adjudicadas en pública subasta por incumplimiento basado en motivos urbanísticos. El incumplimiento imputable, la frustración del fin del negocio, la desaparición sobrevenida de la causa del contrato y los motivos causalizados como posibles causas de la resolución contractual. La congruencia de la sentencia recurrida» *Cuadernos Civitas de jurisprudencia civil*, nº 75, pp. 1127-1154.

Castilla Barea, M. (2008), «La desaparición sobrevenida de la causa y la imposibilidad sobrevenida fortuita en la compraventa a consecuencia de la modificación del planeamiento urbanístico» en Gómez Gálligo y Cuadrado Iglesias (coord.) *Homenaje al profesor Manuel Cuadrado Iglesias.* Vol. 2. pp. 1433-1449.

Castiñeira Jerez, J. (2015), *La inexigibilidad de la prestación contractual ante la alteración sobrevenida de las circunstancias.* [Tesis Doctoral, Universitat Ramon Llull]

Cavanillas Múgica (2013), «Los riesgos en la compraventa: "periculum est emptoris, genus numquam perit y sinalagma" contractual», en Carrasco Perera (dir.), *Tratado de la compraventa,* Tomo II, Aranzadi, pp. 1687-1697.

Celebi, O. (2010), *La repartition des risques dans le contrat* [Tesis Doctoral, Université Panthéon-Sorbonne, Paris I].

Celebi, O. (2020), «Theorie des risques en droit français: observations sur l'application de l'adage res perit debitori», *Ankara Universitesi Hukuk Fakültesi Dergisi,* Vol. 69, nº. 1, pp. 57-106.

Chamie, J.F. (2010), *La adaptación del contrato por eventos sobrevenidos. De la vis cui resisti non potest a las cláusulas de hardship.* [Tesis Doctoral, Universita Degli Studi Di Roma Tor Vergata].

Chantepie, G. y Latina, M. (2024), Le nouveau droit des obligations. 3 ed. Dalloz.

Clemente Meoro, M. E. (1998), *La facultad de resolver los contratos por incumplimiento,* Tirant lo Blanch.

Clemente Meoro, M. E y Nieto Montero, J. J (2014), «El contrato de compraventa», en Yzquierdo Tolsada (dir.), *Contratos. Civiles, mercantiles, públicos, laborales e internaciones, con sus implicaciones tributarias.* Tomo I. Aranzadi, pp. 60-212.

Cossio, A. (1944), «Los riesgos en la compraventa civil y en la mercantil», *Revista de Derecho Privado,* n. 326, pp. 598-621.

COSIALLS UBACH, A.M. (2012), «Libro IV. Parte C. Servicios. Capítulo 5. Depósito», en VAQUER ALOY, BOSCH CAPDEVILA Y SÁNCHEZ GONZÁLEZ, (coords.) *Derecho Europeo de Contratos: Libros II y IV del Marco Común de Referencia.* Tomo II, Atelier, pp. 1257-1279.

CRESPO MORA, M.C. (2013), «Las obligaciones de medios y de resultado de los prestadores de servicios en el DCFR», *Indret,* n 2, pp. 1-45.

DE BARRÓN ARNICHES, P. (2008), «Cuestiones sobre el contrato de servicios diseñado en el Marco Común de Referencia», *Indret,* pp. 1-29.

DE BARRÓN ARNICHES, P. (2011ª), «El contrato de servicios y la propuesta de modernización del Código Civil Español». *Boletín del Ministerio de Justicia,* año LXV, n 2134. pp. 1-17.

DE BARRÓN ARNICHES, P. (2011b), *El contrato de servicios en el nuevo Derecho contractual europeo.* Reus.

DE BARRÓN ARNICHES, P. (2012), «Libro IV. Parte C. Servicios. Capítulo 3. Construcción», en VAQUER ALOY, BOSCH CAPDEVILLA Y SÁNCHEZ GONZÁLEZ, *Derecho Europeo de Contratos Libros II y IV del Marco Común de Referencia,* Tomo II. Atelier, pp. 1207-1229.

DE CASTRO Y BRAVO, F. (1984), *Derecho Civil de España.* (reproducción de la 1° edición en 1942). Civitas.

DE LA CÁMARA ÁLVAREZ, M. (1985), «En torno al concepto de la causa de los contratos», *Estudios de Derecho civil.* pp. 525 y ss.

DE LA MAZA GAZMURI, I., VIDAL OLIVARES, A. (2020), *Contrato y caso fortuito: irresistibilidad y consecuencias.* Tirant lo Blanch.

DE LOS MOZOS, J. L. (1994), «La propuesta de un código europeo del "Convegno di Pavia" vista desde España», *Noticias de la Unión Europea,* n° 114, pp. 69-80.

DE NARDI, L. (2020), «El caso fortuito: fundamentos culturales y religiosos de una categoría jurídica y de una cosmovisión» *Derecho PUCP: Revista de la Facultad de Derecho.* N°. 84, pp. 337-354

DELFINI, F. (1999), *Autonomia privata y rischio contrattuale,* Giuffrè.

DEMOGUE, R. (1925), *Traité des obligacions,* Vol. V, pp. 538 y *ss.*

DESHAYES, O. (2009), «Théorie des risques», *Recueil Dalloz,* mai/2009 p. 3.

DESHAYES O., GENICON T. Y LAITHIER Y.M. (2018), *Réforme du droit des contrats, du rixmi général et de la preuve des obligations, Commentaire article par article.* LexisNexis, pp. 317 y ss.

DÍAZ LUQUE, M.T. (2002), «La gran reforma del Código Civilalemán (Bürgerliches Gesetzbuch): La ley de modernización del Derecho de obligaciones», *Boletín jurídico de la Universidad Europea de Madrid*, n. 5, pp. 1-11.

DÍEZ-PICAZO, L. (1996), «La cláusula "rebus sic stantibus"», *Cuadernos de Derecho Judicial*, pp. 671-686.

DÍEZ-PICAZO, L. (2003), «Reforma de los Códigos y Derecho Europeo», *Anuario de Derecho Civil*, tomo LVI, fasc. IV, pp.1565-1574.

DÍEZ-PICAZO, L. (2007), *Fundamentos del Derecho civil patrimonial I. Teoría del contrato.* Thomson Civitas, 6ª ed.

DÍEZ-PICAZO, L. (2008), *Fundamentos del Derecho civil patrimonial II. Las relaciones obligatorias.* Thomson Civitas, 6ª ed.

DÍEZ-PICAZO, L. (2010), *Fundamentos de Derecho civil patrimonial IV*, Civitas. p. 375.

DÍEZ-PICAZO, L. Y GULLÓN BALLESTEROS, A. (2018), Sistema de Derecho Civil, Tomo. II. 12ª ed. Tecnos.

DONELLI, H. (1841), «Commentariorum de jure civili», *Opera efor*, Tomo III, p. 1243.

EIDENMÜLLER, H., FAUST F., GRIGOLEIT, H., JANSEN, N., WAGNER, G. Y ZIMMERMANN, R. (2009), «El marco común de referencia para el Derecho privado europeo (cuestiones valorativas y problemas legislativos)» *Anuario de Derecho Civil*, tomo LXII, fasc. IV. pp. 1461-1522.

ENNECCERUS, N. Y LEHMANN, H. (1933), *Recht der Schuldverhältnisse.* (versión española traducida y anotada por PÉREZ GONZÁLEZ, B. Y ALGUER, J.) 1ª ed. Vol. I, Bosch Editor

ERNST, W. (2019), «§ 275», *Münchener Kommentar Bürgerliches Gesetzbuch.* Schuldrecht. Allgemeiner Teil I, 8ª ed. CH Beck, pp. 805-861.

ERNST, W. (2019), «§ 326», *Münchener Kommentar Bürgerliches Gesetzbuch.* Schuldrecht. Allgemeiner Teil II, 8ª ed. CH Beck, pp. 640-670.

ESCARDA DE LA JUSTICIA, J. Y DE LA HOZ SÁNCHEZ, S. (1996), «La imposibilidad sobrevenida de la prestación como causa de extinción de las obligaciones» *Cuadernos de Derecho judicial*, n. 26, pp. 699-720.

FERNÁNDEZ ÁLVAREZ, A. L. (2012), «El mandato de unificación jurídica y la constitución española» *Revista de Estudios Histórico-Jurídicos.* XXXIV, pp. 167-194.

FERNÁNDEZ BARREIRO, A. (1992), *La tradición romanística en la cultura jurídica europea.* Centro de Estudios Ramón Areces.

FERNÁNDEZ CAMPOS, J. A. (2002), «La imposibilidad de cumplimiento de la prestación debida» *Anales de Derecho.* Universidad de Murcia. n. 20. pp.35-53.

FERNÁNDEZ-COSTALES MUÑIZ, J. (2008), «La distribución de los riesgos en las doctrinas laboral y civil ante la imposibilidad de cumplimiento de la prestación» *Pecunia: revista de la Facultad de Ciencias Económicas y Empresariales,* n. 7, pp. 73-99.

FERNÁNDEZ DE URZAINQUI, F. J. (1997), «El incumplimiento resolutorio de los contratos bilaterales», *Aranzadi civil,* nº. 1.

FENOY PICÓN, N. (2010), «La Modernización del régimen del incumplimiento del contrato: propuestas de la Comisión General de Codificación. Parte primera: aspectos generales», *Anuario de Derecho Civil,* tomo LXI, fasc. I, pp. 47-136.

FENOY PICÓN, N. (2011), «La Modernización del régimen del incumplimiento del contrato: propuestas de la Comisión General de Codificación. Parte segunda: los remedios del incumplimiento», *Anuario de Derecho Civil,* tomo LXIV, fasc. IV, pp. 1481-1684.

FRANÇOIS, C. (2016), «Présentation des articles 1351 à 1351-1 de la nouvelle section 5 "L'impossibilité d'exécuter"», *La réforme du droit des contrats présentée par l'IEJ de Paris 1,* Disponible en: https://iej.univ-paris1.fr/openaccess/reforme-contrats/titre4/chap4/sect5-impossibilite-executer/

GABRIELLI, E. (2012), *L'eccessiva onerosità sopravvenuta,* Giappichelli.

GANDOLFI, G. (2017), *Codice Europeo dei Contratti (*rixmia dei giusprivatisti europei). Giuffrè Editore.

GARCÍA CARACUEL, M. (2014), *La alteración sobrevenida de las circunstancias contractuales.* [Tesis Doctoral, Universidad de Málaga]

GARCÍA GARNICA, M. C. (2002), «Consideraciones sobre la unificación del Derecho privado europeo», *Aranzadi Civil,* 7-8, pp. 15 a 37.

GARCÍA PÉREZ, C.L. (2017), «El contenido del contrato y la determinación del precio en la Propuesta de Código Civil de la Asociación de Profesores de Derecho Civil (APDC)», *Anuario de Derecho Civil,* tomo LXX, fasc. III, pp. 1073-1137.

GARCÍA RUBIO, M.P. (2020), «Medidas en materia de contratos por el COVID-19 en España», *Revista de Derecho Civil,* Vol. 7, Nº. 2, pp. 15-46.

GARCÍA RUBIO, M.P. (2022), «Modernización de los contratos de servicios: un análisis crítico del DCFR» en INFANTE RUIZ, OLIVA BLÁZQUEZ (DIRS.) Y KALIL (COORD.), *La modernización de los contratos de servicios,* Tirant lo Blanch, pp. 59-97

GARCÍA-PERROTE ESCARTÍN, I. (2020), *Manual de Derecho del trabajo.* 10ª ed. Tirant lo Blanch. p. 345.

GAVIDIA SÁNCHEZ, J. V. (1987), «Presuposición y riesgo contractual», *Anuario de Derecho Civil,* tomo XL, fasc. II, pp. 525-600.

GENICON, T. (2007), *La résolution du contrat pour inexécution,* L.G.D.J, pp. 94- 111.

GOMES, O. (2007), *Contratos.* 26ª ed. Forense, p. 213.

GÓMEZ LIGÜERRE, C. (2020), «Fuerza mayor», *InDret,* n. 2, pp. 1-11.

GÓMEZ-POMAR, F. Y SÁNCHEZ-AGUILERA, A. (2021) «Cláusula rebus sic stantibus: viabilidad y oportunidad de su codificación en el Derecho civil español» *InDret,* n. 1, pp. 502-577.

GONZÁLEZ MORÁN, L. (1990), *La responsabilidad civil del médico,* Bosch Editor.

GRIMALDI, C. (2009), «La force majeure invoquée par le créancier dans l'impossibilité d'exercer son droit», *Recueil Dalloz,* p. 1298.

GROSSO, G. (1963), *Sistema Romano dei contratti,* Giappichelli.

HENRÍQUEZ SALIDO, M.C. *et al.* (2016), «La cláusula *rebus sic stantibus* en la jurisprudencia actual», *Revista de Llengua i Dret, Journal of Language and Law,* n. 66, pp. 189-207.

INFANTE RUIZ, F. (2002), «Apuntes sobre la reforma alemana del Derecho de obligaciones: la necesitada modernización del Derecho de obligaciones y la gran solución», *Revista Aranzadi de Derecho patrimonial,* n. 8, pp. 153-172.

INFANTE RUIZ, F. (2004), *Las garantías personales y su causa.* Tirant lo Blanch.

INFANTE RUIZ, F. (2008), «Entre lo político y lo académico: un Common Frame of Reference de Derecho privado europeo», *InDret,* n. 2/2008, pp. 1-44.

INFANTE RUIZ, F. (2022) «El contrato de servicios en siglo XXI: política legal y (re)codificación» en RUIZ, OLIVA BLÁZQUEZ (dirs.) Y KALIL (coord.), *La modernización de los contratos de servicios,* Tirant lo Blanch, pp. 99-143.

INFANTE RUIZ, F., OLIVA BLÁZQUEZ, F. (dirs.) Y KALIL, A. (coord.). (2022), *La modernización de los contratos de servicios,* Tirant lo Blanch.

INFANTE RUIZ, F.J. (2024), "Propiedad y contratos en el anteproyecto francés de reforma de los contratos en particular" en VEIGA COPO, A. Y PAZOS CASTRO, R. (dir.), *La reforma francesa de los contratos especiales: estudios a propósito del proyecto de la Comisión Philippe Stoffel-Munck.* Civitas. pp. 481-499.

JANSEN, C. (2010), «Principles of European Law on Services Contracts: background, Genesis, and Drafting Method», en ZIMMERMANN, R. (coord.) *Service Contracts*, Mohr Siebeck, pp. 43-57.

JANSEN, N. y ZIMMERMANN, R. (eds.) (2018), *Commentaries on European Contract Laws.* Oxford University Press.

JEREZ DELGADO, C., PÉREZ GARCÍA M. J. (2009), «La Comisión General de Codificación y su labor en la modernización del Derecho de obligaciones» *Revista Jurídica Universidad Autónoma de Madrid,* n. 19, pp. 155-179.

JIMÉNEZ BUENDÍA, J. A. (2014), *Utilización de los principios de Derecho europeo de contratos por los tribunales españoles.* [Tesis doctoral, Universidad Autónoma de Barcelona].

JIMÉNEZ HORWITZ, M. (2012), «La distinción entre los contratos de obras y servicios en el Derecho español (estudio comparado con el Derecho alemán)». *Anuario de Derecho Civil,* tomo LXV, fasc. II, pp. 551-584.

JORDANO FRAGA, F. (1985), «Las reglas generales de la responsabilidad contractual en el sistema del Código Civil español», *Anuario de Derecho civil,* tomo XXXVIII, fasc. II, pp. 275-400.

JORDANO FRAGA, F. (1987), «Imposibilidad temporal liberatoria de la obligación en un contrato sinalagmático (Comentario a la S.T.S. de 13 de marzo de 1987)», *Cuadernos Civitas de Jurisprudencia Civil,* nº 13, pp. 4423-4436.

JORDANO FRAGA, F. (1991), «Obligaciones de medios y de resultado (A propósito de alguna jurisprudencia reciente)», *Anuario de Derecho Civil.* Tomo XLIV, fasc. 1, pp. 5-96.

KALIL, A. (2020), «Los contratos incompletos como mecanismo de gestión de riesgos: tratamiento en los nuevos instrumentos de modernización del Derecho de contratos» *Anuario de Derecho Civil.* Tomo LXXIII, fasc. III, pp. 1159-1213.

KALIL, A. (2022), «El contrato de servicio de información y asesoramiento» en INFANTE RUIZ, OLIVA BLÁZQUEZ (DIRS.) Y KALIL (COORD.), *La modernización de los contratos de servicios,* Tirant lo Blanch, pp.393-414,

KASER, M. (1982), *Derecho Romano privado,* (trad. SANTA CRUZ TEIJERIO) Reus.

LABARTHE F. (2001), «Du louage d'ouvrage au contrat d'entreprise, la dilution d'une notion», en *Le contrat au début du XXIe siècle, Mélanges Jacques Ghestin,* Lgdj, pp. 490-498.

LABARTHE, F. (2016), «La fixation unilatérale du rix dans les contrats cadre et prestations de service: Regards interrogatifs sur les articles 1164 et 1165 du Code civil», *La Semaine Juridique*, n. 23, pp. 1110-1113.

LACRUZ BERDEJO, J. L. ET AL. (2011), *Elementos de Derecho civil II*, Derecho de obligaciones, vol. I, 5ª ed. Dikynson

LACRUZ BERDEJO, J. L., (2013), *Elementos de Derecho civil II*. Derecho de obligaciones, v. II, 5ª ed. Dikynson.

LARENZ, K. (1958), *Derecho de obligaciones*. Tomo I. (trad. SANTOS BRIZ). Madrid: Revista de Derecho Privado.

LAZO, P. (2007), «"Publicatio" Y "Periculum Rei Venditae". Contribución a la Exégesis de D. 19.2.33», *Revista de Estudios Histórico-Jurídicos*, XXIX, pp. 245-268.

LEDUC F. (2008), «Deux contrats en quête d'identité, Les avatars de la distinction entre le contrat de mandat et le contrat d'entreprise», en *Études offertes à Geneviève Viney, Liber Amicorum*, LGDJ, pp. 595-630.

LECLERC, F. (2007), *Droit des contrats spéciaux*, LGDJ.

LINACERO DE LA FUENTE, M. (2007), *Los riesgos en el contrato de compraventa. La reforma del artículo 1452 del Código Civil*. Colegio de Registradores de la Propiedad y Mercantiles de España.

LOOS, M. y BUENO DÍAZ, O. (eds.) (2013), *Principles of European Law: Mandate Contracts (PEL MC)*. Sellier European Law Publishers.

LOOS, M. (2004), «Services Contracts» en HARTKAMP, A. *et al.* (eds.), *Towards a European Civil Code*, 3.ª ed., Kluwer Law International. Pp. 571-584.

LOOS, M. (2010), *Service Contracts*. http://ssrn.com/abstract=1542506, p. 6.

LÓPEZ SANTA MARÍA, J. Y ELORRIAGA DE BONIS, F. (2017): Los contratos. Parte general. Thomson Reuters, pp. 682 y ss.

LUJÁN ALCARAZ, J. (1994), *La contratación privada de servicios y el contrato de trabajo*. Pp. 355-370.

LUNA YERGA, A. Y XIOL BARDAJÍ, M. (2015), «Rebus sic stantibus: ¿un paso hacia atrás?», *Indret*, n. 2. Pp. 1-13.

MARASCO, G. (2008), «Artt. 1463», en GALGANO, F. (dir.) *Commentario compatto al Codice civile*, 2ª ed. Tribuna Major. pp. 1417-1418.

MARASCO, G. (2008), «Artt. 1464», en GALGANO, F. (dir.) *Commentario compatto al Codice civile*, 2ª ed. Tribuna Major. pp. 1418-1419.

MARASCO, G. (2008), «Artt. 1465», en GALGANO, F. (dir.) *Commentario compatto al Codice civile*, 2ª ed. Tribuna Major. p. 1419.

MARKESINIS, B., UNBERTAH, H. Y JOHNSTON, A. (2006), *The german law of contract. A comparative treatise,* 2.ª ed., Hart Publishing.

MARTÍNEZ-PEREDA RODRÍGUEZ, J. M. (1997), *La cirugía estética y su responsabilidad.* Comares. P. 346.

MARTÍNEZ-VELENCOSO, L. Mª. (2003), *La alteración de las circunstancias contractuales. Un análisis jurisprudencial.* Civitas, pp. 73-74.

MARTÍNEZ-VELENCOSO, L. Mª. (2004), «La doctrina de la base del negocio en el Derecho alemán: Antecedentes y nueva regulación en el 313 BGB». *Revista Crítica de Derecho Inmobiliario,* LXXX, n. 681, pp. 283-330.

MARTÍNEZ-VELENCOSO, L. Mª. (2011), «Riesgo negocial v. cláusula "rebus sic stantibus"». *Indret, n. 1.* Pp. 1-17.

MCKENDRICK, E.G. (2008), «Discharge by Frustration», BEALE (ED), *Chitty on Contracts,* Vol. I, 13ª ed., pp. 1455-1536.

MCELROY, R. Y WILLIAMS, G. (1941), «The Coronation Cases–II», *The Modern Law Review,* pp. 1 y ss.

MEJÍAS, C. (2011): *El incumplimiento resolutorio en el Código Civil.* Abeledo Perrot-Legal Publishing.

METRO, A. (2008), «El depósito retribuido desde el Derecho romano hasta los modernos códigos», *Revista General de Derecho Romano,* n. 10. RI §406624.

MIQUEL SALA, R. (2016), «El Derecho Contractual Alemán» en SÁNCHEZ LORENZO (Ed.) *Derecho Contractual Comparado,* tomo 1, Civitas, pp. 285-311.

MONATERI, P.G., GIARO, T. y SOMMA, A. (2005), *Le radici comuni del diritto europeo: un cambiamento di prospettiva,* Carocci, pp. 218 y *ss.*

MORALES MORENO, A.M. (2003), «Adaptación del Código Civil europeo: la compraventa», *Anuario de Derecho Civil,* tomo LVI, fasc. IV pp. 1609-1651

MORENO QUESADA, L. (1983), «La imposibilidad originaria de la prestación», *Revista de la Facultad de Derecho de la Universidad de Granada,* n. 2, pp. 95-112.

MORENO-TORRES HERRERA, Mª. L. (1996), «Otros efectos de la pérdida fortuita», *Anuario de Derecho Civil,* tomo XLIX, fasc. I, pp. 187-243

MUIR WATT, H. (2000), «La fonction subversive du droit comparé», en *Revue internationale de droit comparé,* Vol. 52 n. 3, pp. 503 y ss.

NEME VILLARREAL, M.L. (2008), «Los principios generales del Derecho y el problema de los riesgos por pérdida de la cosa debida», *Revista de Derecho privado,* n. 15, pp. 59-108.

OERTMANN, P. (1933), *Introducción al Derecho Civil.* (trad. SANCHO SERAL). Labor, pp. 304 y 305.

OERTMANN, P. (2018), *Die Volkswirtschaftslehre des corpus juris civilis* (Classic Reprint) Forgotten Books.

OLIVA BLÁZQUEZ, F. (2016), «Nuevos marcos normativos para los contratos nacionales e internacionales» en HORNERO MÉNDEZ, ESPEJO LERDO DE TEJADA Y OLIVA BLÁZQUEZ (DIRS), *Derecho de contratos: nuevos escenarios y nuevas propuestas.* Aranzadi. pp. 55-88.

OLIVA-BLÁZQUEZ, F. (2000), *La transmisión del riesgo en la compraventa internacional de mercaderías.* Tirant Lo Blanch.

OLIVA BLÁZQUEZ, F. (2002), *Compraventa internacional de mercaderías: Ámbito de aplicación del Convenio de Viena de 1980.* Tirant lo Blanch.

OLIVA BLÁZQUEZ, F. (2020), «Eficacia y cumplimiento de los contratos en tiempos de pandemia». *Teoría y Derecho: revista de pensamiento jurídico,* n. 28, pp. 142-163.

OLIVA BLÁZQUEZ, F. (2021), «El Derecho comparado como instrumento para la unificación y armonización internacional del Derecho de contratos» *Anuario de Derecho Civil,* tomo LXXIV, fasc. IV, pp. 1099-1260.

ORTEGA, J.F. (2008), «Hacia un concepto clarificador de servicio. El contrato de servicios como tipo contractual general». *Revista Crítica de Derecho Inmobiliario,* n 75. pp. 221-270.

OSTERLING, F. (1967), *Inejecución de las Obligaciones Contractuales en el Código Civil Peruano de 1936. La Indemnización de Daños y Perjuicios.* [Tesis Doctoral, Pontificia Universidad Católica del Perú]

PANTALEÓN PRIETO, F. (1993), «Las nuevas bases de la responsabilidad contractual». *Anuario de Derecho Civil,* tomo XLVI, fasc. IV. pp. 1719-1746.

PARRA LUCÁN, M. A. (2002), «Apuntes sobre la unificación del Derecho privado en Europa: ¿Es posible un Código Civileuropeo?» *Actualidad Civil, n.* 3. pp. 1163-1176.

PAZOS CASTRO, R. (2024), "El contrato de servicios: propuesta de la comisión general de codificación de 2011 y avant-projet Stoffel-Munck" en VEIGA COPO, A. Y PAZOS CASTRO, R. (dir.), *La reforma francesa de los contratos especiales: estudios a propósito del proyecto de la Comisión Philippe Stoffel-Munck.* Civitas. pp. 363-397.

PEGORARO, L. y RINELLA, A. (2013), *Diritto costituzionale comparato,* Cedam.

PÉREZ VELÁZQUEZ, J. P. (2013), *El proceso de modernización del Derecho contractual europeo.* Dykinson.

PEEL, E., TREITEL, G. (2015), *Treitel: The Law of Contract.* 14ª ed. Sweet & Maxwell.

PINA PARPAGLIA, P. (1983), *Vita ex ipsa re: Aspetti della locazione in diritto romano.* Giuffrè.

PINO EMHART, A. (2014), «Una aproximación continental al Derecho inglés de los contratos» *Revista chilena de Derecho privado,* n. 22, pp. 233-253.

PINTÓ RUIZ, J. J. (1975), «Resolución del contrato y la regla "Periculum est emptoris"», *Revista jurídica de Cataluña,* Vol. 74, n. 4, pp. 693-750.

PLANIOL, M. Y RIPERT, G. (1931), *Traité pratique de droit civil français.* Obligations tomo VI.

POSNER, R., Y ROSENFELD, A. (1977), «Impossibility and Related Doctrines in Contract Law: An Economic Analysis», *Journal of Legal Studies,* Vol 6, n. 1 pp. 83-118.

POSNER, R. (2007). *El análisis económico del Derecho.* 2ª ed. Fondo de Cultura Económica.

PUIG, P. (2002*), La qualification du contrat d'entreprise.* Panthéon-Assa.

RADOUANT, J. (1920), *Du cas fortuit et de la force majeure.* [Tesis Doctoral, Université de Paris].

RANIERI, F. (2015), «Hacia los orígenes del Derecho civil europeo. Algunas observaciones sobre las relaciones entre pandectística alemana y doctrina civilista italiana en materia de negocio jurídico», *Revista de Derecho Privado,* n.° 28, enero – junio, pp. 13 – 43.

RAVENTÓS SOLER, A., LUNA YERGA, A. Y XIOL BARDAJÍ, M. (2015), «Cuesta abajo y sin frenos. Comentario a la sentencia de la sala primera del tribunal supremo, de 30 de junio de 2014 (RJ 2014/3526)» *Aranzadi doctrinal,* n. 3, pp. 2-15.

RICCIO, A. (2010), *Eccessiva onerosità,* Zanichelli.

RIVERO LAMAS, J. (1972), «Tipificación y estructura del Contrato de Trabajo», *Anuario de Derecho civil,* Tomo XXV, fasc. I, pp. 153-187.

ROCA SASTRE, R.M. (2009) «El riesgo en el contrato de compraventa», ROCA SASTRE Y PUIG BRUTAU, *Estudios de Derecho privado,* 2ª ed. Tomo I, Aranzadi, pp. 454-474.

ROCA SASTRE, R.M. Y PUIG BRUTAU, J. (2009) «El problema de la alteración de las circunstancias», ROCA SASTRE Y PUIG BRUTAU, *Estudios de Derecho privado,* 2ª ed. Tomo I, Aranzadi, pp. 295-314.

RODRÍGUEZ ENNES, L. (2012), «La permanencia del Derecho romano en los Códigos europeos e iberoamericanos», *Anuario da Facultade de Dereito da Universidade da Coruña,* 16, pp. 737-755.

RODRÍGUEZ GREZ, P. (2008), *Extinción no convencional de las obligaciones,* vol. 2. Editorial Jurídica de Chile.

RODRÍGUEZ GUITIÁN, A. M. (2001), «El desistimiento del contrato de servicios de los profesionales liberales», *Anuario de Derecho Civil,* tomo LIV, fasc. II. pp. 681-751.

RODRÍGUEZ ROSADO, B. (2013), *Resolución y sinalagma contractual.* Marcial Pons.

ROPPO, V. (2001), «Il contratto», JUDICA Y ZATTO, *Trattato di diritto privato,* Giuffrè.

ROZO SORDINI, P. (1998), «Las obligaciones de medio y de resultado y la responsabilidad de los médicos y abogados en el Derecho italiano», *Revista de Derecho Privado de la Universidad. Externado de Colombia.* N. 4. Pp. 139-149.

RUIZ VADILLO, E. (1979), «Esquema sobre una posible revisión del código civil», *Anuario de Derecho civil,* tomo XXXII, fasc. I, pp. 3-82.

RÜFNER, T. (2018), «Art. 8:108: Excuse Due to an impediment», en JANSEN y ZIMMERMANN, *Commentaries on European Contract Laws.* Oxford University Press, pp. 1164-1177.

SACCO, R. (2002), *Introduzione al diritto comparato,* 5 ed., Utet.

SÁNCHEZ GONZÁLEZ, M. P. (2012), «Libro IV. Parte A. Compraventa. Capítulo 5. Transmisión del riesgo», en VAQUER ALOY, BOSCH CAPDEVILA Y SÁNCHEZ GONZÁLEZ (coords.), *Derecho Europeo de Contratos: Libros II y IV del Marco Común de Referencia,* Tomo II, Tirant lo Blanch, pp. 929-961.

SÁNCHEZ LERÍA, R. (2017), «La transmisión del riesgo al comprador consumidor en las compraventas con transporte de mercancías: art. 66 ter TRLGDCU», *Revista de Derecho Civil,* vol. IV, n. 1, pp. 1-29.

SÁNCHEZ LORENZO, S. (2002), *Derecho privado Europeo,* Editorial Comares.

SÁNCHEZ LORENZO, S. (2005), «La frustración del contrato en el Derecho comparado y su incidencia en la contratación internacional», *Revista de la corte española de arbitraje.* pp. 45-88.

SÁNCHEZ LORENZO, S. (2016), «La frustración del contrato», en SÁNCHEZ LORENZO (Ed.) *Derecho Contractual Comparado*, tomo 2, Civitas, pp. 703-763.

SÁNCHEZ LORENZO, S. (2021), «Covid–19 y frustración de contratos internacionales», *Anuario Hispano-Luso-Americano de derecho internacional*, nº 25, pp. 23-52.

SÁNCHEZ ROMÁN, F. (1899), *Estudios de Derecho civil*. Tomo IV: Derecho Civil Español común y foral. Parte especial. Rivadeneyra.

SÁNCHEZ ROMÁN, F. (2002), *La Codificación civil en España*: en sus dos períodos de preparación y consumación: Estado del Derecho civil en España, común y foral, antes y después de la promulgación del Código Civil. Analecta.

SÁNCHEZ RUIZ DE VALDIVIA, I. (2003), «La unificación del Derecho privado europeo: los principios de Derecho contractual europeo de la Comisión lando» en SÁNCHEZ LORENZO/MOYA ESCUDERO (eds.) *La cooperación judicial en materia civil y la unificación del Derecho privado en Europa*. Dykinson. Pp. 235-262.

SANTOS MORÓN, M.J. (2018), «La responsabilidad médica (en particular en la medicina "voluntaria"): Una relectura desde el punto de vista contractual». *InDret*, 1/2018, pp. 1-57.

SCAEVOLA, Q. (1952), *Código Civil concordado y comentado extensamente con arreglo a la edición oficial*, Tomo XXIV, 1ª parte, 2ª ed. P. 434.

SCHAUER, M. (2008), «Contract law of the services directive», *European Review of Contract Law, n.* 1, pp. 1-14.

SCHULZ, F. (1960), *Derecho romano clásico*. SANTA CRUZ TEIJEIRO (trad.), Bosch Editor.

SCHÜTZ, R. (2017), «Le droit du bail après la reforme du droit commun des contrats, en attendant celle des contrats spéciaux», en *Les contrats spéciaux et la eforme du droit des obligations* ANDREU y MIGNOT (dirs.), Varennes, pp. 51-86.

SÉNÉCHAL J. (2008), *Le contrat d'entreprise au sein de la classification des contrats spéciaux, Recherche sur un double enjeu du mouvement de recodification du droit des contrats*. PU Aix-Marseille.

SERNA VALLEJO, M. (2012), «La codificación civil española y las fuentes del Derecho», *Anuario de historia del Derecho español*, tomo o LXXXII, pp. 11-36.

SEVERIN FUSTER, G. F. (2014), *Los contratos de servicio: su construcción como categoría contractual, y el Derecho del cliente al cumplimiento específico*. [Tesis doctoral, Universidad Autónoma de Madrid].

SOLÉ RESINA, J. (1997ª), *Los contratos de servicios y de ejecución de obras: delimitación jurisprudencial y conceptual de su objeto.* Marcial Pons.

SOLÉ RESINA, J. (1997b), *Arrendamiento de obras o servicios (Perfil evolutivo y jurisprudencial),* Tirant lo Blanch.

SOLÉ RESINA, J. (2022), «Propuestas de modernización del contrato de servicios» en INFANTE RUIZ, OLIVA BLÁZQUEZ (DIRS.) Y KALIL (COORD.), *La modernización de los contratos de servicios,* Tirant lo Blanch, pp.35-58.

SOMMA, A. (2015), *Introducción al Derecho comparado.* Editorial Committee.

TAMAYO LOMBANA, A. (2005), *La responsabilidad civil extracontractual y la contractual.* Ediciones Doctrina y Ley.

TOMÁS MARTÍNEZ, G. (2014), «La transferencia del riesgo del precio y la transmisión de propiedad: hacia una definitiva desconexión conceptual y temporal en sede de armonización europea», *Anuario de Derecho Civil,* tomo LXVII, fasc. I. pp. 113-168.

TOMÁS MARTÍNEZ, G. (2021), «El riesgo en la compraventa. Una reflexión sobre la vigencia de la regla periculum est emptoris en el actual Derecho de contratos», en GARCÍA SÁNCHEZ (DIR.), *Fundamentos romanísticos del Derecho contemporáneo,* Vol. 7, 2021 (Derecho de contratos. / coord. por Ramón P. Rodríguez-Montero, Ana Isabel Clemente Fernández), pp. 2413-2440.

TORRELLES TORREA, E. (2021), «La Resolución De Los Contratos Por Consumidores En Tiempos De Pandemia. Art 36. 1 y 2 RD-LEY 11/2020», *Revista de Derecho Civil,* vol. VIII, núm. 2, pp. 93-145.

TRAVIESAS, M., (1918), «El mandato retribuido y el arrendamiento de servicios o de obra». *Revista General de Legislación y Jurisprudencia,* nº 132. Pp. 90-106.

TREITEL, G. (2004), *Frustration and Force Majeure,* 2ª ed. Sweet & Maxwell.

TRIGO GARCÍA, Mª, B. (1999), *Contrato de prestación de servicios. Perspectiva jurídica actual.* Comares.

VACCA. L. (2000), *«Considerazioni in tema di risoluzione del contratto per impossibilità della prestazione e di ripartizione del rischio nella 'locatio conductio'»,* en *Iuris Vincula Studi in onore di Mario Talamanca VIII,* Napoli.

VALPUESTA GASTAMINZA, E. (2011), «Libro IV. C. Servicios», en *Unificación del Derecho Patrimonial Europeo. Marco común de referencia y Derecho español,* Bosch Editor, pp. 255-292.

VAQUER ALOY A., (2009), «El Marco Común de Referencia», en BOSCH CAPDEVILLA (Coord.), *Derecho contractual europeo. Problemática, propuestas y perspectivas,* Bosch, pp. 239-266.

VAQUER ALOY, A. (2012), «Contratos de servicios: entre el Derecho de consumo y el Derecho contractual general», en CÁMARA LAPUENTE Y ARROYO I AMAYUELAS (coord.), *La revisión de las normas europeas y nacionales de protección de los consumidores,* Civitas. pp. 421-470.

VAQUER ALOY, A. (2012), «Capítulo 4. Mantenimiento», en VAQUER ALOY / BOSCH / SÁNCHEZ, *Derecho Europeo de Contratos.* Tomo II, Atelier. P. 1231.

VAQUERO PINTO, M.J. (2005), *El arrendamiento de servicios.* Propuesta de modelo general para la contratación de servicios, Comares.

VATTIER FUENZALIDA, C. (1997), «El interés de la clasificación de las obligaciones de medios y de resultado», en BUERES, A. *et al.* (coord.) *Responsabilidad por daños en el tercer milenio homenaje al profesor doctor Atilio Aníbal Alterini,* pp. 960-965.

VATTIER FUENZALIDA, C. (2008), «El Derecho europeo de contratos y el anteproyecto de Pavía». *Anuario de Derecho Civil,* tomo LXI, fasc. IV, pp. 1841-1865.

VÁZQUEZ-PASTOR JIMÉNEZ, L. (2019), «La determinación del precio en el contrato de servicios». *Revista Aranzadi de Derecho patrimonial,* n.º 48. Pp. RR-4.1-4.11.

VEIGA COPO, A. RICARDO PAZOS CASTRO, R. (dir.) (2024), *La reforma francesa de los contratos especiales: estudios a propósito del proyecto de la Comisión Philippe Stoffel-Munck.* Civitas.

VILLANUEVA LUPIÓN, C. (2009), *Los contratos de servicios.* La ley. Pp. 39-44.

VIVAS TESÓN, I. (2013), «Crisis económica y alteración extraordinaria de las circunstancias del contrato: ¿pacta sunt servanda?». *Revista de Derecho, Empresa y Sociedad,* n. 1, pp. 113-130.

VIVES MONTERO, M. L. (2002), «Traducción de la Reforma 2002 del BGB». *Anuario de Derecho Civil,* tomo LV, fasc. III, pp. 1229-1310.

VON BAR, C. / CLIVE, E. (Eds.) (2009), *Principles, Definitions and Model Rules of European: Draft Common Frame of Reference (DCFR).* Full edition, Oxford University Press.

WILLEMS, C. (2018), «Obligations of the parties to a (related) service contract» en JANSEN Y ZIMMERMANN, *Commentaries on European Contract Laws.* Oxford University Press, pp. 2073-2120.

WOLF, M. Y PFEIFFER, T. (2001), «Der richtige Standort des AGB-Rechts innerhalb des BGB», *Zeitschrift für Rechtspolitik,* n. 34. Jahrg., H. 7, pp. 303-306.

Yzquierdo Tolsada, M., (1989), *La responsabilidad civil del profesional liberal.* Reus.

Zimmermann, R. (2008), *El nuevo Derecho alemán de las obligaciones.* Bosch

Zusman Tinman, S. (1980), «La teoría del riesgo» *Derecho PUCP: Revista de la Facultad de Derecho,* n. 34, pp. 77-114.

Zweigert, K. y Kötz, H. (1998), *An Introduction to Comparative Law,* 3. Ed., Clarendon Press.

Índice de jurisprudencia

ÍNDICE CRONOLÓGICO DE JURISPRUDENCIA CITADA

Índice cronológico de jurisprudencia citada

Tribunal Supremo

Identificación	Referencia Tirant	ECLI
STS de 14 de diciembre 1940	-	-
STS de 17 de mayo 1941	-	-
STS de 4 febrero 1950	TOL4.451.234	-ECLI:ES:TS:1950:944
STS de 17 mayo 1957	-	-
STS de 10 diciembre 1963	TOL4.257.906	-ECLI:ES:TS:1973:223
STS de 7 octubre 1964	TOL4.324.151	-ECLI:ES:TS:1964:95
STS de 28 enero 1970	-	-
STS de 13 junio 1980	TOL1.740.513	-
STS de 3 noviembre de 1983	TOL371.904	
STS de 19 abril 1985	TOL1.736.634	- ECLI:ES:TS:1985:706
STS de 20 mayo 1986	TOL1.740.328 TOL1.735.359	- ECLI:ES:TS:1986:8131 -ECLI:ES:TS:1986:2602
STS 27 octubre 1986	TOL1.734.708	- ECLI:ES:TS:1986:5780
STS de 13 marzo 1987	TOL1.739.404 TOL1.736.165	- ECLI:ES:TS:1987:9342
STS 15 diciembre 1987	TOL1.737.810	- ECLI:ES:TS:1987:8073

STS de 14 junio 1988	TOL1.734.892	- ECLI:ES:TS:1988:4536
STS 13 diciembre 1989	TOL1.731.968 TOL1.731.265	- ECLI:ES:TS:1989:7263 ECLI:ES:TS:1989:9745
STS de 8 julio 1991	TOL1.728.614 TOL1.727.664	- ECLI:ES:TS:1991:3942 -ECLI:ES:TS:1991:11281
STS de 26 enero 1994	TOL5.157.899	ECLI:ES:TS:1994:254
STS de 23 febrero 1994	TOL5.130.441 TOL1.656.758 TOL1.665.027	ECLI:ES:TS:1994:14928 - ECLI:ES:TS:1994:1153 -ECLI:ES:TS:1994:1163
STS de 25 abril 1994	TOL1.665.404	- ECLI:ES:TS:1994:2851
STS de 6 mayo 1994	TOL1.665.004 TOL1.657.158 TOL5.123.561	- ECLI:ES:TS:1994:3311
STS 6 de octubre de 1994	TOL5.130.216 TOL1.665.472 TOL1.656.532	- ECLI:ES:TS:1994:6333 -ECLI:ES:TS:1994:19474 -ECLI:ES:TS:1994:6304
STS de 16 marzo 1995	TOL1.658.191 TOL5.123.954	- ECLI:ES:TS:1995:1574 - ECLI:ES:TS:1995:1560
STS de 13 marzo 1997	TOL5.114.509	- ECLI:ES:TS:1997:1833
STS de 23 junio 1997	TOL5.119.493	- ECLI:ES:TS:1997:4436
STS 2 septiembre 1997	TOL5.156.520	- ECLI:ES:TS:1997:5355
STS de 12 marzo 1998	TOL5.157.315	- ECLI:ES:TS:1998:1671
STS de 30 abril 1998	TOL5.119.858	- ECLI:ES:TS:1998:2767
STS de 10 julio 1998	TOL5.156.998	- ECLI:ES:TS:1998:4648
STS de 29 diciembre 1999	TOL4.132.494	- ECLI:ES:TS:1999:8532
STS de 15 noviembre 2000	TOL4.974.230	-ECLI:ES:TS:2000:8311

STS de 30 abril 2002	TOL4.975.572	- ECLI:ES:TS:2002:3107
STS de 27 mayo 2002	TOL4.975.650	-ECLI:ES:TS:2002:3799
STS de 29 mayo 2002	TOL4.975.697	- ECLI:ES:TS:2002:3852
STS de 11 noviembre 2003	TOL4.973.707	- ECLI:ES:TS:2003:7057
STS de 30 abril 2004	TOL411.069	- ECLI:ES:TS:2004:2885
STS de 8 febrero 2005	TOL582.598	- ECLI:ES:TS:2005:689
STS de 6 octubre 2005	-	-
STS de 21 diciembre 2005	-	-
STS de 21 abril 2006	TOL890.419	- ECLI:ES:TS:2006:2355
STS de 7 junio 2006	-	-
STS de 11 octubre 2006	TOL1.014.533	- ECLI:ES:TS:2006:5861
STS de 23 mayo 2007	TOL1.106.817	- ECLI:ES:TS:2007:4302
STS de 29 julio 2008	TOL1.373.193	- ECLI:ES:TS:2008:4767
STS de 3 marzo 2010	TOL1.828.332	ECLI:ES:TS:2010:976
STS de 14 diciembre 2011	TOL2.342.947	ECLI:ES:TS:2011:8591
STS de 8 octubre 2012	TOL2.662.407	ECLI:ES:TS:2012:6202
STS de 8 noviembre 2012	TOL3.406.543	ECLI:ES:TS:2012:9188
STS de 20 noviembre 2012	TOL2.705.278	ECLI:ES:TS:2012:7750
STS de 17 enero 2013	TOL3.266.434	ECLI:ES:TS:2013:1013
STS de 18 enero 2013	TOL3.239.524	ECLI:ES:TS:2013:679
STS de 24 septiembre 2013	TOL3.983.428	ECLI:ES:TS:2013:4916
STS de 22 octubre 2013	TOL3.988.329	ECLI:ES:TS:2013:5031
STS de 5 junio 2014	TOL4.371.684	ECLI:ES:TS:2014:2254
STS de 11 diciembre 2014	TOL4.587.889	ECLI:ES:TS:2014:5210
STS de 6 junio 2016	TOL5.748.195	ECLI:ES:TS:2016:2615
STS de 4 mayo 2017	TOL6.085.818	ECLI:ES:TS:2017:1651

STS de 13 julio 2017	TOL6.210.103	ECLI:ES:TS:2017:2848
STS de 26 abril 2018	TOL6.592.036	ECLI:ES:TS:2018:1502
STS de 26 abril 2018	TOL6.592.110	ECLI:ES:TS:2018:1539
STS de 6 junio 2018	TOL6.677.223	ECLI:ES:TS:2018:2964
STS de 6 marzo 2020	TOL7.861.296	ECLI:ES:TS:2020:791
STS 24 julio 2024.	-	ECLI:ES:TS:2024:4153

Tribunales Superiores de Justicia

Identificación	Referencia Tirant	ECLI
STSJ Navarra de 5 junio 2003	-	- ECLI:ES:TSJNA:2003:788
STSJ Navarra de 22 diciembre 2006	TOL6.135.645	- ECLI:ES:TSJNA:2003:788
STSJ Islas Canarias, Santa Cruz de Tenerife de 2 junio 2011	TOL2.197.338	ECLI:ES:TSJICAN:2011:698
STSJ Cataluña de 7 febrero 2014	-	-
STSJ Cataluña de 10 marzo 2014	TOL4.225.963	ECLI:ES:TSJCAT:2014:3096
STSJ Cataluña de 13 julio 2015	TOL5.509.274	ECLI:ES:TSJCAT:2015:8112

Audiencias Provinciales

Identificación	Referencia Tirant	ECLI
SAP Badajoz de 4 febrero 2000	TOL7.728.414	- ES:APBA:2000:140
SAP Valencia de 24 julio 2001	-	- ECLI:ES:APV:2001:4703
SAP Ourense de 21 enero 2003	-	- ECLI:ES:APOU:2003:45
SAP Álava de 7 abril 2004	TOL7.821.690	- ES:APVI:2004:14A

SAP Las Palmas de 2 octubre 2006	TOL6.275.579	- ES:APGC:2006:2514
SAP Badajoz de 9 marzo 2007	TOL7.556.094	- ECLI: ES:APBA:2007:249
SAP Málaga de 15 marzo 2012	TOL2.552.998	ECLI:ES:APMA:2012:215
SAP Alicante de 11 julio 2012	TOL2.681.444	ECLI:ES:APA:2012:2307
SAP Madrid de 13 marzo 2017	TOL6.091.486	ECLI:ES:APM:2017:3377
SAP Madrid de 6 junio 2017	TOL6.237.552	ECLI:ES:APM:2017:8739
SAP A Coruña de 16 mayo 2018	TOL6.680.296	ECLI:ES:APC:2018:1101
SAP Madrid de 5 febrero 2020	TOL7.871.375	ECLI:ES:APM:2020:408
SAP Madrid de 29 abril 2020	TOL8.014.504	ECLI:ES:APM:2020:5084

Juzgados de Primera Instancia (Primera Instancia e Instrucción)

Sentencia del JPI núm. 20 de Barcelona de 8 enero 2021	TOL8.259.948	ECLI:ES:JPI:2021:1
Sentencia del JPI núm. 4 de Gandía de 1 mayo 2021	TOL8.450.345	ECLI:ES:JPI:2021:262

Jurisprudencia extranjera por orden alfabético

Alemania	Senatsentscheidung vom 7. Juni 2006–VIII ZR 209/05, BGHZ 168, 64 Rn. 17
Alemania	Senatsentscheidung vom 10. Oktober 2007–VIII ZR 330/06, NJW 2008, 53 Rn. 23
Alemania	Bundesgerichtshof, Urteil vom 8. Oktober 2015–III ZR 93/15–OLG Karlsruhe
Alemania	Bundesgerichtshof, Urteil vom 30. Januar 2018–II ZR 108/16–OLG Zweibrücken
Alemania	Senatsentscheidung vom 11. Dezember 2019–VIII ZR 361/18, BGHZ 224, 195 Rn. 39

Alemania	Senatsentscheidung vom 27. Mai 2020–VIII ZR 315/18, BGHZ 226, 1 Rn. 59
Francia	Cour de Cassation, Chambre civile, de 14 abril de 1891
Italia	Casación Civil, Sección II, sentencia n. 9304 de 9 de noviembre de 1994
Italia	Casación Civil, Sección III, sentencia n. 23618 de 20 de diciembre de 2004
Italia	Casación Civil, Sección III, sentencia n. 14915 de 8 de junio de 2018
Inglaterra	Taylor v. Caldwell [1863] EWHC J1 (QB)
Inglaterra	Chandler v. Webster [1904] 1 KB 493, 501 Law Reports, King's Bench, 1904, vol. 1.
Inglaterra	Tamplin (F.A) S.S Co. Ltd v. Anglo-Mexican Petroleum Productis Co. Ltd. [1916] a A.C 397-404.
Inglaterra	Constantine (Joseph) S.S Line v. Imperial Smelting Corp. Ltd. [1942] A.C 154-186.
Inglaterra	Fibrosa SA v. Fairbairn Lawson Combe Barbour Ltd [1943] AC 32.
Inglaterra	Davis Contractors Ltd v. Fareham UDC [1956] UKHL 3
Inglaterra	Condor v. The Barron Knigts Ltd., [1996]. 1 WLR 87